KB058060

왕은 어떻게
무너지는가

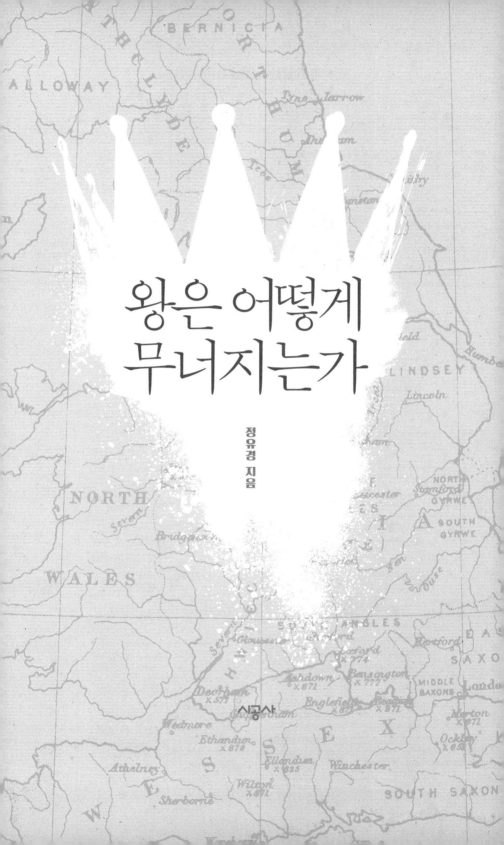

왕은 어떻게 무너지는가

정유경 지음

시공사

들어가며

저는 항상 옛날 사람들에 관심이 많았습니다. 특히 과거의 유럽 공주들, 왕자들의 이야기를 들을 때면 마치 동화책 같다고 생각했습니다. 동화책이 "옛날 옛적에, 멀고 먼 나라에서…"라고 시작하는 것처럼, 유럽의 왕족들 이야기도 옛날 옛적에 멀고 먼 나라에 살았던 사람들의 이야기였기 때문입니다.

20세기 이전까지만 해도, 전 세계의 수많은 국가들은 국왕이 나라를 통치하는 왕정 체제를 유지하고 있었습니다. 따라서 국왕과 그 가족의 삶은 그 나라의 역사와 매우 밀접한 관계가 있었습니다. 옛 유럽의 왕족들이 누린 삶에 관심이 많았던 저는 자연스럽게 그 사람들이 살던 시대의 상황과 그 나라의 역사에도 관심을 가지게 되었습니다.

그런데 어떤 일이든지 아무런 고난이나 장애물 없이 그저 평탄하게 흘러간다면, 그 일에 대한 이야깃거리는 그다지 많지 않을 것입니다. 반대로 어떤 일을 할 때 힘들거나 어려웠다면 그 일을 떠올릴 때마다 힘들고 어렵다는 감정이 먼저 떠오를 것입니다.

삶도 마찬가지라고 생각합니다. 평온하고 평탄한 삶을 산 사람의 이야기보다는 힘들고 어려운 일들을 겪은 사람들의 이야기가 더 오래 기억되고, 더 많이 회자됩니다. 이를테면 러시아에는 표트르 대제Pyotr I부터 니콜라이 2세Nikolai II까지, 모두 14명의 황제가 있었습니다. 하지만 대중에게 잘 알려진 인물은 아마도 러시아를 개혁했다고 알려진 표트르 대제나, 남편을 죽이고 여제가 된 예카테리나 2세Ekaterina II, 또는 혁명으로 비극적 최후를 맞이했던 러시아의 마지막 황제 니콜라이 2세일 것입니다.

이들의 평탄치 못한 삶을 이해하는 데 핵심적인 요인은 '무엇이 그들의 운명을 결정지었는가?'입니다. 저는 그들의 삶에 이런 사건들이 일어난 근본적 원인은 바로 권력 다툼에 있다고 생각했습니다. 이것은 서로 동등한 입장에서 권력을 가지고 싸우는 것만을 의미하지 않습니다. 왕위 계승 문제로 서로를 견제하고 밀어내려 했을 수도 있고, 국왕이라는 권력자의 통치를 받는 것을 인정하지 않았을 수도 있습니다. 권력이 어디로 가는지에 따라 국왕과 그 가족들의 운명이 결정되는 것입니다. 이 책에서는 역사 속 인물들의 운명을 결정한 권력 이야기를 다루고 있습니다.

이 책의 주제는 권력의 이동이지만, 책 속에 담긴 이야기는 모두 제가 흥미를 가지고 있던 사람들과 연결되어 있습니다. 이를테면 첫 번째로 등장하는 정복왕 윌리엄William I의 이야기는 사실 제가 윌리엄의 아내인 플랑드르의 마틸다Matilda of Flandre에 대한 전설에 관심을 가지면서 알게 된 것입니다. 또 프랑스 대혁명이나 스웨덴의 왕위 계승 이야기는, 프랑스 장군이자 후에 스웨덴의 국왕이 되는 칼 14세 요한Karl XIV Johan 의 삶을 이해하기 위해 애정을 가지고 여러 자료를 읽으면서 알게 된 내용이기도 합니다. 이 때문에 이 책에서 언급하는 권력의 이동은 시대적 배경이나 역사적 의의보다는 인물의 삶에 좀 더 초점이 맞춰져 있기도 합니다.

이 책이 이야기하는 바가 어쩌면 한쪽으로 치우쳐 있을 수도 있고, 최근의 학설과는 다소 동떨어진 평가를 담고 있을 수도 있습니다. 또 제가 너무나 좋아하는 인물을 강조하거나 그 인물에게 호의적인 관점으로 역사를 해석했을 수도 있습니다. 그러나 역사 속 인물들에 관심을 가지는 누군가에게는, 이 책이 그 인물이 살던 시대나 나라를 좀 더 깊숙이 이해하기 위한 출발점이 될 수 있을 것입니다.

2017년 10월

정유경

👑 왕좌의 게임,
PART 2 승자는 누구인가

PART 3

희생과 혁명으로
세워진 권력

왕좌 앞에서는
혈육도 사랑도 없다

PART 4

PART 1

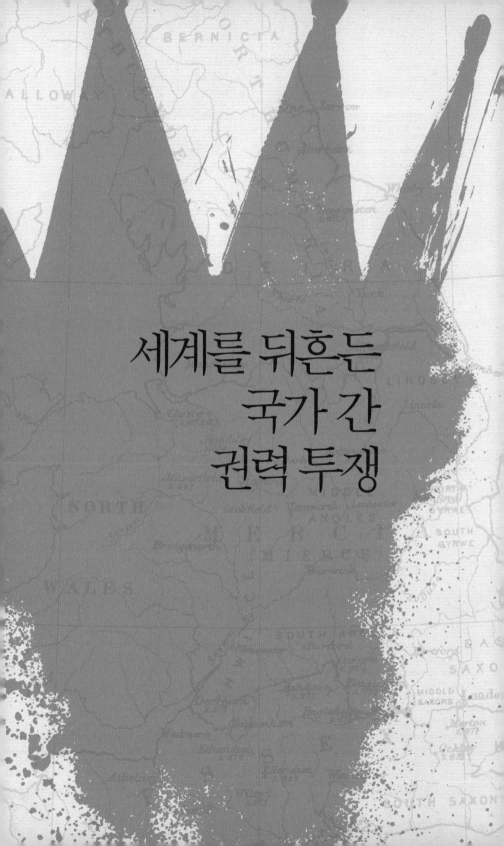

세계를 뒤흔든
국가 간
권력 투쟁

Chapter 1

월리엄 1세,
잉글랜드를
손에 넣다

앨프레드 대왕 Alfred the Great : 재위 871~899년. 바이킹을 물리치기 위해 브리튼섬의 나라들을 통합하고 잉글랜드를 설립했다.

"준비되지 않은 왕" 에셀레드 Ethelred the Unready : 1차 재위 978~1013년, 2차 재위 1014~1016년. 데인족인 스베인에게 잉글랜드 왕위를 빼앗기고 노르망디로 망명했다. 스베인이 죽고 난 뒤 잉글랜드로 돌아와 다시 국왕이 되었다.

"철기병" 에드먼드 Edmund Ironside : 재위 1016~1016년. 에셀레드의 아들이지만, 반란을 일으켜 아버지를 내쫓고 왕이 되려고 한다.

스베인Sweyn Forkbeard : 덴마크와 노르웨이의 국왕으로, 잉글랜드에 쳐들어와 무력으로 왕위를 점령했다.

크누트 대왕 Cnut the Great : 재위 1016~1035년. 스베인의 아들로, 전투에서 에드먼드에게 승리하고 잉글랜드의 왕위를 무력으로 빼앗는다.

노르망디의 에마 Emma of Normandy : 노르망디 공작의 딸. 에셀레드와 결혼함으로써 잉글랜드와 노르망디 사이에 동맹을 맺어준다. 이후 크누트와 재혼했으며 그녀가 낳은 아들들은 모두 잉글랜드의 왕이 된다.

하르사크누트Harthacnut : 재위 1040~1042년. 크누트의 아들로, 잉글랜드 왕위 경쟁에서 형에게 밀려 덴마크의 왕이 된다. 형이 죽고 나서야 잉글랜드의 왕위에 오른다.

"참회왕" 에드워드 Edward the Confessor : 재위 1042~1066년. 에셀레드와 에마의 아들이다. 하르사크누트가 죽은 뒤 잉글랜드 왕위를 이어받는다. 어릴 때부터 노르만인처럼 자란 탓에 잉글랜드 귀족들과 불화를 빚는다.

해럴드 고드윈슨 Harold Godwinson : 재위 1066~1066년. "참회왕" 에드워드의 처남으로, 잉글랜드 귀족인 고드윈 가문 출신이다. 귀족들의 지지를 받아 잉글랜드 왕위를 얻었으나, "정복왕" 윌리엄과 맞닥뜨린 헤이스팅스 전투에서 전사하고 만다.

"정복왕" 윌리엄 William the Conqueror : 재위 1066~1087년. 노르망디 공작의 사생아에서 잉글랜드의 왕위까지 오른 인물이다. 헤이스팅스 전투에서 해럴드 고드윈슨을 무찌르고 왕위를 얻었다. 이후 왕위를 잘 유지해 많은 업적을 남겼으며, 영국의 현재 여왕까지도 윌리엄의 후손이다.

앨프레드
대왕

잉글랜드 성립

애셀스탠

계승

에셀레드

데인족의
잉글랜드 점령

스베인

왕위 탈환

에셀레드

반란

"철기병"
에드먼드

아산둔 전투

크누트

귀족들의
추대

"토끼발"
하랄드

계승

하르사
크누트

계승

"참회왕"
에드워드

귀족들의
추대

해럴드
고드윈슨

헤이스팅스 전투

"정복왕"
윌리엄

잉글랜드왕국은 현재 우리가 알고 있는 영국의 기반이 되는 나라다. 그레이트브리튼섬Great Britain(잉글랜드, 웨일스, 스코틀랜드가 위치한 커다란 섬. 브리튼섬이라고도 한다)에서 가장 강력한 나라였던 잉글랜드는 9세기경 성립되어 18세기까지 존재했다. 18세기에 잉글랜드와 스코틀랜드가 하나의 나라로 합병되었고, 이후 잉글랜드왕국이라는 독자적국가는 사라졌다. 하지만 잉글랜드는 오랫동안 브리튼섬은 물론 유럽에서도 강력한 세력을 유지했다. 영국이라는 한자명도 잉글랜드라는 단어에서 나왔다.

잉글랜드는 9세기 무렵, 앨프레드 대왕 때 설립되었다고 추정된다. 사실 잉글랜드가 설립된 이유는 바이킹을 물리치기 위해서였는데, 당시 바이킹이 이민족임에도 불구하고 엄청나게 강력한 세력이었기 때문이다. 앨프레드 대왕은 바이킹에 대항하려면 기존의 나라들이 하나로 뭉쳐야 한다고 생각했다. 그 덕분에 '앵글인Angle의 나라'라는 의미의 잉글랜드가 설립될 수 있었다.

고대에도 브리튼섬에 사람들이 살고 있었겠지만 이곳이 세계사에 본격적으로 등장하는 시기는 로마 시대다. 사실 그 유명한 율리우스 카이사르Julius Caesar가 갈리아 지방(지금의 프랑스와 벨기에, 독일 일부를 포함하는 지역)을 정복하면서 브리튼섬에도 왔지만 완전히 장악하지는 못했고, 이후 클라우디우스 황제가 비로소 이 섬을 정복했다.

로마가 쇠퇴하면서 그곳에 살던 게르만족은 로마제국이 다스리던 여러 지역으로 이동했는데, 이들의 일부가 브리튼섬에도 정착한다. 이 때 브리튼섬에 온 게르만인들을 보통 앵글로색슨인Anglo-Saxon이라고 부른다. 이들은 브리튼섬에 '7왕국Heptarchy'이라고 불리는 자신들만의 왕국을 세웠으며, 이렇게 생긴 7개의 나라가 잉글랜드의 기반이 되었다. 이 나라에 사는 사람들은 같은 민족이었고 모두 기독교를 믿었다. 나중에 7왕국이 통합되면서 잉글랜드를 형성할 때, 이 2가지 공통점이 중요한 바탕이 된다.

7왕국은 차례로 돌아가며 그 지역의 패권을 장악했는데, 9세기 무렵 패권을 장악하고 있던 곳은 웨섹스왕국Kingdom of Wessex이었다. 하지만 이때 브리튼섬에 또 다른 민족이 침입하기 시작했다. 바로 북유럽에 살던 노르드인Norsemen이었다. 노르드인들은 상대적으로 척박한 환경에 살고 있었다. 하지만 이들은 항해술과 전투술이 매우 뛰어났으며, 이 기술을 바탕으로 다른 곳을 약탈해 자신들에게 부족한 자원을 보충했다.

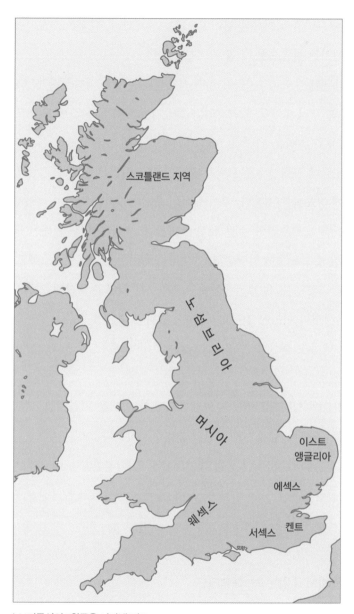

스코틀랜드 지역

노섬브리아

머시아

이스트
앵글리아

에섹스

웨섹스

서섹스 켄트

서식스

| 브리튼섬의 7왕국을 나타낸 지도.

당시 노르드인은 두려움을 불러일으키는 존재였다. 이후 노르드인들은 바이킹이라는 이름으로 더 잘 알려진다.

브리튼섬은 노르드인들이 살던 북유럽에서 매우 가까웠다. 또한 유럽 대륙과 달리 오랫동안 안정되어 있었기에 부유했다. 노르드인 입장에서는 매우 손쉬운 약탈지였다. 기록에 따르면 노르드인이 처음으로 웨섹스왕국에 도착한 것은 8세기 말엽이었다. 이들은 곧 평화로웠던 브리튼섬에 공포를 가져온다. 부와 학문의 중심이었지만 방어가 취약했던 수도원들은 노르드인의 주된 표적이 되었다. 브리튼섬 동쪽 해안에 있던 수많은 수도원들이 약탈당했고, 수도사들은 살해당하거나 노예로 끌려갔다. 노르드인들은 브리튼섬에 지속적으로 찾아와 약탈해갔을 뿐만 아니라, 서서히 이곳에 정착하게 된다. 특히 브리튼섬에 온 노르드인들은 주로 덴마크 출신이었으므로 브리튼섬 내에서는 그들을 데인인^{Danes}이라고 불렀다.

브리튼섬 사람들은 데인인들과 오랫동안 전쟁을 치렀지만, 데인인들이 점차 세력을 넓혀가면서 불리해지기 시작한다. 이런 상황 속에서 분열된 앵글로색슨인들이 뭉쳐 데인인에게 맞서야 한다는 생각을 가진 사람이 등장했는데, 그가 바로 잉글랜드왕국을 세웠다고 알려진 웨섹스왕국의 국왕 앨프레드였다.

✱ 준비되지 않은 왕, 에셀레드

871년 웨섹스왕국의 국왕이 된 앨프레드는 데인인들을 상대로 왕국을 지켜야 했다. 앨프레드는 데인인의 군사력이 매우 강력하다는 사

| 앨프레드 대왕의 모습.

실을 이미 잘 알고 있었으므로, 돈을 지불하는 등의 방법으로 이들의 침
공을 조금이나마 늦추려 했다. 하지만 데인인들은 주변 지역을 먼저 점
령한 뒤 결국 웨섹스왕국까지 침략했는데, 앨프레드가 이들과의 전쟁에
서 기적과도 같은 승리를 거둔다.

앨프레드는 자신의 왕국을 지켜내긴 했지만, 앞으로도 데인인들에
게 대항하기 위해서는 앵글로색슨인들이 모두 뭉쳐야 한다고 생각했다.
그는 '앵글로색슨인의 나라'라는 개념을 강조했고, 이것이 후일 잉글랜
드라는 나라가 형성되는 바탕이 된다. 이런 앨프레드의 업적을 기려 후
대 사람들은 그를 대왕이라고 칭송했으며, 잉글랜드의 첫 번째 국왕으

로 여겼다. 하지만 잉글랜드를 실질적으로 성립한 사람은 앨프레드의 손자, 애셀스탠Athelstan이다. 그는 앵글로색슨인의 영지를 통합했고, 스코틀랜드인이나 바이킹과의 전투에서 승리를 거두며 왕국을 안정시켰다.

| "준비되지 않은 왕" 에셀레드.

그러나 잉글랜드의 평화는 오래 지속되지 않았다. 데인인들의 흉포함이 곧 잉글랜드를 다시 덮쳐왔다. 978년 잉글랜드의 국왕이 된 "준비되지 않은 왕"* 에셀레드는 주변 사람들의 신임을 얻지 못하는 인물이었다. 그런데 잉글랜드왕국을 호시탐탐 노리던 데인인들은 마침 뛰어난 지도자를 얻었다. 986년 노르웨이와 덴마크의 국왕으로 스베인이 즉위한 것이다.

강인한 전사이자 강력한 군대의 수장이었던 스베인은 오랫동안 약탈의 목표였던 부유한 잉글랜드를 다시 침략하려 했다. 에셀레드는 증조부 앨프레드가 그랬던 것처럼, 일단 돈**으로 데인인들을 막아보려 했

---

* "준비되지 않은 왕"처럼 왕이나 귀족의 이름 앞에 붙는 별명은 대부분 연대기 저자들이 붙인다.
** 에셀레드가 데인인들에게 준 이 돈은 이후 데인겔드Danegeld라고 불렀다. '데인인의 세금' 정도로 해석할 수 있다.

다. 스베인과 전사들은 돈을 받고 물러갔다가 곧 다시 돌아왔으며, 그럴 때마다 액수는 점차 올라갔다. 누가 보아도 결국에는 잉글랜드로 쳐들어올 것이 분명해 보였다. 에셀레드는 손 놓고 이들에게 당할 수는 없다고 생각했다.

그는 먼저 바다 건너에서 동맹을 찾아보았다. 바로 바이킹과 같은 뿌리를 가진 노르만인들이었다. 노르드인들이 유럽 대륙의 여러 곳에 정착할 때, 한 무리가 떨어져 나와 프랑스 서부 해안 노르망디 지방에 정착했다. 이 무리의 지도자는 노르망디 지역을 장악하고 스스로 노르망디 공작이 되었고, 이 무리는 정착한 지역의 이름을 따 노르만인이라고 불렸다. 그를 따르던 사람들은 노르망디의 귀족이 되었는데, 특출한 전사들이었던 선조들과 마찬가지로 뛰어난 전투술을 보유하고 있었다.

에셀레드가 이들과 손을 잡은 가장 큰 이유는 지리적으로 데인인들의 침략을 차단하기 위해서였다. 데인인들이 잉글랜드로 가기 위해서는 노르만인들의 영역을 지나쳐야 했기 때문이다. 이 동맹은 에셀레드가 노르망디 공작의 딸이었던 노르망디의 에마와 결혼함으로써 더욱 강화되지만, 사실 이 사건이 훗날 노르만인이 잉글랜드를 정복하게 되는 시작점이기도 하다.

또한 에셀레드는 잉글랜드에 정착해 있던 데인인들에 대해 강경한 정책을 폈다. 아마 잉글랜드 내부의 데인인들이 외부에서 침입하는 데인인들에게 어떤 방식으로든 도움을 주리라고 판단했을 것이다. 하지만 그의 강경책 때문에 잉글랜드 내 데인인들은 위협을 느꼈다. 이들은 도리어 자신들의 안위를 위해 외부의 데인인들에게 협조하게 된다.

에셀레드가 데인인을 막기 위해 사용한 방법들은 아무 소용이 없었다. 결국 스베인은 데인겔드로 만족하지 못했고 잉글랜드를 지속적으로 약탈했다. 1013년에는 마침내 잉글랜드를 점령하기에 이른다. 에셀레드는 처가인 노르망디로 도망갈 수밖에 없었고, 스베인은 잉글랜드의 국왕이 되었다.

✖ 잉글랜드의 왕좌를 둘러싼 혼란

그러나 잉글랜드를 점령한 다음 해인 1014년에 스베인이 사망하면서, 잉글랜드의 왕위를 누가 이을 것인가에 대한 문제가 복잡해진다. 노르웨이와 덴마크의 국왕 지위는 스베인의 장남인 하랄드Harald에게 돌아갔지만, 잉글랜드에서는 상황이 좀 달랐다. 스베인이 잉글랜드에 남겨둔 데인인들은 스베인의 차남인 크누트를 지지했던 것이다. 하지만 크

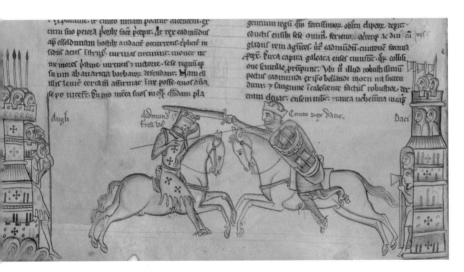

| 크누트와 에드먼드의 전투.

누트도 결국 잉글랜드의 국왕 자리에 바로 오르는 데는 실패했다. 스베인이 죽자, 노르망디에서 지지 세력을 모으며 기회를 엿보고 있던 에셀레드가 돌아왔기 때문이다.

크누트는 잠시 잉글랜드에서 떠나 있어야 했지만, 곧 그를 위한 기회가 찾아온다. 에셀레드의 아들인 "철기병" 에드먼드가 아버지를 내쫓고 왕이 되고자 반란을 일으킨 것이다. 크누트는 이 소식을 듣자 군대를 이끌고 잉글랜드로 향했다. 그가 잉글랜드에 도착했을 때, 에셀레드는 이미 사망했고 에드먼드가 국왕이 되어 있었다. 하지만 에드먼드는 국민들의 신망을 잃은 상태였다.

크누트가 잉글랜드로 오자 많은 이들이 그가 국왕 자리에 오르는 것을 지지했다. 결국 1016년 10월 18일, 아산둔 전투Battle of Assandun에서 크누트가 에드먼드를 무찌르고 승리를 거둔다. 에드먼드는 크누트를 잉글랜드의 국왕으로 인정했고 이후 두 사람이 공동 국왕으로 잉글랜드를 통치했다. 그러다가 1016년 11월 에드먼드가 사망하고 나서는 크누트가 홀로 잉글랜드의 국왕 자리를 지켰다.

크누트는 왕권을 안정시키려 부단히 노력했다. 그는 노르만인들과의 동맹을 중요하게 여겼으며, 이를 더 공고히 하기 위해 에셀레드의 아내였던 노르망디의 에마와 다시 결혼한다. 당시 에마는 노르망디 공작의 여동생이었으므로 두 사람의 결혼은 노르망디와 잉글랜드의 동맹을 재확인한 것이나 다름없었다. 그러나 크누트는 자신의 왕조가 튼튼히 뿌리내리게 하기 위해 웨섹스 왕가 사람들을 모두 처형하려고 했다. 에마는 에셀레드와의 사이에서 낳은 2명의 아들을 모두 자신의 친정인 노르망디로 보내야 했다. 뿐만 아니라 웨섹스 왕가의 다른 사람들도 모두 국외로 쫓겨났다.

1035년 크누트가 사망했을 때는 더 큰 혼란이 기다리고 있었다. 잉글랜드의 왕위를 이어받을 권리가 있다고 주장하고 나선 사람이 한둘이 아니었던 것이다. 크누트의 아들들인 "토끼발" 하랄드Harald Harefod와 하르사크누트, 에마와 에셀레드의 아들들인 "참회왕" 에드워드와 앨프레드 애셀링Alfred Aetheling, "철기병" 에드먼드의 아들들인 "망명왕" 에드워드Edward the Exile와 에드먼드 애셀링Edmund Aetheling이 제각기 왕위 계승을 주장했다. 이렇게 많은 후보자들이 싸우는 바람에, 11세기 잉글랜드는 그야말로 혼란에 빠져 있었다.

사실 크누트의 두 아들은 어머니가 달랐다. 하랄드는 첫 번째 아내

| 〈바이외 태피스트리Bayeux Tapestry〉에 그려진 "참회왕" 에드워드의 모습.

가 낳은 아들이었으며, 하르사크누트는 두 번째 부인인 에마가 낳은 아들이었다. 에마는 자신의 아들을 후계자로 삼고 싶어 했다. 그러나 그녀의 시도는 반만 성공을 거두었다. 덴마크의 왕위는 하르사크누트의 손에 들어갔으나 잉글랜드의 귀족들은 하랄드를 국왕으로 추대한 것이다. 하지만 하랄드가 곧 후계자 없이 사망하면서, 에마의 소원도 결국 이루어진다.

에마는 이후로도 잉글랜드의 왕위 계승에 주도적으로 개입했던 것으로 보인다. 하르사크누트에게는 직계 후손이 없었는데, 그는 죽기 전 이부형인 "참회왕" 에드워드를 잉글랜드로 불러왔다. 에마가 자신의 다른 아들이 미리 세력을 확보하고 안정적으로 왕위를 이을 수 있도록 한 것이다.

그렇게 1042년 왕이 된 에드워드는, 사실 어려서부터 노르망디 궁정에서 성장해 잉글랜드 사람이라기보다는 노르만인이나 다름없었다. 크누트가 자신에게 반기를 들 만한 웨섹스 왕가의 세력을 모두 숙청하려 할 때, 에마가 이를 피해 자신이 태어난 노르망디로 아들들을 피신시켰기 때문이다. 그런데 잉글랜드의 권력은 데인인들과 앵글로색슨인들을 중심으로 구성된 귀족들이 장악하고 있었다. 이들은 크누트가 자리를 비울 때마다 잉글랜드를 대신 통치하기도 했다.

그러니 노르만인으로 성장한 에드워드는 이들 귀족과 마찰을 빚을 수밖에 없었다. 특히 그가 기존 세력을 몰아내고 노르만인들을 중용하려 하자 귀족들은 심하게 반발했는데, 에드워드의 처가였던 고드윈 가문의 반발이 가장 극심했다. 고드윈 가문은 노르만인들의 등장으로 잠

| 해럴드의 즉위.

시 권력을 잃는 듯 보였지만 결국 에드워드를 굴복시키고 자신들의 뜻
대로 행동하도록 만들었다. 잉글랜드는 사실상 고드윈 가문을 중심으로
하는 귀족들이 통치하는 것이나 다름없었다.

　그러던 1066년, 에드워드 역시 직계 후계자 없이 사망한다. 혈통으
로 볼 때 가장 가까운 후계자는 웨섹스 왕가 출신의 에드거 애셀링Edgar
Atheling이었다. 에드거는 에드워드의 이복형이었던 "철기병" 에드먼드의
손자다. 에드워드는 생전에 조카 에드거와 그의 가족을 잉글랜드로 불
러 후계자로 올리려 했지만, 잉글랜드 궁정에서 에드거를 지지하는 세
력은 거의 없었다.

잉글랜드 귀족들은 고드윈 가문 출신이자 에드워드의 처남이었던 해럴드 고드윈슨을 후계자로 지지했다. 이름에서 알 수 있듯이 해럴드는 웨섹스왕국의 백작 고드윈의 아들이었다. 고드윈 백작은 크누트가 아낀 인물이었으며 크누트의 아들들이 잉글랜드의 국왕 자리에 오르자 잉글랜드 최고의 권력자로 부상했다. 해럴드는 이런 아버지의 권력을 모두 이어받았을 뿐 아니라 군사적 능력도 뛰어났다. 사실 그를 국왕으로 선출한 것은 잉글랜드 입장에서 볼 때 가장 좋은 선택이었다. 하지만 이전 국왕이나 왕가와 혈연관계가 없는 사람이 국왕이 되었으니 호시탐탐 왕위를 노리던 다른 사람들이 가만히 있을 리 없었다.

✛ 정복왕 윌리엄이 등장하다

"참회왕" 에드워드가 후계자 없이 사망할 것이 확실해질 무렵, 한 사람이 왕위를 노리고 잉글랜드 침공을 준비하고 있었다. 바로 노르망디 공작이었던 윌리엄*이었다.

윌리엄은 이전에 노르망디 공작이었던 로베르 1세Robert I de Normandie의 외아들이었지만, 현대까지도 윌리엄의 이름 앞에 항상 따라오는 "사생아the Bastard"라는 별명처럼 그의 부모는 정식으로 결혼한 사이가 아니었다. 이것은 윌리엄의 신분에 큰 제약이 되었다. 하지만 로베르 1세는 외아들인 윌리엄을 자신의 적자이자 후계자로 인정하고, 신하들에게도 충성을 맹세하게 했다. 그러고 나서 얼마 지나지 않아 로베르 1세가 성

---

*노르망디는 프랑스어를 사용한 지역이었으므로, 원래 이름은 기욤Guillaume이다. 그러나 영문 이름이 익숙하므로 이 책에서는 윌리엄으로 부른다.

지순례 도중 사망하면서 윌리엄이 10살도 되지 않은 나이로 노르망디 공작이 된다. 윌리엄의 지위나 나이가 큰 걸림돌이기는 했지만, 봉건 시대에 맹세란 매우 큰 영향력이 있었다. 신하들은 그의 아버지와 했던 맹세를 지켜 윌리엄에게 충성을 다했다. 게다가 노르망디 공작 가문의 큰 어른이나 마찬가지인 루앙 대주교archbishop of Rouen와 노르망디 공국이 속해 있는 프랑스의 앙리 1세Henri I도 윌리엄을 지지해주었다.

1066년 해럴드가 잉글랜드의 국왕으로 즉위하자, 윌리엄은 자신에게 와야 할 잉글랜드 왕위를 해럴드가 가로챘다고 주장한다. "참회왕" 에드워드는 윌리엄의 아버지와 사촌지간이었고 노르망디에서 오랜 시간을 보냈기에 윌리엄 역시 그를 잘 알고 있었다. 윌리엄은 1052년 에드워드가 자신에게 잉글랜드 왕위 계승권을 넘기겠다는 맹세를 했다고 주장했다. 게다가 1064년 해럴드가 노르망디 공작령으로 왔다가 포로로 잡혔을 때 '윌리엄이 잉글랜드의 국왕이 되는 것을 돕겠다'고 맹세한 후 풀려난 적도 있었다고 주장했다.* 윌리엄은 해럴드가 왕위에 오른 것은 이런 맹세를 저버린 것이며, 맹세를 어긴 해럴드를 응징하는 것은 자신의 정당한 권리라고 주장했다.

사실 윌리엄이 잉글랜드 침공을 준비할 수 있었던 것은 그의 지위와 주변 상황이 안정되어 있었던 덕분이었다. 윌리엄은 자라면서 어린 시절의 어려움을 딛고, 자신이 노르망디 공작이 될 만한 인물임을 스스로 증명해냈다. 이후 지금까지 윌리엄을 적대시하던 인물들이 사망하면

---

*그러나 해럴드는 잉글랜드로 돌아오고 나서, 맹세를 하라는 위협을 받았다며 법적 효력이 없다고 주장했다.

서 정치적 상황도 유리해진다. 뿐만 아니라 윌리엄은 프랑스 내에서 강력한 세력이었던 플랑드르 백작의 딸과 결혼했는데, 이렇게 동맹을 맺은 것도 윌리엄에게는 매우 유리한 일이었다. 이어서 윌리엄은 당시 교황이었던 알렉산데르 2세Alexander II의 지지와 축복까지 얻을 수 있었다. 교황이 노르만인들의 수장인 노르망디 공작에게 호의를 베풂으로써 노르만인들과의 유대를 강화하고 싶어 했기 때문이다. 마지막으로 윌리엄은 북유럽 세력의 일부인 덴마크와 동맹을 맺고 큰 대가를 약속하며 용병들을 고용했다. 이들은 윌리엄을 따라 잉글랜드로 향했다.

해럴드는 윌리엄을 매우 경계하고 있었다. 윌리엄은 1066년 9월 28일 브리튼섬의 남쪽 해안에 상륙했다. 사실 더 일찍 도착할 것으로 예상했으나, 날씨 때문에 지연되어 바람의 방향이 바뀌기를 기다리느라 이제야 겨우 도착한 것이었다. 해럴드는 역시 잉글랜드 왕위를 노리던 노르웨이 국왕과의 전투를 마치고 휴식을 취하던 참이었다.

1066년 10월 14일, 헤이스팅스Hastings 인근 평지에서 해럴드의 군대와 윌리엄의 군대가 마주쳤다. 해럴드의 군대는 이미 큰 전투를 치렀기에 매우 지쳐 있었으며, 훈련이 덜 된 병사들이 많았다. 또 해럴드의 군대는 윌리엄의 군대보다 병사들이 한참 적었다. 해럴드는 방어에 치중하는 전략을 쓸 수밖에 없었다. 하지만 이 전략은 상당히 유용했다. 해럴드의 군대는 방패를 쌓아서 방어벽을 만들었는데, 노르만 기사들이 이를 뚫지 못한 것이다. 게다가 중간에 윌리엄이 죽었다는 소문이 퍼지면서 노르만 기사들은 혼란에 빠진다.

윌리엄은 혼란을 수습하기 위해 투구를 벗어 기사들에게 자신이 여

| 헤이스팅스 전투 장면. 역시 〈바이외 태피스트리〉에 남아 있다.

전히 살아 있음을 알리면서, 이것을 기회로 삼아 병사들의 사기를 더욱 북돋았다. 이후 전세는 급변했고 급기야 해럴드가 전사하면서 지휘관을 잃은 잉글랜드 군은 무너졌다. 사실 헤이스팅스 전투에서 윌리엄이 승리할 수 있었던 가장 큰 이유는 해럴드가 이미 이전 전투에서 숙련된 병사를 많이 잃었기 때문일 것이다. 방어에만 치중했음에도 잉글랜드 군이 초반에 우세했던 것을 보면 병사들이 제대로 훈련을 받고 전장에서 오래 버텨주기만 했더라도 어느 정도 승리를 점쳐볼 수 있었을 것으로 보인다.

헤이스팅스 전투는 윌리엄이 잉글랜드를 장악하는 데 가장 큰 영향을 미친 전투였다. 잉글랜드 내에서 윌리엄에 대적할 만한 사람은 해럴드밖에 없었는데, 헤이스팅스 전투에서 해럴드가 전사함으로써 이제 잉글랜드 내에는 윌리엄을 저지할 만한 인물이 없어졌기 때문이다. 윌리엄의 잉글랜드 정복기를 담은 〈바이외 태피스트리〉의 중심이 헤이스팅스 전투라는 사실을 보면 이런 상황을 잘 알 수 있다.

물론 윌리엄이 헤이스팅스 전투만으로 잉글랜드의 국왕이 된 것은 아니었다. 남은 잉글랜드 귀족들은 다시 에드거 애셀링을 국왕으로 선출하고, 런던을 거점으로 윌리엄에게 대항했다. 이에 윌리엄은 바로 런던으로 향하는 대신 잉글랜드 남동부 지방을 거쳐 런던으로 진격하면서, 잉글랜드의 상징적 지역인 캔터베리Canterbury나 윈체스터Winchester 같은 지역들을 차례로 장악하고 점차 귀족들을 압박했다. 결국 1066년 12월 저항하던 귀족들은 모두 윌리엄에게 항복하고 그에게 충성을 맹세했다. 윌리엄은 1066년 크리스마스 날에 대관식을 올리고 정식으로 잉글랜드의 국왕이 되었다.

윌리엄은 이전 왕가와 혈연적인 관계가 없었으며 그가 주장한 왕위 계승 권리는 모두 명목상의 것이나 마찬가지였다. 하지만 그는 잉글랜드의 국왕을 전쟁에서 물리쳤으며 나머지 반항하는 이들을 무력으로 진압했고, 그들에게서 충

| 이부형제들과 함께 있는 윌리엄 1세의 모습.

성 맹세를 받아냈다. 이 때문에 윌리엄은 후대에 "정복왕"이라는 별명으로 불리게 된다. 윌리엄이 잉글랜드를 무력으로 정복한 첫 번째 국왕도 아니었고 마지막 국왕도 아니었지만, 윌리엄의 혈연적 후계가 현재 여왕까지 이어져 내려온다는 사실에서 정복왕이라는 그의 별명이 더욱 부각된다.

정복왕 윌리엄이 사랑한 아내, 플랑드르의 마틸다

정복왕 윌리엄은 어린 시절부터 자신을 늘 꼬리표처럼 따라다니던 '사생아'라는 단어에 무척이나 열등감을 느꼈을 것이다. 당시 정식 결혼하지 않은 부모 사이에서 태어난 아이들은 상속 등에 제한을 받았는데, 엄격하게 따지는 경우에는 설령 부모가 나중에 정식으로 결혼한다고 하더라도 아이들이 적자로 인정되지 않았다.

여기에 더해 특별한 허락이 필요한 경우가 많았다. 보통은 교황의 허락이지만, 법적으로도 인정받아야 하기 때문에 왕위 계승의 경우 의회나 군주의 인정까지 필요할 때도 있었다. 이를테면 영국의 에드워드 3세의 아들인 랭커스터 공작 곤트의 존John of Gaunt은 두 번째 아내가 죽은 뒤 자신의 오랜 정부였던 캐서린 스윈포드Katherine Swynford와 결혼했다. 둘 사이에는 결혼 전부터 이미 여러 명의 아이들이 있었는데, 캐서린과 정식으로 결혼한 사이가 아니었으므로 랭커스터 공작은 아이들에게 '보퍼트Beaufort'라는 성을 주었다. 이 보퍼트 가문 아이들은 부모가 결혼한 뒤에도 여러 가지 문제를 맞닥뜨리게 된다. 랭커스터 공작의 조카였던 리처드 2세Richard II는 보퍼트 가문 사촌들의 계승권을 인정해주었지만, 정작 의회는 교황의 사면이 있기 전까지 계승권을 인정하지 않았다. 심지어 헨리 4세Henry IV는 이복동생들의 도움을 받았음에도 그들의 계승권에 대해 유보적 입장을 취하기도 했다.*

따라서 비록 노르망디 공작 로베르 1세가 윌리엄을 정식 후계자로 삼고 신하들에게 충성을 맹세하게 하기는 했지만, 로베르 1세가 갑작스럽게 죽었을 때 사생아 윌리엄이 노르망디 공작령을 제대로 통치하기는 매우 어려웠다. 로베르 1세의 적자들, 사실상 윌리엄보다 더 강한 계승 권리가 있다고 여겨진 숙부들이 살아 있었기 때문이다. 만약 숙부들이 자신들의 권리가 윌리엄의 그것보다 더 적법하다고 주장한다면, 노르망디 공작령은 상속 문제로 혼란에 빠질 수밖에 없었을 것이다. 그럼에도 윌리엄이 공작으로 인정받을 수 있었던 것은 신하들의 충성 서약, 가문 원로들의 지지, 상위 군주인 프랑스 국왕의 승인 덕분이었다. 하지만 공작령에서의 내전은 피할 수 없었으며, 특히 윌리엄이 미성년이었던 1040년대에는 분쟁이 극심했다.

---

*헨리 4세는 사촌인 리처드 2세를 폐위하고 스스로 국왕이 되었다. 여기에 힘을 보태준 것이 바로 보퍼트 가문 사람들이었다. 그럼에도 불구하고 그는 이복동생들의 왕위 계승권을 인정하기를 꺼렸고, 이 때문에 보퍼트 가문의 계승권에 대한 논란이 생겨났다. 이 논란은 후에 장미 전쟁이 일어나기 전, 헨리 6세Henry VI가 자신의 이부동생을 보퍼트 가문의 상속녀와 결혼시키면서 왕위 계승권이 인정된다고 확인해주기 전까지 계속되었다.

분쟁이 벌어지는 동안 윌리엄의 측근들은 강력한 외부 세력과의 동맹을 추진해 영지를 안정시키려 했다. 보통 이런 동맹은 결혼으로 이어지는데, 이들이 찾은 세력은 인근의 강력한 영주이자 유럽의 여러 왕가와 밀접한 관계가 있던 플랑드르 백작이었다. 윌리엄은 플랑드르 백작의 딸 마틸다와 결혼하게 된다. 마틸다의 어머니는 프랑스의 공주였으며 외삼촌이 프랑스 국왕이었다. 노르망디 공작이 프랑스 국왕의 봉신이라는 점을 생각해보면 이 결혼이 중요하지 않을 수 없었다. 하지만 이들의 혼담은 매우 오랫동안 더디게 진행되었으며, 마침내 성사되기까지 수많은 우여곡절을 낳았다.

전해지는 이야기에 따르면, 마틸다는 윌리엄과의 혼담을 단칼에 거절했다고 한다. 자신은 샤를마뉴 대제Charlemagne의 후손이고 프랑스 국왕의 외손녀인 데 비해, 윌리엄은 고작 사생아라는 이유에서였다. 이 이야기를 들은 윌리엄은 화가 머리끝까지 나서 마틸다를 찾아갔다. 사생아라는 이유로 힘든 시간을 보냈던 윌리엄에게는 도저히 참을 수 없는 모욕이었을 것이다. 그리고 모두를 경악하게 한 일이 일어났다.

| 플랑드르의 마틸다를 그린 19세기 상상화.

몇 가지 다른 버전의 이야기들이 있긴 하지만, 대부분 윌리엄이 마틸다를 찾아가 많은 사람들이 보는 앞에서 그녀를 때렸다고 전한다. 윌리엄이 플랑드르 백작과 그 딸을 공개적으로 모욕한 것이다. 분개한 플랑드르 백작은 윌리엄에게 전쟁을 선포했다. 하지만 갑자기 이번에는 마틸다가 죽어도 윌리엄과 결혼하겠다고 주장한다. 둘의 결혼은 마틸다가 급작스럽게 마음을 바꾼 덕분에 성사될 수 있었다.*

이 이야기대로 마틸다가 마음을 바꾸었다고 하더라도, 두 사람이 결혼하기까지는 건너야 할 장애물이 더 있었다. 교회에서 윌리엄과 마틸다가 근친결혼의 범위에 포함되는 친척이라며 결혼을 인정해주지 않은 것이다. 교회법상 일정한 범위 내의 친인척끼리는 근친 관계에 해당되어 결혼을 할 수 없다고 규정되어 있었는데, 하필 윌리엄의 할머니의 외할아버지, 마틸다의 어머니의 외할머니가 남매간이었다.

그러나 대부분의 사례에서와 마찬가지로, 결혼이 정치적 목적에서 이루어질 때는 교황의 반대에도 불구하고 일단 결혼하고 보는 경우가 많았다. 게다가 마틸다는 윌리엄이 아닌 다른 남자와는 절대 결혼하지 않겠다고 말할 정도였으므로 둘은 교회의 허락이 없었음에도 결혼을 강행했다. 둘의 결혼이 정식으로 인정받는 데는 이후로도 오랜 시간이 걸렸다. 교회는 각각 수도원을 하나씩 지어서 헌납하겠다는 부부의 약속을 받고 그들을 사면해주었다.

어찌되었든 윌리엄과 마틸다는 행복한 부부였다고 전해진다. 윌리

---

*연대기에도 제대로 된 이유가 나와 있지 않기 때문에 이 이야기는 누군가 지어낸 것이라는 느낌이 더 강하다. 대부분 그냥 '전해지는 이야기에 따르면…' 정도로 언급하고 있다.

엄이 잉글랜드로 떠날 때 마틸다가 자신의 개인 재산을 털어 배를 만들고 '모라Mora'라는 이름을 붙여 선물하기도 했다. 이 배는 잉글랜드를 정복할 때 윌리엄의 기함旗艦이 되었다. 또한 윌리엄은 마틸다와의 사이에서 9명 이상의 자녀를 두었는데, 마틸다 말고 다른 여자와의 사이에서 자녀가 태어났다는 기록을 찾아보기는 힘들다. 당시 노르만 귀족들이나 왕족들이 결혼하지 않은 여성과의 사이에서도 자녀를 많이 두었던 것과는 확연히 다르다. 이를테면 윌리엄의 아들인 헨리 1세Henry I는 아내와의 사이에서는 단 2명의 자녀를 두었음에도, 다른 여성들과의 사이에서는 수많은 자녀들을 두었다.

전해지는 윌리엄과 마틸다의 결혼 이야기를 통해 알 수 있는 점은, 마틸다가 당대 여성들에 비해 매우 독립적이었다는 사실이다. 중세 시대 여성들은 가부장인 남성에게 거의 종속되어 있었으며 자신의 결혼이나 재산권 행사에 대해 스스로 발언할 권리가 없었다. 하지만 마틸다는 자신의 결혼 계획에 대해 확고한 의견을 가지고 있었다. 윌리엄이 결국 잉글랜드를 정복하고 세운 업적들은 그를 강력하게 뒷받침해준 사랑하는 아내 마틸다가 없었다면 불가능했을지도 모른다.

Chapter 2

시칠리아의 왕위를 둘러싼 혈투

로베르 기스카르Robert Guiscard : 노르만인으로서는 처음으로 시칠리아섬을 정복한 인물.

루제로 2세Ruggero II : 재위 1130~1154년. 로베르 기스카르의 조카. 시칠리아섬과 이탈리아 남부 지역을 합친 시칠리아왕국을 세우고 국왕이 되었다.

굴리엘모 2세Guglielmo II : 재위 1166~1189년. 시칠리아왕국 내부 갈등을 해결하기 위해 외부 세력과 동맹을 맺는다. 이 동맹의 일환으로 잉글랜드의 공주와 결혼하게 된다.

코스탄차Costanza : 루제로 2세의 유복녀로 태어났다. 신성로마제국의 황제가 되는 하인리히 6세와 정략결혼을 해 황후가 되었으며, 이후 남편과 함께 시칠리아의 왕위를 주장한다.

탄크레디Tancredi : 재위 1189~1194년. 루제로 2세의 장손이자 루제로 3세Ruggero III의 사생아. 시칠리아왕국의 남성 적자 후계자가 단절되자 군인들의 지지를 얻어 시칠리아의 국왕이 되었다.

하인리히 6세Heinrich VI : 시칠리아왕국 재위 1194~1197년. 코스탄차의 남편으로, 신성로마제국의 황제였다. 이후 아내의 권리를 이어받아 시칠리아왕국의 왕이 된다.

프리드리히 2세Friedrich II : 시칠리아왕국 재위 1198~1250년. 코스탄차와 하인리히 6세의 외아들.

만프레디Manfredi : 재위 1258~1266년. 프리드리히 2세의 사생아 아들이다. 형을 대신해 시칠리아를 통치하다가, 형이 죽자 독일에 있는 조카의 권리를 빼앗아 국왕이 되었다.

앙주 백작 샤를 1세Charles I d'Anjou : 재위 1266~1285년. 프랑스 왕자였다가, 교황 우르바노 4세Urban IV에 의해 시칠리아 국왕으로 임명받는다. 만프레디와의 전투에서 승리를 거두고 무력으로 시칠리아의 왕이 된다.

권력의 이동

로베르
기스카르

시칠리아왕국 성립

루제로
2세

계승

굴리엘모
1세

계승

굴리엘모
2세

군인들의 지지

탄크레디

계승

굴리엘모
3세

전쟁

하인리히
6세와 코스
탄차

계승

프리드리히
2세

조카의 왕위를 빼앗음

만프레디

교황의 지지

앙주 백작
샤를 1세

1194년의 크리스마스 다음 날, 한 여인이 아이를 낳았다. 이 아이는 '기적의 아이'라고 불려도 손색이 없을 만했는데, 산모가 40살이었기 때문이다. 현재는 40살의 여성이 아이를 낳는다고 해도 그저 노산으로 여겨질 뿐이지만, 중세에는 기대수명이 낮았으므로 할머니가 출산을 한 것이나 다름이 없었다. 게다가 이 아이는 어머니의 지위 때문에 이후 매우 중요한 인물이 된다. 아이의 어머니는 바로 신성로마제국의 황후이자 시칠리아왕국Kingdom of Sicily의 여왕이었던 코스탄차였다.

시칠리아왕국은 시칠리아섬을 중심으로 이탈리아 남부 지방까지 걸쳐 있었던 나라다. 건국된 시기는 1130년으로, 이탈리아인들이 아니라 외부에서 온 세력인 노르만인들에 의해 세워진 왕국이다. 노르만인들이 이탈리아 남부로 오게 된 것은 10세기 끝 무렵이었다. 당시 남부 이탈리아에는 여러 세력이 공존하고 있었는데, 로마제국이 몰락하고 나서 들어온 게르만인들이 통치하던 지역과 비잔티움제국이 통치하던 지역, 무슬림이 통치하던 지역으로 나뉘어 있었다. 이들은 남부 이탈리아의 주도권을 잡기 위해 치열하게 경쟁을 하고 있었으며, 이런 혼란한 상황에 노르만인들이 개입하게 된다.

999년, 예루살렘으로 순례를 떠났던 일부 노르만인들이 살레르노 Salerno의 군주가 통치하던 남부 이탈리아의 아풀리아Apulia에 잠시 머물고 있었다. 이때 아프리카에서 온 무슬림인 사라센인Saracen들이 아풀리아를 공격했다. 아풀리아 사람들은 사라센인들의 공격을 두려워했지만, 그곳에 머물고 있던 노르만인들은 사라센인들만큼이나 호전적이었으며 군사 기술 역시 뛰어났으므로 침입자들을 물리쳐주었다. 이것을 지켜본 살레르노의 군주는 노르만인들에게 자신의 영지에 남아 도움을 달라고 부탁한다. 노르만인들은 순례를 마치고 고향으로 돌아가던 길이었으므로 당장은 거절했지만, 언제라도 자신들이 필요하면 돌아오겠다는 약속을 남겼다고 전해진다. 이것이 노르만인들이 남부 이탈리아로 진출하는 계기가 되었다.

같은 시기, 노르망디 지역에서는 노르만 인구가 증가하면서 경제적 문제가 발생하고 있었다. 귀족들에게 분배할 영지가 부족해져 많은 이들이 토지나 경제적 수입을 얻을 수 있는 새로운 지역으로 떠나야 했다. 남부 이탈리아 지역은 노르만인들이 새로 정착하기에 좋은 곳이었다. 복잡한 분쟁 상황이 벌어지고 있었으므로 노르만인들을 용병으로 많이 고용했기 때문이다. 또한 이슬람이나 비잔티움제국 같은 외부 세력도 존재하고 있었으므로, 이들의 영토를 빼앗아 노르만인의 것으로 만들 수도 있었다.

처음에 노르만인들을 주로 고용한 사람은 살레르노의 군주였다. 그는 전투에 능숙한 노르만인들의 도움을 받아 주변 지역을 평정할 수 있었다. 이후에도 노르만인들은 지속적으로 남부 이탈리아로 이주해 터전을 잡았으며, 주변 지역의 분쟁에 개입하거나 이를 중재하는 역할을 했다.

그중 두각을 나타낸 두 가문이 있었다. 레눌프 드렝고Rainulf Drengot를 중심으로 하는 드렝고 가문Drengot family, 로베르 기스카르(교활한 로베르라는 뜻)와 그 형제들을 중심으로 하는 오트빌 가문Family of Hauteville이었다. 레눌프 드렝고는 노르만인들 중 처음으로 남부 이탈리아에서 영지를 얻은 인물이었으며, 로베르는 주변 상황을 잘 이용해 영지를 확

| 공작 지위를 받는 로베르 기스카르를 그린 14세기 그림.

장할 줄 아는 인물이었다.

노르만인들의 세력은 점점 커져갔다. 그러나 이들이 영지의 정식 군주로 인정받으려면 교황과의 관계가 중요했다. 노르만인들은 주로 자신들의 영지 주변 비잔티움 세력을 공격함으로써 새로운 영지를 얻고 있었는데, 이것은 혼란 속에서 위태롭게라도 유지되던 남부 이탈리아의 세력 균형을 깨는 일이었다. 비잔티움 세력들은 교황에게 이런 상황을 알리고 자신들의 처지를 호소했다. 당시 교황이었던 레오 9세Leo IX는 군대를 이끌고 노르만인들과의 전투에 나섰다. 그러나 도리어 치비타테Civitate라는 작은 마을에서 벌어진 전투에서 교황이 패배하고 노르만인들에게 포로로 사로잡히고 만다. 교황은 노르만인들이 장악했던 영지를 공식적으로 인정해줄 수밖에 없었다. 이후 교황들은 자신의 지위를 공고히 하기 위해 노르만인들과 손을 잡았다. 남부 이탈리아 지방의 통치 영주로서 노르만인들의 지위는 점점 확고해졌다.

✠ 루제로 2세의 교활한 계략

오트빌 가문의 로베르 기스카르는 당시 이슬람 세력의 지배하에 있던 시칠리아섬을 공략해 손에 넣었다. 그리고 이후 로베르의 조카인 시칠리아 백작 루제로 2세가 시칠리아섬은 물론 오트빌 가문이 소유했던 남부 이탈리아의 영지 모두를 물려받게 된다. 그는 남부 이탈리아에서 가장 강력한 영주가 되었다.

루제로 2세는 자신의 영지를 왕국으로 만들고 싶어 했다. 그런데 마침 당시 교황청은 내부 분열 양상을 보이고 있었다. 전 교황이 서거하고 나서 추기경들은 인노첸시오 2세Innocentius II를 후임 교황으로 선출했는데, 일부 추기경들이 아나클레토 2세Anacletus II라는 다른 교황을 지지한 것이다. 두 사람이 서로 정식 교황으로 인정받으려 노력하는 상황이었다.

루제로 2세는 이것을 교묘하게 이용한다. 그는 교황 인노첸시오 2세가 아니라 로마의 일부 사람

| 루제로 2세의 모습.
©Matthias Süßen, Wikimedia Commons.

들만 지지하는 아나클레토 2세를 지지한다고 밝혔다. 그러자 아나클레토 2세는 자신을 지지해준 루제로 2세를 시칠리아의 국왕으로 인정해주었다. 인노첸시오 2세는 루제로 2세를 응징하려 신성로마제국의 황제는 물론 비잔티움제국에까지 도움을 요청하지만, 결국 그의 시도는 실패로 끝났다. 루제로 2세는 전투에서 승리하고 완전히 시칠리아의 국왕으로 인정받는다.

루제로 2세가 통치하던 시칠리아왕국은 번영을 누렸지만, 문제는 그가 죽고 난 다음이었다. 후계자들이 직면한 문제들 중 가장 크고 근본적인 것은 봉신들이었다. 루제로 2세의 봉신들은 대부분 노르만인이었

는데, 이들은 시칠리아왕가에 대해 절대적 충성심을 가지지 않았다. 시칠리아왕가 역시 자신들처럼 이곳에 와서 영지를 얻었기 때문이다. 노르만인들은 자신들의 권리를 강화하려 했으며 왕권에 빈번히 도전했다. 또 왕국이 성립된 뒤 정복 전쟁을 통한 세력 확보보다는 내치에 힘을 쓰게 되면서, 새롭게 유입되는 노르만인들에게 돌아가는 기회가 줄어들었다. 시칠리아왕국에는 점점 불안한 요소들이 늘어갔다.

루제로 2세의 아들인 굴리엘모 1세Guglielmo I는 나라가 분열되는 것을 막기 위해 봉신들을 억누르는 정책을 폈는데, 이것은 도리어 역효과를 낳았다. 이후 굴리엘모 1세의 자리를 이어받은 아들 굴리엘모 2세는 나라를 유지하고 부족한 영지를 해소하기 위해 다시 한 번 비잔티움제국이나 이슬람 세력 등의 외부 영지를 장악하려 한다.

하지만 동맹이 필요했다. 굴리엘모 2세는 지원을 얻기 위해 잉글랜드 헨리 2세Henry II의 딸이었던 조앤Joan of England과 결혼했으며, 자신의 고모 코스탄차를 신성로마제국 황제의 아들인 하인리히와 결혼시켰다. 하인리히와 코스탄차의 결혼은 단순히 두 나라 간의 동맹만을 의미하는 것이 아니었다. 하인리히가 코스탄차의 왕위 계승 권리를 인정하고 자신의 후계자로 받아들인다는 의미도 포함되어 있었다. 로마제국의 황제는 독일과 이탈리아왕국을 다스리고 있었으므로, 여기에 남부 이탈리아 지방인 시칠리아왕국까지 더해진다면 이탈리아 전체를 다스리게 되는 것이었다. 황제는 당연히 하인리히와 코스탄차의 결혼을 승인했다.

1189년 굴리엘모 2세가 사망했을 때, 시칠리아왕가의 후계자가 될 만한 인물은 거의 없었다. 적자들 중 유일하게 남아 있던 사람은 굴리엘

루제로 2세의 아들인 굴리엘모 1세. ©José Luiz Bernardes Ribeiro, CC BY-SA 4.0.

모 2세의 고모인 코스탄차였다. 그녀는 정당한 왕위 계승자였지만, 시칠리아의 귀족들은 굴리엘모 2세의 사촌 탄크레디를 지지했다. 결국 코스탄차와 탄크레디는 시칠리아 왕위를 두고 다툼을 벌인다.

코스탄차는 루제로 2세와 그의 세 번째 아내 사이에서 태어난 딸로, 아버지가 죽은 뒤에 태어난 유복녀遺腹女였다. 이 때문에 그녀는 다른 형제들과 나이 차이가 많이 났지만 조카들과는 차이가 그다지 많이 나지 않았다. 굴리엘모 2세는 코스탄차보다 겨우 1살 어렸다. 게다가 코스탄차는 유복녀였으므로 다른 형제들보다 상대적으로 덜 중요한 위치에 있다고 여겨졌다. 그래서 하인리히와 결혼하기 전까지 오랫동안 미혼으로 남아 있었으며, 아마도 중세 시대의 다른 지위 높은 여성들처럼 수도원에 들어갈 계획이었을 것이다.

하지만 굴리엘모 2세의 동맹 계획 때문에 코스탄차는 늦은 나이에 결혼을 하게 된다. 코스탄차와 하인리히가 결혼했을 때 코스탄차의 나이는 30살이었으며, 하인리히는 그녀보다 9살 어렸다. 물론 이런 결혼은 나라 간 동맹을 위해 하는 것이었으므로 부부의 나이 차이가 많이 나는 경우가 흔했다.

✤ 왕위를 놓고 벌어진 고모와 조카의 대립

결혼한 코스탄차 대신 시칠리아의 국왕이 되었으며, 이후 코스탄차와 지속적으로 왕위를 놓고 다툰 인물인 탄크레디는 루제로 3세의 정부가 낳은 아들이었다. 루제로 3세는 루제로 2세의 장남으로, 아버지가 시칠리아의 국왕이 되는 데 큰 공을 세웠다. 하지만 그는 아버지보다 먼저 사망하는 바람에 시칠리아의 국왕이 되지 못했다. 탄크레디는 루제로 2세의 장손이었음에도 불구하고 그의 부모가 정식으로 결혼하지 않았기 때문에 왕위 계승 권리가 없었다. 하지만 탄크레디는 뛰어난 기사로서 군인들의 지지를 얻었으며, 결국 시칠리아섬을 완전

| 시칠리아의 왕위를 얻고자 했던 코스탄차.

히 장악하고 국왕 자리에까지 오른다.

탄크레디는 코스탄차와 그녀의 남편 하인리히가 왕위를 노리고 시칠리아로 올 것을 알고 있었으므로 이들과의 전쟁에 대비했다. 하지만 코스탄차와의 전쟁이 시작되기도 전에, 십자군 전쟁을 위해 시칠리아에 잠시 들른 잉글랜드의 국왕 리처드 1세와 갈등하게 된다.* 탄크레디는 군대를 이끌고 시칠리아의 도시를 공격해온 리처드 1세에게 굴복하고 만다. 당시 탄크레디가 리처드 1세의 요구 조건을 모두 들어주어야 하긴 했지만, 리처드 1세는 그를 시칠리아 국왕으로 인정해주었다. 경제적 손실은 있었지만 탄크레디가 시칠리아 국왕임을 대외적으로 인정받은 중요한 사건이기도 하다.

코스탄차 역시 단단히 준비하고 있었다. 1191년 4월 코스탄차의 남

---

*탄크레디가 굴리엘모 2세의 미망인이었던 조앤에게 유산을 나누어주지 않고 그녀를 감금했기 때문이다. 조앤은 리처드 1세의 누이동생이었다.

| 신성로마제국의 황제가 된 하인리히 6세.

편인 하인리히는 신성로마제국의 황제 하인리히 6세로 즉위했으며, 코스탄차는 신성로마제국의 황후가 되었다. 하인리히 6세는 아내의 권리를 되찾기 위해 코스탄차와 함께 남부 이탈리아로 진격한다. 남부 지역의 많은 도시들은 황제와 코스탄차가 정당한 왕위 계승자라고 생각하고 성문을 활짝 열어주었다.

승승장구하던 하인리히의 군대는 나폴리에 다다라서야 처음으로 저항에 부딪힌다. 하인리히 6세의 군대는 대부분 독일 출신이었는데, 이들은 여름철 남부 이탈리아를 뒤덮는 뜨거운 열기를 견디기 힘들어했다. 말라리아 같은 향토병도 만연했다. 또 신성로마제국은 나라들이 느슨하게 묶여 있는 연합이나 마찬가지였으므로 최고 권력자인 황제가 자리를 비운다면 반란이 일어나거나 황제에 반대하는 세력이 힘을 키울 기회를 얻을 가능성이 컸다. 결국 이런 문제들 때문에 하인리히 6세는 독일로 돌아갈 수밖에 없었다.

황제가 철수한다는 소식을 들은 많은 도시들은 이후 자신들의 안위를 걱정했다. 코스탄차에게 성문을 열어준 대가를 치르게 될지도 몰랐기 때문이다. 그들은 서둘러 다시 탄크레디의 편에 섰다. 코스탄차는 마침 건강이 좋지 않아 남편을 따라가지 않고 살레르노의 궁전에서 소수의 수비대와 함께 머물고 있었는데, 남부 지역 사람들은 혼자 떨어져 있던 코스탄차를 사로잡아 충성에 대한 증거로 탄크레디에게 보냈다.

코스탄차는 조카 탄크레디의 포로가 되었지만, 험한 대접을 받지는 않았다. 탄크레디는 자신이 코스탄차를 해치면 그녀를 지지하는 도시들이 충성을 철회할지도 모른다고 생각했다. 탄크레디의 아내는 코스탄차를 죽이고 시칠리아 왕위를 완전히 굳히자고 제안했지만, 탄크레디는 아내의 설득에 넘어가지 않았다.

하인리히 6세는 교황에게 상황을 알리고 호소했다. 교황은 이 기회를 이용해서 이익을 얻으려는 목적으로 시칠리아왕국과 황제 사이를 중재해주었다. 교황은 '코스탄차를 돌려보내지 않는다면 파문하겠다'고 탄크레디를 위협했으며, 탄크레디는 '나를 시칠리아의 국왕으로 인정해줄 때까지 코스탄차를 풀어주지 않겠다'고 주장했다. 그러나 탄크레디는 결국 파문의 위협에 굴복하고, 코스탄차를 석방해 로마로 보냈다.

코스탄차가 탄크레디의 손에서 풀려나 로마로 향하는 길에, 황제 하인리히 6세의 군대가 나타나 그녀를 데리고 갔다. 코스탄차는 로마가 아니라 남편 곁으로 간 것이다. 그녀를 포로로 잡고 왕위를 인정받기를 원했던 탄크레디와, 정치적 이익을 바라고 중재에 나섰던 교황 모두 이 일로 인해 얻은 것이라고는 전혀 없었다.

✖ 하인리히 6세의 갑작스러운 죽음

신성로마제국이 안정을 되찾자, 하인리히 6세는 다시 한 번 시칠리아를 침공할 준비를 하며 기회를 엿보았다. 1194년 탄크레디가 사망하

| 코스탄차와 하인리히 6세의 모습.

고 그의 어린 아들이 즉위하자 하인리히는 군대를 이끌고 서둘러 시칠리아왕국으로 향했고, 코스탄차는 뒤에서 천천히 남편이 점령한 도시들을 따라 이동했다. 아마도 이전처럼 포로로 붙잡히지 않으려는 목적도 있었겠지만, 당시 40살의 나이로 임신 중이었으니 조심스럽게 행동하기도 했을 것이다.

하인리히는 시칠리아왕국을 공격하고 탄크레디의 아들인 굴리엘모 3세와 그의 섭정이자 어머니 아체라의 시빌라Sibilla di Acerra를 사로잡았다. 같은 해 크리스마스에 하인리히 6세는 아내의 권리를 이어받아 시칠리아왕국의 국왕으로 대관했다.*

이 대관식에 코스탄차는 참석할 수가 없었다. 자신의 유일한 아이가 될 아들을 낳고 있었기 때문이다. 대관식 다음 날에 후계자가 될 아들이 태어났으며, 아이는 할아버지의 이름을 따서 프리드리히로 불리게 되었다. 새 국왕이 즉위함과 동시에 후계자가 태어났으니 당시에는 좋은 징조로 여겨졌을 것이다.

하인리히 6세는 독일 호엔슈타우펜Hohenstaufen 가문 출신으로서는 처음으로 시칠리아왕국을 다스리게 되었다. 그러나 그는 독일뿐만 아니라 이탈리아 전체를 통치했고, 시칠리아는 그가 통치하는 제국의 일부에 불과했다. 시칠리아 귀족들은 하인리히 6세의 통치에 불만을 품기 시작했다. 코스탄차도 시칠리아인으로서 남편의 정책에 불만이 있었다.

---

*중세 시대에는 여성 통치자가 단독으로 자신의 권리를 행사할 수 없었다. 따라서 아내인 코스탄차가 가지고 있던 시칠리아왕국의 왕위 계승권을 하인리히 6세가 함께 행사해, 여왕의 남편 자격으로 왕이 되었다.

| 하인리히 6세의 개선.

심지어 자신과 가까운 사람들이 반란에 가담했을 때 그들을 위해 남편에게 탄원하기도 했다. 그런데 하인리히 6세가 1197년 갑작스럽게 사망하면서 시칠리아 지역의 정세는 완전히 바뀐다. 황제는 당시 30대 초반에 불과했으므로 일부 사람들은 코스탄차가 남편을 독살한 것이 아니냐고 의심하기도 했다.

　남편이 죽고 나자, 코스탄차는 자신의 아들 프리드리히 2세를 시칠리아의 국왕으로 만들고 자신이 뒤에서 왕국을 통치하기 시작한다. 중세 시대에는 여성이 권리를 가지고 있다 해도 자신의 이름을 걸고 독자적으로 할 수 있는 것이 거의 없었다. 코스탄차 역시 자신이 여왕이기는 했으나 여전히 아들의 이름을 빌려야 했다.

코스탄차는 자신의 조국인 시칠리아에만 관심이 있었다. 그녀의 어린 아들이 물려받아야 하는 독일 쪽 유산에 대해서는 그다지 관심이 없었다. 그녀는 시칠리아에서 아들의 지위를 인정받는 대신, 독일에서의 지위는 상속을 주장하지 않았다. 이후 시칠리아에서 성장한 프리드리히는 독일인이 아니라 시칠리아인으로 성장한다. 하지만 코스탄차는 아들이 성인이 되는 모습을 볼 수 없었다. 남편이 죽은 바로 다음 해, 코스탄차 역시 세상을 떠났기 때문이다.

| 매와 함께 있는 프리드리히 2세.

✠ 숙부에게 왕위를 빼앗기다

이렇게 프리드리히 2세는 5살도 채 되기 전에 부모를 모두 잃었다. 게다가 시칠리아 내에는 그가 기댈 만한 친척과 가족이 없었다. 프리드리히는 국왕이라는 높은 지위에 있었음에도, 권력을 장악하려는 신하들에게 휘둘리며 어린 시절을 보냈다. 어린 국왕을 손에 넣은 신하들은 섭정을 통해 권력을 행사했으며, 자신에게 반대하는 사람들을 무참히 학살하거나 추방했다. 프리드리히는 훗날 자신의 어린 시절을 회상하며 자신이 마치 '부랑아'처럼 성장했다고 언급하기도 했다.

그나마 프리드리히가 안정을 찾은 것은 결혼을 하고 나서부터였다. 그는 14살의 나이에 정치적 목적으로 30살의 과부인 아라곤의 콘스탄사Constança de Aragón와 결혼했다. 아라곤의 콘스탄사는 헝가리의 왕비로, 남편이 죽은 뒤 고향의 수녀원에서 생활하고 있었다. 혼담이 성사되자 콘스탄사는 시칠리아로 건너와 프리드리히 2세와 결혼식을 올렸다.

비록 어린 시절에는 부랑아처럼 자랐다고 하더라도, 프리드리히는 당대 최고의 교육을 받고 훌륭한 교양인으로 성장했다. 당시 시칠리아 지역에는 비잔티움과 이슬람의 문화가 공존하고 있었으므로 다양한 문화를 접할 수 있었을 것이다. 게다가 국왕이라는 지위 덕분에 이런 문화적 경험을 바탕으로 생겨나는 지적 호기심을 마음껏 충족할 수 있었을 것이다.

프리드리히 2세는 교황과 신성로마제국 황제가 대립하는 것을 이용해 교황의 지지를 이끌어냈으며, 이를 바탕으로 신성로마제국의 새로운 황제가 되었다. 프리드리히 2세의 권력은 점점 강대해졌다. 교황은 그를 견제하기 시작했으며, 호엔슈타우펜 가문은 독일 남부 지방을 근거지로 하고 있었기에 독일 북부의 제후들도 그를 견제했다. 시칠리아에서는 프리드리히의 정책에 불만을 품은 사람들이 반란을 일으켰다. 그의 말년에는 여러 곳에서 반란이 일어나며 제국이 위기에 빠진 듯했다.

프리드리히 2세는 1250년 사망하는데, 이후 그의 아들이자 후계자였던 콘라트 4세Konrad IV는 미처 황제가 되지 못하고 1254년 사망하고 만다. 콘라트 4세의 미성년자 아들인 콘라딘Konradin*은 독일과 이탈리아

---

*아버지의 이름과 아들의 이름이 같아, 아들의 이름 뒤에 '어리다'라는 뜻의 -in을 붙여 콘라딘이라고 부른다.

에 걸쳐 있는 영지 모두를 통치할 수가 없었다. 결국 시칠리아왕국에서는 콘라딘의 숙부이자 프리드리히 2세의 사생아인 만프레디가 조카의 왕위를 빼앗고 만다. 형인 콘라트가 독일에 있는 동안 만프레디가 위임을 받아 시칠리아를 통치하고 있었는데, 어린 조카가 그 뒤를 잇게 되자 자신이 그대로 왕위를 가져가버린 것이다.

프리드리히 2세는 교황과 빈번히 대립하곤 했는데,* 그래서 불만이 많았던 교황들은 프리드리히 2세의 출신 가문인 호엔슈타우펜 가문이 아닌 다른 가문에 왕위 계승 권리를 주고 싶어 했다. 교황 우르바노 4세는 프랑스 루이 8세의 막내아들인 앙주 백작 샤를 1세에게 시칠리아왕국의 왕위를 주었다.

샤를은 교황의 명을 받들어 시칠리아왕국으로 군대를 이끌고 찾아와, 만프레디와 전투를 벌였다. 치열한 전투 끝에 만프레디는 전장에서 전사했고, 샤를이 승리를 거두었다. 이제 시칠리아왕국의 왕위는 프랑스 왕가로 넘어간다. 호엔슈타우펜 가문의 후손으로서 정당한 왕위 계승 권리를 가지고 있던 콘라딘은 숙부가 죽었으니 이제 자신이 적법한 국왕이라고 주장하며 시칠리아로 다시 찾아오지만, 나폴리에서 샤를에게 잡혀 반역죄로 처형당하고 만다. 이때 콘라딘의 나이는 16살이었다. 이로써 호엔슈타우펜 가문의 시칠리아 지배는 막을 내린다.

시칠리아왕국은 호엔슈타우펜 가문이 지배하기 전까지 독특한 문

---

*프리드리히 2세는 교황에게 십자군 전쟁에 참여하겠다는 약속을 하고 황제가 되었는데, 차일피일 미루며 적극적으로 참여하지 않았다. 파문하겠다고 위협해도 말을 듣지 않았으며 실제로 파문을 여러 번 당하기도 했다.

화를 유지하고 있었다. 당대 전형적인 서유럽의 기독교 국가들과는 분위기가 달랐다. 비잔티움, 무슬림, 유대인 등 당시 서유럽 국가에서 이교도라고 여겼던 이들이 공존하고 있었고, 문화적으로나 정치적으로나 좀 더 자유롭고 개성 있는 모습을 간직하고 있었던 것이다.

하지만 호엔슈타우펜 가문이 시칠리아의 왕위를 얻으면서 이런 분위기는 점차 사라졌다. 황제 하인리히 6세는 시칠리아의 독특한 개성보다는 자신이 경영하는 제국의 일부라는 사실에 더 주목했으며, 제국 내의 동질성을 강화하기 위해 기독교를 강조했을 것이다. 시칠리아인으로 성장한 프리드리히 2세 시절에는 어느 정도 규제가 완화되는 것처럼 보였지만, 프리드리히 2세 역시 황제로서 제국의 통일성을 고려하지 않을 수는 없었을 것이다. 게다가 그의 후계자들은 프리드리히 2세의 뜻을 이어받지 못했다.

프리드리히 2세가 죽고 나서 16년 후, 시칠리아의 왕위는 시칠리아 왕국과 전혀 관계가 없었던 앙주 가문(프랑스 왕가의 분가)이나 앙주 가문의 경쟁자인 아라곤 왕가(지금의 에스파냐 북동부를 통치하던 아라곤왕국의 왕가)로 이어진다. 이교도와의 전투에 열성적이었던 아라곤 왕가나 신앙심이 깊기로 유명한 프랑스 왕가의 국왕들은 다양한 문화가 공존했던 시칠리아왕국을 기독교 기반의 전형적인 중세 유럽 국가로 뒤바꿔버렸다.

시칠리아왕국이
멸망하기까지

12세기 성립된 시칠리아왕국은 19세기까지도 존속했지만, 그 오랜 세월 동안 안정된 상태로만 있었던 것은 아니다. 호엔슈타우펜 가문이 몰락한 뒤 시칠리아왕국은 시칠리아섬과 이탈리아 남부 지방으로 나뉘었다.

호엔슈타우펜 가문의 마지막 국왕 만프레디에게서 왕위를 빼앗은 앙주 백작 샤를이 국왕 카를로 1세Carlo I로 즉위했을 때, 만프레디의 사위였던 아라곤의 국왕 페드로 3세Pedro III는 자신의 아내(만프레디의 딸)가 적법한 상속인으로 시칠리아 왕위를 이어야 한다고 주장했다. 카를로 1세의 통치에 불만을 품고 있던 시칠리아섬 사람들은 반란을 일으켜 페드로 3세를 자신들의 국왕으로 맞이했다. 이후 카를로 1세의 후손들은 남부 이탈리아를 나폴리왕국이라는 이름으로 통치했고, 페드로 3세의 후손들은 시칠리아섬을 시칠리아왕국이라는 이름으로 통치했다.

이렇게 2개의 왕국으로 나뉜 시칠리아왕국은 복잡한 계승 문제를 거쳐 다시 하나의 나라로 합쳐지게 된다. 세대가 지나면서 두 왕국 모두 직계 왕위 계승자가 단절된 것이다. 시칠리아섬을 중심으로 하는 시칠리아왕국의 왕위는 아라곤의 국왕들이 계속 이어받지만, 나폴리왕국의 경우 더 복잡한 문제가 얽혀 있었다.

나폴리왕국 이야기에는 2명의 여왕이 등장한다. 나폴리의 여왕 조반나 1세Giovanna I는 남성 직계후계자가 없었기에 여왕이 되었다. 이후 조반나 1세의 자녀들이 모두 일찍 죽자 그녀의 육촌으로 나폴리 왕가의 유일한 남성 후계자였던 카를로가 왕위를 이어받아 카를로 3세Carlo III로 즉위했다. 하지만 카를로 3세 역시 남성 후계자를 얻지 못했으며 그의 딸이 조반나 2세Giovanna II

| 아라곤의 알폰소 5세.

로 즉위한다. 조반나 2세도 마찬가지로 왕위 계승자를 고민해야 했는데, 그녀가 시칠리아왕국을 물려받은 아라곤의 국왕 알폰소 5세Alfonso V를 양자로 삼고 그에게 나폴리왕국을 물려주면서 나폴리왕국과 시칠리아왕국이 다시 1명의 군주 아래에

있게 되었다.

비록 형식상으로는 여전히 2개의 나라였지만 군주가 1명이었으니 시칠리아왕국과 나폴리왕국은 하나의 나라나 마찬가지였다. 또한 나중에 아라곤의 국왕이 카스티야Kingdom of Castilla의 여왕과 결혼해 에스파냐를 성립하면서 시칠리아의 왕위 역시 에스파냐 군주에게 돌아가게 되었고, 에스파냐의 왕위가 오스트리아의 합스부르크Habsburg 가문에게로 이어지면서 시칠리아와 나폴리왕국의 왕위 역시 합스부르크 가문 출신의 에스파냐 국왕에게로 귀속되었다. 하지만 에스파냐 쪽 합스부르크 가문의 남성 직계가 단절되면서 합스부르크 가문과 프랑스 왕가가 서로 에스파냐 왕위를 주장하며 대립하게 되었다. 이렇게 두 나라를 중심으로 에스파냐 계승 전쟁이 일어나게 된 것이다.

이 전쟁의 결과 프랑스 루이 14세Louis XIV의 손자였던 앙주 공작 필리프가 에스파냐의 국왕 펠리페 5세Felipe V로 즉위했지만, 시칠리아 왕위는 더욱 복잡한 정치적 이해관계 속으로 빠져들어 갔다. 빼앗고 빼앗기는 왕위 쟁탈전이 이어지다. 1759년에는 에스파냐의 페르디난도 1세Ferdinando I가 시칠리아와 나폴리의 왕위를 물려받게 되었다.

이 당시 유럽에서는 프로이센이 점차 힘을 얻고 있었다. 오스트리아에서는 합스부르크 왕가의 유일한 여성 통치자인 마리아 테레지아Maria Theresia가 계승 전쟁을 통해 상속권을 인정받았으나 프로이센에 뼈아픈 패배를 겪으며 오스트리아 북부 지역인 슐레지엔Schlesien을 빼앗긴다. 그녀는 프로이센을 경계하기 위해 합스부르크 가문의 오랜 숙적이었던 프랑스 왕가와 손을 잡기로 한다.

당시 프랑스 왕가였던 부르봉 가문은 프랑스 왕위뿐만 아니라 에스파냐, 시칠리아, 나폴리, 파르마 공작령 등을 통치하고 있었다. 마리아 테레지아는 이런 부르봉 가문과 결혼 동맹을 추진한다면 프로이센에 대항할 수 있으리라고 생각했던 것이다. 동맹의 결과로 마리아 테레지아의 딸들인 마리아 아말리아Maria Amalia, 마리아 카롤리나Maria Carolina, 마리아 안토니아Maria Antonia가 부르봉 가문 사람들과 결혼식을 올렸다. 그중 시칠리아와 나폴리의 국왕이었던 페르디난도와 결혼한 여성은 마리아 카롤리나였다. 그녀는 어머니 마리아 테레지아를 가장 많이 닮은 딸이라고 알려져 있다.

마리아 카롤리나는 남편인 국왕에게 매우 강한 영향력을 행사했다. 페르디난도는 정치에 그다지 관심이 없었기 때문에 아내의 강력한 의견을 주로 따르는 입장이었다. 훗날 프랑스 대혁명 이후, 두 사람의 이런 관계가 시칠리아 왕국이 프랑스를 적대하는 계기가 되기도 한다.

| 오스트리아의 마리아 카롤리나.

그녀의 동생 마리아 안토니아는 프랑스의 왕비가 되었는데, 프랑스식 이름인 마리 앙투아네트Marie Antoinette로 불렸다. 대혁명 후 단두대의 이슬로 사라진 왕비 말이다. 마

리아 카롤리나는 안토니아와 가장 친한 사이였다고 하는데, 이 때문에 동생을 죽이고 공화국이 된 프랑스에 적대감을 가졌다. 저절로 시칠리아도 프랑스에 적대적인 위치를 가지게 되었다.

하지만 이런 적대감은 오히려 시칠리아왕국을 위기로 몰아넣었다. 이탈리아 본토에 있던 나폴리왕국의 영역은 프랑스에 빼앗겼으며 왕가 전체가 시칠리아섬으로 피신해야 했을 정도였다. 그럼에도 마리아 카롤리나는 죽을 때까지 프랑스에 적대적이었다고 알려져 있다. 재미있는 사실은, 마리아 카롤리나의 딸이 안토니아의 처형을 지지했던 오를레앙 공작 필리프 에갈리테Philippe Égalité의 아들과 결혼했다는 점이다.

나폴레옹 전쟁이 끝난 뒤, 유럽이 재편되면서 시칠리아와 나폴리왕국은 1808년 하나의 왕국인 양시칠리아왕국Regno delle Due Sicilie이 되었다. 하지만 양시칠리아왕국은 오래 존속하지 못했다. 이탈리아에서 통일 운동이 일어났기 때문이다. 사르데냐왕국Regno di Sardegna이 이끈 이탈리아 통일 운동으로 결국 사르데냐왕국과 양시칠리아왕국 사이에 전쟁이 일어났다. 그리고 1861년, 가에타 요새fortezza di Gaeta에서 마지막으로 항전하던 사람들이 항복함으로써 양시칠리아왕국은 사라졌다. 이것이 700년 이상 존속했던 시칠리아왕국의 마지막이었다.

Chapter 3

영국과
프랑스,
100년의 앙금

필리프 5세Philippe V : 재위 1316~1322년. "미남왕" 필리프 4세Philippe IV의 둘째 아들로, 조카의 섭정을 맡다가 자신이 왕위를 빼앗고 스스로 왕이 된다. 살리카 법의 해석을 확정한 첫 번째 사례다.

이자벨Isabelle : 필리프 4세의 외딸. 잉글랜드와 프랑스의 화해를 위해 잉글랜드로 시집을 갔지만 남편을 내몰고 아들을 왕위에 올리려 한다.

에드워드 3세Edward II : 잉글랜드 재위 1327~1377년. 이자벨의 아들이자 잉글랜드의 국왕이다. 처음으로 프랑스 왕위 계승 권리를 주장했으며, 100년 전쟁의 서막을 열었다.

필리프 6세Philippe VI : 재위 1328~1350년. 카페 가문의 방계인 발루아 가문 Valois 출신으로는 처음으로 프랑스 국왕이 되었다. 100년 전쟁을 거치며 에드워드 3세에게 연패한다.

샤를 6세Charles VI : 재위 1380~1422년. 12살의 나이로 왕위에 올라 섭정이었던 숙부들의 영향력 아래 나라를 통치했지만, 갑작스럽게 광증을 보이며 국정을 운영할 수 없는 지경에 이른다.

헨리 5세Henry V : 잉글랜드 재위 1413~1422년. 선왕들이 완성하지 못했던 프랑스 원정길에 다시 오른다. 수도까지 점령하고 프랑스 왕위를 빼앗았으나, 일찍 사망하는 바람에 본인이 프랑스의 왕위에 오르지는 못한다.

바이에른의 이자보Isabeau de Bavière : 샤를 6세의 왕비. 정신병에 걸린 남편을 대신해 왕의 역할을 한다. 아들 샤를 7세가 아니라 사위인 헨리 5세가 프랑스 왕위를 받도록 조약을 맺어 엄청난 비난을 받게 된다.

잔 다르크Jeanne d'Arc : 자신이 잉글랜드를 무찌르라는 신의 계시를 받았다고 주장하며 샤를 7세를 찾아온다. 결론적으로 프랑스를 위기에서 구한 영웅이 된다.

샤를 7세Charles VII : 재위 1422~1461년. 후계자로 있을 때 헨리 5세에게 왕위를 빼앗긴 후, 스스로 샤를 7세가 되어 프랑스의 왕위를 지키려 한다. 잔 다르크를 만나 프랑스의 영토를 수복하고 대관식을 올림으로써 정식으로 프랑스 왕으로 인정받았다. 100년 전쟁을 종식시킨 인물이다.

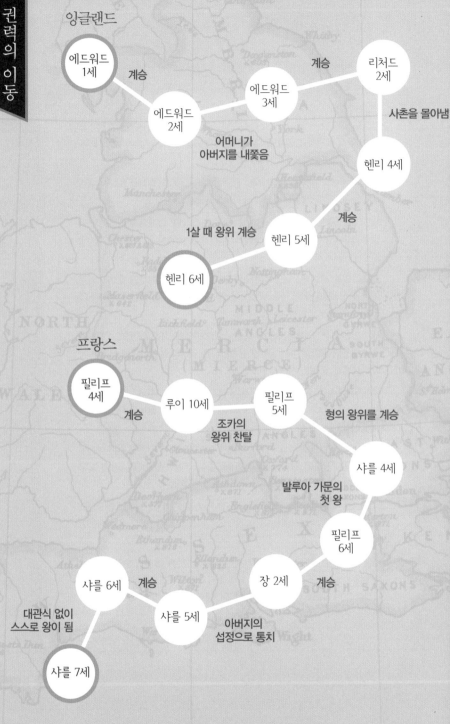

권력의 이동

잉글랜드

에드워드
1세
— 계승 —
에드워드
2세
— 계승 —
에드워드
3세
— 계승 —
리처드
2세

어머니가
아버지를 내쫓음

사촌을 몰아냄

헨리
4세
— 계승 —
헨리
5세

1살 때 왕위 계승

헨리
6세

프랑스

필리프
4세
— 계승 —
루이 10세
— 계승 —
필리프
5세

조카의
왕위 찬탈

형의 왕위를 계승

샤를 4세

발루아 가문의
첫 왕

필리프
6세
— 계승 —
장 2세
— 계승 —
샤를 5세
— 계승 —
샤를 6세

아버지의
섭정으로 통치

대관식 없이
스스로 왕이 됨

샤를 7세

987년 위그 카페Hugues Capet가 프랑스의 왕위에 오르면서 카페 왕가
의 300년 통치가 시작되었다. 카페 왕가는 이후 프랑스가 공화국이 될
때까지 통치를 이어갔다. 카페 왕가는 오로지 위그 카페의 남성 후계자
만으로 통치가 지속되었는데, 가문의 직계 남성 후손이 단절된 경우에
는 방계 남성 후손이 왕위를 이었다. 이런 상속의 형태를 뒷받침해준 법
률이 바로 '살리카 법Lex Salica' 이었다.

　살리카 법은 6세기가 시작될 무렵, 처음으로 프랑크족*을 통합한 클
로비스 1세Clovis I 시기에 만들어진 법률이다. 프랑크족에 포함된 여러
부족이 사용하던 법률을 집대성해서 성문화한 것이다. 살리카 법에는

---

*프랑크족은 현재의 프랑스 지역에 살던 게르만인들을 말한다. 이들이 이후 프랑스를 형성하는 기반이
된다.

| 프랑스 카페 왕가의
시조가 된 위그 카페.

'영지를 여성에게 상속하는 것을 금지'하고 '여성이나 여성의 후손을 후계자로 인정하지 않는다'는 내용이 포함되어 있었다. 하지만 사실 살리카 법은 상황에 따라 느슨하게 적용되었다. 이를테면 남성 후손이 없는 경우 여성과 그 후손의 계승권이 인정되기도 했다.

프랑스에서는 위그 카페가 국왕이 된 후 남성 직계 후손들이 300년 이상 왕위를 잇는 데 아무런 문제가 없었으므로, 살리카 법을 어떻게 적용할 것인지를 두고 심각하게 고민할 필요가 없었다. 하지만 1285년 "미남왕" 필리프 4세가 즉위한 이후 상황이 달라졌다. 필리프 4세는 별명에서부터 알 수 있듯 매우 잘생긴 인물이었을 뿐만 아니라, 정치적인 능력도 뛰어났다. 그는 프랑스의 왕권을 중앙집권화하고 국왕의 권위를 높이려 했다. 그에게는 장성한 아들이 셋이나 있었으므로 후계자 문제

| "미남왕"으로 불렸던 펠리페 4세.

도 걱정이 없었다. 하지만 운명은 그가 원하는 대로 흘러가지 않았다.

✱ 여성도 왕위를 이을 수 있는가

정복왕 윌리엄의 시대 이후, 잉글랜드의 국왕은 프랑스 국왕의 봉신이기도 했다. 프랑스 내에 잉글랜드가 영지를 가지고 있었기 때문이다. 상황이 복잡했으므로 잉글랜드와 프랑스 사이에는 미묘한 견제와 갈등이 생겨났다. 특히 헨리 2세가 아키텐의 여공작*이었던 엘레오노르 다키텐Eleonore d'Aquitaine과 결혼하면서 잉글랜드 국왕이 보유한 프랑스 영지가 프랑스 국왕이 보유한 것보다 더 커지는 지경에 다다랐는데, 당연히 프랑스 국왕은 프랑스 내에서 잉글랜드 국왕의 영향력이 더 커지는 것을 막으려 했다. 그러면서 프랑스와 잉글랜드 간의 갈등이 오래 이어졌다. 결국 양측은 잠시 갈등을 봉합할 만한 계기가 필요하다고 느꼈고, 프랑스 공주들을 잉글랜드로 시집보내게 된다.

필리프 4세의 여동생은 1299년 잉글랜드의 국왕 에드워드 1세Edward I와 결혼했으며, 필리프 4세의 고명딸 이자벨은 1308년 잉글랜드의 국왕이 된 에드워드 2세Edward II와 결혼했다. 필리프 4세는 자신의 여동생과 딸을 잉글랜드로 시집보내면서 이 결혼이 프랑스와 잉글랜드의 평화에 도움이 되리라고 여겼을지 모르지만, 결과적으로는 정반대의 상황을 만들게 된다.

---

*중세 시대에 프랑스는 하나의 통일된 형태라기보다는 각 지방을 다스리는 영주들의 세력이 강한 형태였다. 이를테면 아키텐 공작령, 노르망디 공작령, 앙주 백작령 등의 분할된 지역으로 통치되었다. 아키텐 공작의 딸이었던 엘레오노르 다키텐은 당시 유럽에서 가장 큰 영향력을 가진 여성이기도 했다.

| 봉신으로서 필리프 4세에게 서약 중인 에드워드 1세.

필리프 4세가 죽고 난 뒤 그의 세 아들이 차례로 왕위에 올랐지만, 모두 남성 후계자를 두지는 못했다. 장남인 루이 10세Louis X가 사망했을 때 그의 아내가 임신 중이었는데, 만약 아이가 아들이라면 정당한 후계자로 왕위를 이어받을 예정이었다. 또한 아이에게는 삼촌이 되는 루이 10세의 동생이 섭정을 맡을 예정이었다. 곧 태어난 아이는 그렇게 기다리던 남자아이였고, "유복자" 장 1세Jean I le Posthume라는 이름을 얻었으나 겨우 닷새밖에 살지 못하고 죽었다.

그러나 사실 루이 10세에게는 이미 딸이 있었다. 만약 여성의 상속이 인정된다면 왕위는 딸에게 돌아가야 했다. 상황이 이렇게 되자 섭정이었던 루이 10세의 동생은 재빨리 자신이 왕위를 이어야 한다고 주장한다. 그는 '프랑스에서 여성의 계승권은 인정되지 않는다'고 주장했으며, 결국 조카를 밀어내고 필리프 5세로 즉위한다.

필리프 5세의 주장은 이후 프랑스 왕위 계승법에 강력한 영향을 미치게 된다. 이전까지 프랑스 왕가에서는 남성 직계 후손이 단절된 적이 없어 여성의 계승권에 대해서는 전혀 고려해본 적이 없었으

| 살리카 법에 의해 왕위를 빼앗긴 루이 10세의 딸 잔Jeanne.

므로, 이 문제에 대해 처음으로 논란이 일어난 사례가 필리프 5세였던 것이다. 이 사건 이후 프랑스에서는 여성 후손의 계승권을 배제하는 것이 확고해졌다.

하지만 필리프 5세도 남성 후계자 없이 사망하고, 같은 이유로 필리프 5세의 동생이었던 샤를 4세Charles IV가 다음 왕으로 즉위했으나 마찬가지로 남성 후계자 없이 사망한다. 본가인 카페 왕가의 남성 직계는 완전히 단절되었으므로, 당시 가장 가까운 분가였던 발루아 가문으로 왕위가 이어졌다.

✠ "이 참에 프랑스로부터 벗어나겠다!"

하지만 이 순간 이의를 제기한 사람이 있었으니, 바로 잉글랜드의 국왕이었던 에드워드 3세였다. 에드워드 3세는 필리프 4세의 딸 이자벨이 낳은 아들이었다. 에드워드 3세는 남아 있는 필리프 4세의 후손들 중 남성이고 가장 연장자인 자신이 프랑스의 왕위를 이어야 한다고 주장했다.

이제 프랑스는 매우 복잡한 상속법 문제에 봉착하게 되었다. 여성 후손의 계승을 배제하게 만들었던 살리카 법이, '여성 후손이 낳은 남성 후손'에 대해서는 명확하게 해답을 제시해주지 않았던 것이다. 그동안 살리카 법은 상황에 따라 유동적으로 해석되곤 했다. 딸이나 손녀의 아들 또는 손자의 계승이 그때그때 허용되기도 하고 되지 않기도 하는 식이었다. 이를테면 딸만을 둔 영주가 자신의 영지를 외손자에게 물려주거나, 자녀가 없는 영주가 누이의 아들인 조카에게 영지를 물려주는 등

| 살리카 법 해석 문제를 불러온 에드워드 3세.

의 일이 존재하곤 했던 것이다. 프랑스 측에서는 에드워드 3세의 주장을 심각하게 받아들이지 않을 수 없었다.

아마 에드워드 3세는 자신이 잉글랜드의 국왕인 동시에 프랑스 국왕의 봉신이라는 애매한 지위를 가지고 있었기 때문에 프랑스 왕위를 주장했던 것으로 보인다. 프랑스 국왕들은 잉글랜드 국왕에게 충성 맹세를 하도록 요구하곤 했는데, 잉글랜드 국왕에게는 매우 굴욕적인 일이었다. 사실 대외적으로 본다면 잉글랜드 국왕이 프랑스 국왕과 동등한 지위인데도 말이다. 충성 맹세를 한다는 것은 자신이 프랑스 국왕의 봉신임을 만천하에 드러내는 일이나 마찬가지였으며 정치적으로 상당히 민감한 문제를 만들 것이기도 했다.

게다가 영지 문제도 있었다. 프랑스는 계속 잉글랜드 국왕이 소유한 프랑스 영지를 회수하려고 노력했으나, 잉글랜드 국왕은 당연히 이를 방관하지 않았다. 이 때문에 오래도록 프랑스와 잉글랜드 간에 분쟁이 있어왔다. 특히 에드워드 3세가 왕이 되었을 당시, 이 분쟁이 매우 심해지고 있었다.

　사실 에드워드 2세는 자발적으로 에드워드 3세에게 왕위를 물려준 것이 아니었다. 이자벨이 남편인 에드워드 2세를 왕위에서 내쫓으려 반란을 일으켰던 것이다. 그녀는 아들 에드워드 3세를 정당한 국왕으로 내세우려 했다. 이를 위해 아들을 프랑스로 데리고 가서 오빠인 샤를 4세의 지원을 얻었고, 잉글랜드의 강력한 귀족이었던 마처 로드Marcher Lord*이자 자신의 연인이었던 로저 모티머Roser Mortimer와 함께 잉글랜드로 돌아갔다. 그리고 결국 남편을 몰아내고 아들을 즉위시켰다. 그녀는 이후 "프랑스의 암늑대"로 불렸다.

　프랑스 국왕은 이 틈을 타 잉글랜드 국왕의 프랑스 영지를 빼앗으려 시도했다. 에드워드 3세가 왕위에 앉을 무렵, 잉글랜드 국왕의 영지로 남아 있는 부분은 아키텐 공작령의 일부였던 기엔Guyenne 지방밖에 없었다. 그러나 프랑스 국왕은 이 지방마저 가져오려 했다. 프랑스 측이 영지를 강제로 가져오려 하는 것에 반발한 잉글랜드 측은 부유한 플랑드르Flandre 지방에 도움을 요청한다. 중세 시대 가장 부유한 지역으로 알려졌던 플랑드르 지방은 막대한 경제력을 바탕으로 프랑스 국왕의 간섭에서 벗어나려 하고 있었다. 게다가 플랑드르 지방의 최대 생산물 중 하나였던 모직물의 원재료를 잉글랜드에서 공급하고 있었기 때문에, 플랑드르가 잉글랜드에 우호적이기도 했다.

---

*잉글랜드의 특정한 정치 세력을 일컫는 말. 원래는 웨일스와 잉글랜드 국경 지방을 관리하기 위해 임명된 귀족들이었는데, 후대로 가면서 점차 잉글랜드 내에 강력한 정치 세력으로 떠올랐다.

더불어 잉글랜드는 신성로마제국과도 우호적인 관계를 맺게 되었다. 신성로마제국의 황제도 플랑드르 지방에 영향력을 행사하고 있었으므로, 경쟁 관계가 될 프랑스가 강력해지는 것을 원치 않았기 때문이다. 프랑스는 이에 대항하기 위해 잉글랜드와 경쟁 관계에 있는 스코틀랜드와 우호 관계를 맺는다. 결국 "정복왕" 윌리엄 1세가 잉글랜드로 향한 이래로 늘 그랬듯, 프랑스와 잉글랜드는 많은 전쟁을 겪게 된다. 잉글랜드 국왕이 프랑스 왕위를 주장하며 시작된 이 전쟁은 한 세기가량 지속되었으며 이후 '100년 전쟁'이라는 이름으로 불렸다.

약 100년 동안, 여러 번의 휴전 기간을 포함해 지속적으로 전쟁이 벌어졌다. 휴전 기간에는 프랑스와 잉글랜드가 결혼을 통한 동맹을 맺거나 동맹을 맺으려는 시도를 하기도 했다. 하지만 결혼 동맹은 도리어 잉글랜드 측의 왕위 계승권을 강화하는 도구가 되었다.

✱ 100년의 전쟁, 100년의 양금

100년 전쟁이 시작된 것은 에드워드 3세와 필리프 6세 시기였다. 1337년 필리프 6세는 기엔 지방에 대해 잉글랜드 국왕의 봉신 자격을 박탈하고, 잉글랜드 국왕이 가지고 있던 영지는 프랑스 국왕의 직속으로 둔다는 명을 내린다. 하지만 이 순간 전쟁이 바로 시작되지는 않았는데, 가장 큰 이유는 잉글랜드 군을 프랑스까지 동원할 만한 재정이 없었기 때문이다.

재정이 마련된 1340년, 잉글랜드 군의 함대는 프랑스로 향했다. 잉글랜드는 해상권을 장악하고 프랑스로 상륙하기 시작했다. 이때 상륙한 곳이 노르망디 지역이었다. "흑태자Black Prince"라는 별명으로 더 잘 알려지게 되는 웨일스 공 에드워드Edward Prince of Wales가 아버지 에드워드 3세와 함께 프랑스에 발을 디뎠다.

전쟁 초반에는 프랑스보다 더 조직적으로 잘 정비된 잉글랜드가 우세했다. 에드워드 3세는 크레시 전투Battle of Crécy나 칼레Calais 포위 공격 등에서 승리를 거두며 프랑스를 서서히 점령해갔다. 필리프 6세의 아들이자 당시 프랑스의 국왕이었던 장 2세Jean II마저 포로로 사로잡을 정도로 잉글랜드의 상승세가 이어졌다.

그러나 사실 에드워드 3세는 프랑스 왕위를 직접적으로 노리고 있

| 아들 흑태자와 함께 있는 에드워드 3세.

었다기보다는 프랑스 내 잉글랜드의 영지를 보호하려는 의도가 더 컸던 것 같다. 실제로 이후 협상이 진행되는 과정을 보면 프랑스 내 영지를 프랑스 국왕의 소유가 아니라 잉글랜드 국왕의 소유로 만드는 정도를 원했다는 점을 알 수 있다. 게다가 100년 전쟁은 중세 사람들이 '신의 징벌'로까지 여기던 흑사병이 창궐하던 시기에 일어났다. 이런 처참한 상황에서 전쟁을 하는 것은 모두에게 유익하지 못한 일이었다.

결국 잉글랜드는 장 2세를 포로로 잡은 뒤 프랑스와 평화 조약을 체결했다. 이때 평화 조약의 핵심은 에드워드 3세가 프랑스 왕위를 얻는

| 크레시 전투 장면.

것이 아니라, 잉글랜드 국왕이 프랑스의 봉신으로서 가지고 있던 영지에 대해 프랑스 국왕이 주종권을 해소하는 것이었다. 잉글랜드는 아키텐 지방의 영지를 잉글랜드 국왕의 직속 영지로 인정받는 대신 프랑스 왕위 계승권을 포기했다.

프랑스에서는 국왕이 포로로 잡혔으므로 장 2세의 아들인 샤를이 섭정으로 정권을 장악하고 있었다. 장 2세는 거액의 몸값을 지불하기로 하고 잠시 프랑스로 돌아왔지만, 그를 대신해서 인질이 되어 있던 다른 아들이 도망치자 스스로 다시 잉글랜드의 포로가 되었으며 결국 런던에서 사망했다. 아버지가 죽은 뒤, 섭정이었던 샤를은 바로 국왕 샤를 5세Charles V로 즉위했다.

| 장 2세(위)와 샤를 5세(아래).

1360년대 말이 되면서 샤를 5세에게도 기회가 찾아온다. 잉글랜드는 비록 경제적으로 어느 정도 안정되어 있었지만, 오랜 전쟁 때문에 많은 군비를 쓰고 나자 그 비용을 감당하기 어려워졌다. 정부는 몇몇 지역에게서 많은 세금을 거두어갔는데, 아키텐 지역도 그중 하나였다. 아키

텐 지역의 귀족들은 불만을 품었으며 원래 군주였던 프랑스 국왕에게 하소연하곤 했다. 이를 빌미로 샤를 5세가 아키텐 사람들을 지원하자 잉글랜드 측에서 반발을 한다.

결국 잉글랜드 국왕은 다시 프랑스 왕위 계승을 주장했으며, 프랑스 국왕은 아키텐 공작령을 몰수한다며 이에 대응했다. 이전의 전쟁 양상과 비슷했지만, 다른 점은 잉글랜드 상황이 좋지 않았다는 것이다. 게다가 1376년, 지난 전쟁에서 가장 큰 역할을 했던 흑태자 에드워드가 병으로 사망한다. 늙고 병든 에드워드 3세는 국왕으로서 정치적 역할을 다하지 못했으며, 흑태자가 죽은 다음 해에 사망하고 만다. 뒤를 이어 국왕이 된 리처드 2세는 흑태자의 아들이었지만 미성년자였기에 군대를 이끌 만한 인물이 아니었다.

오랜 전쟁으로 인해 농민들조차 반기를 들었는데, 사회 지도층에 대한 반감이 매우 심했기에 잉글랜드는 전쟁을 제대로 수행하기 힘들었다. 샤를 5세는 이때를 노려 잉글랜드가 점령하고 있던 지역을 차례로 수복했으며, 1380년에는 칼레를 제외한 대부분을 되찾는다. 결국 1389년 잉글랜드는 프랑스와 휴전 협정을 체결해야 했다. 시작은 3년간의 휴전 협정이었지만, 잉글랜드와 프랑스 각자의 내부적인 문제 때문에 휴전이 20년 이상 지속되었다.

✽ 끝나지 않는 내전과 전쟁

휴전 기간 동안 잉글랜드에서는 리처드 2세가 자신의 왕권을 강화하려 하고 있었다. 그는 숙부이자 후견인이었던 권력자 랭커스터 공작

(곤트의 존)을 경계하고 있었다. 또한 랭커스터 공작의 장남인 더비 백작 헨리Earl of Derby도 경계 대상이었다. 랭커스터 공작령은 잉글랜드에서 가장 넓은 지역을 차지하고 있었고, 더비 백작은 이 공작령의 상속자였기 때문이다. 결국 리처드 2세는 경쟁자가 될 더비 백작을 잉글랜드에서 추방해버렸다.

더비 백작은 리처드 2세에 반대하고 자신을 지지하는 세력을 모아 잉글랜드로 돌아왔다. 그리고 리처드 2세를 몰아낸 뒤 스스로 잉글랜드의 국왕 헨리 4세Henry IV가 되었다. 하지만 정통성이 상대적으로 약한 헨리 4세가 정당한 국왕 리처드 2세를 몰아낸 것에 대해 반발하는 세력이 있었으므로, 그는 평생 왕위를 찬탈했다는 비난을 들으며 살아야 했다. 헨리 4세에게는 이들을 진압하고 왕권을 안정시키는 것이 무엇보다 중요했다. 프랑스와의 전쟁에 신경 쓸 여력이 없었다.

프랑스의 상황도 그리 좋은 편은 아니었다. 샤를 5세는 잉글랜드가 장악했던 여러 지역을 되찾았지만, 미성년자인 아들만 두고 사망하고 말았다. 샤를 6세는 1380년 12살도 안 된 나이로 국왕이 되었으며 숙부들이었던 부르고뉴 공작 필리프 2세Philippe II de Bourgogne,

| 헨리 4세를 그린 초상화.

베리 공작 장 1세Jean I de Berry, 앙주 공작 루이 1세Louis I d'Anjou, 외삼촌이었던 부르봉 공작 루이 2세Louis II de Bourbon가 섭정으로 통치했다. 이 4명의 섭정 중 부르고뉴 공작의 권력이 가장 막강했는데, 앙주 공작은 전투 중 사망했으며 베리 공작은 남부 프랑스 지역에만 관심이 있었고 부르봉 공작은 단순히 국왕의 친척이었기 때문에 발언권이 제한적이었다.

잉글랜드와 마찬가지로 프랑스 역시 재정 문제에 직면해 있었다. 잉글랜드와의 전쟁에서는 성공을 거두었지만, 사람들이 세금 문제로 반발을 일으키고 있었기 때문이다. 특히 잉글랜드와 휴전 협정을 체결하고 나자 저항은 더욱 거세졌다. 샤를 6세의 섭정들은 반란을 결국 진압하고 왕권 강화 정책을 폈다. 하지만 통상적인 섭정 시기가 훨씬 지난 뒤에도 섭정들이 지위를 내려놓으려 하지 않았다. 결국 이들이 왕권 강화를 추진한 것은 자신들의 권력을 강화하려 한 것이었다.

샤를 6세의 초기 통치는 성공적이었지만, 곧 문제가 발생한다. 샤를 6세에게는 정신적 문제가 있었는데, 광증을 일으켜 국정을 운영할 수 없을 지경이었다. 이에 샤를 6세의 왕비인 이자보가 대신 국가를 통치했으며 이전 섭정이었던 부르고뉴 공작 필리프가 왕비에게 영향력을 행사하고 있었다. 하지만 샤를 6세의 동생이

| 12살에 왕이 된 샤를 6세.

었던 오를레앙의 루이Louis d'Orléans가 점점 궁정에서 새로운 세력으로 떠오르게 된다. 왕비가 부르고뉴 공작보다 루이를 더 신임했기 때문이다. 결국 궁정 내에 부르고뉴 공작파와 오를레앙 공작파가 생겨났고, 그들 사이의 갈등이 급격히 심화된다.

이 갈등은 1407년 오를레앙의 루이가 파리에서 암살당하면서 극으로 치닫는다. 부르고뉴 공작은 자신과 관계없는 일이라고 주장했지만, 새 오를레앙 공작이 된 아들 샤를은 부르고뉴 공작 가문에 대한 복수를 계획했다. 그리고 1410년 부르고뉴 공작의 가장 큰 반대 세력이었던 아르마냑 백작 베르나르 7세Bernard VII d'Armagnac의 딸과 결혼하면서, 장인과 함께 부르고뉴 공작 가문에게 전쟁을 선포했다. 이렇게 부르고뉴 측과 아르마냑 측은 1435년까지 지속되는 내전을 벌인다.

내전이 시작되면서, 양측은 서로를 꺾기 위해 세력을 불리려 했다. 양측 모두 프랑스 왕가는 물론 잉글랜드에도 동맹을 요청했을 정도였다. 특히 샤를 6세의 장남인 도팽 샤를*(후에 샤를 7세가 된다)은 오를레앙 공작과 그의 장인 아르마냑 백작의 세력을 지지했는데, 이에 불리함을 느낀 부르고뉴 공작 측이 잉글랜드와 적극적으로 협력하게 된다.

프랑스가 내전을 겪는 동안 잉글랜드는 점차 왕권의 안정을 찾고 있었다. 왕권 강화를 위해서는 국민들의 불만을 외부로 돌려야 했다. 1413년 헨리 4세의 아들인 헨리 5세는 즉위와 동시에 프랑스 왕위 계승권을 강하게 주장했다. 사실 랭커스터 가문의 계승 권리는 프랑스 왕위

---

*도팽dauphin은 프랑스에서 왕위계승자를 부르던 이름이다. 우리말로는 "세자" 정도의 뜻이라고 할 수 있다.

는 물론 잉글랜드 왕위 계승권마저도 다른 가문들보다 약했다.* 헨리 5세도 이런 사실을 잘 알고 있었다. 그래서 자신이 증조할아버지 에드워드 3세의 프랑스 왕위 계승권을 그대로 이어받아야 한다고 주장했을 것이다. 게다가 프랑스에는 이미 내전이 벌어지고 있었으므로 잉글랜드가 참전하기 딱 좋은 시기이기도 했다.

1415년 헨리 5세는 군대를 이끌고 프랑스로 향했으며, 원정은 대성공을 거둔다. 특히 아쟁쿠르 전투Battle of Agincourt는 프랑스에 절망적일 정도의 피해를 입혔다. 이로 인해 헨리 5세와 잉글랜드 군은 프랑스와의 전투에 큰 자신감을 얻었으며, 이후 선조들의 땅인 노르망디 공작령까지 점령하고 프랑스 내전 때부터 이어진 부르고뉴 공작 가문과의 유대를 더욱 공고히 한다.

이 상황은 부르고뉴파와 아르마냐크파 모두에게 위기였다. 아쟁쿠르 전투에서 수많은 프랑스 귀족들이 전사했는데, 그중 아르마냐크파 리더들 상당수가 포함되어 있었다. 잉글랜드와 동맹 관계였던 부르고뉴 공작은 전투에 참전하지 않았지만, 그의 동생들은 아쟁쿠르에서 전사했다. 부르고뉴 공작은 아르마냐크파를 지지하던 도팽 샤를을 만나 협정을 체결하려고 시도했지만, 두 사람이 만나는 자리에서 세자의 부하가 부르고뉴 공작을 살해해버린다. 이 사건이 아니었다면 프랑스의 내전이 끝날 수도 있었으므로 많은 사람들은 부하를 제대로 단속하지 못한 도팽을 비난했다.

---

*이런 정통성 시비는 훗날 장미 전쟁이 촉발되는 계기가 되기도 한다.

| 프랑스에게 큰 피해를 입힌 아쟁쿠르 전투.

✤ 잔 다르크, 전쟁의 새로운 국면을 열다

새롭게 부르고뉴 공작이 된 필리프 3세Philippe III de Bourgogne는 아버지가 살해당한 직후 잉글랜드 국왕 헨리 5세와 동맹을 맺었다. 필리프와 헨리 5세는 수도 파리를 점령하고 샤를 6세에게 왕위를 넘기라고 강요한다. 그리고 1420년 조약을 통해 샤를 6세의 딸인 카트린 드 발루아 Catherine de Valois가 헨리 5세와 결혼식을 올린다. 헨리 5세는 샤를 6세의 사위가 되었으므로 프랑스 왕위 계승권을 인정받게 된다.

이로 인해 도팽 샤를은 상속권을 박탈당했다. 샤를 6세가 아들 대신 사위를 후계자로 인정한 가장 큰 이유는 아마 그의 부하가 부르고뉴 공작을 암살함으로써 프랑스 내 강력한 세력이었던 부르고뉴파가 완전히 잉글랜드 측으로 돌아서고 나라 전체가 위기에 빠졌기 때문인 것으로 보인다. 샤를 6세의 이 결정에 강하게 영향을 미친 사람은 바로 샤를 6세의 아내이자 도팽의 어머니로 섭정 지위에 있던 이자보였다. 이 일로 인해 이자보는 엄청난 비난을 받게 된다. 훗날의 관점에서 보면 이자보는 나라를 팔아먹은 사람이나 마찬가지기 때문이다. 하지만 당시 이자보는 손발이 묶인 상황에서 남편과 자신의 지위를 유지하기 위해 최선을 다했던 것 같다. 게다가 이자보 입장에서 볼 때 아들인 샤를은 이런 혼란을 초래했음에도 상황을 수습하지 않고 국왕과 자신을 버려두고 도망갔다고 여겼을지도 모른다.

하지만 도팽 샤를에게도 여전히 기회는 있었다. 샤를을 지지하는 아르마냐크파는 아직 부르고뉴파 및 잉글랜드와 전쟁을 하고 있었으며 몇몇 전투에서 승리를 거두기까지 했다. 1421년, 헨리 5세의 동생이자 추정계승자*였던 랭커스터의 토마스Thomas of Lancaster가 보제 전투Battle of Baugé에서 사망한다. 이 전투는 잉글랜드 측의 대패로 끝났다. 헨리 5세를 지지하던 보퍼트 가문의 핵심 인물들도 포로가 되고 말았다. 결정적으로 다음 해인 1422년, 헨리 5세가 어린 아들만 남겨두고 병으로 사망했다. 샤를은 이로써 큰 기회를 얻었는데, 헨리 5세가 프랑스 왕위에 오르는 것을 막았을 뿐만 아니라 헨리 6세Henry VI는 겨우 9개월밖에 안 된 어린아이였기 때문이다.

---

*후계자로 지정되지 않았지만, 다음 계승자로 추정되는 사람을 일컫는 용어다. 그러나 보통은 왕위계승자가 국왕의 직계 자손이 아닐 경우 이런 표현을 사용하곤 한다.

헨리 5세가 사망하고 몇 달 지나지 않아 프랑스의 국왕인 샤를 6세도 사망했다. 헨리 6세는 프랑스의 국왕으로 선포되었으며, 도팽 샤를 역시 아버지의 뒤를 이어 스스로 프랑스의

| 샤를 6세의 결정을 좌지우지한 바이에른의 이자보.

국왕 샤를 7세가 되었다. 프랑스에는 2명의 국왕이 있는 셈이었다. 샤를 7세는 쪼개진 나라에 있었으며 스스로 왕이 되어 대관식도 못 올린 처지였다. 비록 샤를 6세에게 정신적인 문제가 있었다는 사실을 모두 알고 있었지만, 어찌되었든 아버지가 그의 상속권을 박탈한 바 있었으므로 샤를 7세는 정통성이 매우 약했다. 이런 상황에서 대관식마저 올리지 못한다면 스스로의 주장을 뒷받침하는 근거와 명분을 전혀 찾을 수 없는 상황이었다. 샤를 7세의 상황은 여전히 비관적이었다.

이런 복잡한 때에, 샤를 7세의 삶은 물론 프랑스 역사에서 가장 중요한 역할을 할 여성이 등장한다. 바로 잔 다르크다. 아직 16살밖에 되지 않은 이 소녀는 샤를 7세에게 가서, 자신이 잉글랜드인들을 프랑스 땅에서 몰아내라는 신의 계시를 들었다고 이야기한다. 샤를 7세가 정말이 말을 믿었는지는 알 수 없지만, 잔 다르크는 그가 그토록 원하던 명분을 주었다. 잉글랜드를 몰아내고 프랑스 국왕으로 대관해서 권위를 세우는 것이 신의 뜻이라는 것이다.

또한 잔 다르크는 지리멸렬하던 전쟁의 양상도 바꾸어놓았다. 그녀

는 잉글랜드를 몰아내기 위한 전투를 계속해야 한다고 지속적으로 주장했으며, 부상을 당하는 위험한 상황에서도 굴하지 않고 전투를 치렀다. 병사들은 이런 모습을 보고 그녀가 신이 보낸 사자이며, 잔 다르크가 있는 한 신은 자신들의 편에 서 있다고 굳게 믿었다. 사기가 높아진 병사들 덕분에 프랑스 군의 승리가 반복되었고, 결국 프랑스 군은 프랑스 국왕이 역사적으로 대관식을 올리던 장소인 랭스Reims를 탈환했다. 이곳에서 샤를 7세는 정식으로 대관식을 치르고 자신의 정통성을 확립했다.

1430년, 잔 다르크는 잉글랜드 측에 붙잡혀서 심판을 받았고 이단이라는 이유로 화형에 처해졌다. 하지만 잔 다르크가 죽은 뒤에도 상황은 점점 더 프랑스 측에 유리해진다. 전쟁이 오래 지속되면서, 잉글랜드가 프랑스 쪽 영지들을 계속 경영하기가 어려워진 것이다. 특히 문제가

| 샤를 7세(왼쪽)와 전쟁의 새로운 국면을 연 잔 다르크(오른쪽).

된 것은 전쟁 비용이었다. 특히 지속적으로 비용을 충당해야 했던 프랑스 쪽 영지에서 불만이 거세게 일어났다.

샤를 7세가 대관식을 치르면서 프랑스 국왕으로서의 정당성을 확보하자, 잉글랜드가 지배하는 지역에 사는 사람들은 잉글랜드에 더욱 반감을 가지게 되었다. 게다가 잉글랜드 군을 지탱하던 주요 인물들이 차례로 사망하면서 전투 상황도 잉글랜드 쪽에 더 불리해졌다. 결국 잉글랜드는 프랑스와 평화 협정을 체결하려고 시도한다. 샤를 7세는 협정에 응했고, 더불어 1430년에는 프랑스 내부의 적대적 세력인 부르고뉴 공작 필리프와도 화해 협정을 맺고 적대 관계를 해소했다.

부르고뉴 공작과의 협정으로 프랑스의 내전은 종식되었지만, 잉글랜드와 프랑스 간의 전쟁은 여전히 해결되지 않은 상태였다. 잉글랜드에서는 이제 프랑스 쪽 영지를 경영하기가 어려웠는데, 샤를 7세가 이를 틈타 지속적으로 잉글랜드에 빼앗겨왔던 지역을 수복하게 된다. 그리고 1453년 카스티용 전투Battle of Castillon에서 프랑스가 승리를 거둠으로써 잉글랜드가 점령했던 지역 중 거의 모든 곳을 탈환했다. 이 전투가 100년 전쟁의 마지막 전투이기도 하다.

이후 잉글랜드에서는 더 이상 프랑스와의 전쟁을 지속할 수 없었다. 1455년부터 랭커스터 가문과 요크 가문이 왕위 계승권을 두고 싸운 '장미 전쟁'이 벌어졌기 때문이다. 장미 전쟁은 극도로 치열했다. 어느 한쪽 편에 가담했던 사람들이 몰살당하는 일이 빈번했을 정도였으므로 누구도 대외 활동에 신경 쓸 여력이 없었다.

100년 전쟁은 역사적으로 매우 중요한 전쟁 중 하나다. 이 전쟁을 끝으로 잉글랜드는 칼레를 제외한 프랑스 내 영지를 모두 상실하게 되었다. 또한 이 전쟁이 일어나기 전까지는 봉건 영주라는 지역 단위로 나뉘어 있던 프랑스와 잉글랜드에 좀 더 큰 국가 단위의 개념이 자리 잡게 된다. 특히 프랑스에서는 명확한 외국 세력인 잉글랜드를 프랑스에서 몰아내야 한다는 주장 때문에 이런 개념이 더욱 강하게 나타났다고 추정해볼 수 있다. 게다가 두 나라의 중앙집권화가 가속되는 양상도 나타난다.

노르망디 공작이었던 "정복왕" 윌리엄이 잉글랜드 국왕이 된 이래, 프랑스 국왕들은 잉글랜드 국왕이 가지고 있던 프랑스 내 영지를 되찾으려 했고, 잉글랜드 국왕들은 프랑스 내 영지를 잃지 않으려 했다. 이런 상황이 결국 양국이 오래도록 마찰을 빚는 계기가 된다. 프랑스가 중앙집권 국가로 자리매김하는 데 걸림돌이 될 수밖에 없었기 때문이다. 이 긴 갈등의 종식을 가져온 것이 바로 100년 전쟁이었다.

영국 왕가의 선조인 프랑스인, 카트린 드 발루아

프랑스 샤를 6세의 큰딸 이자벨 드 발루아Isabelle de Valois와 막내딸 카트린 드 발루아는 둘 다 잉글랜드의 왕비가 되었으며, 이른 나이에 남편을 잃었다. 그리고 둘 다 재혼을 했다. 하지만 슬하에 딸 하나만 두었던 이자벨과는 달리, 카트린은 국왕의 어머니이자 친할머니가 되었다.

언니 이자벨이 프랑스와 잉글랜드의 평화를 위해 잉글랜드의 국왕 리처드 2세와 결혼했다면, 카트린은 프랑스 왕위 계승권을 잉글랜드의 국왕 헨리 5세와 그의 후손에게 가져다주기 위해 결혼한 것이었다. 이자벨은 너무 어려서 결혼을 하는 바람에 남편인 리처드 2세와의 사이에서 후손이 없었다. 하지만 카트린은 결혼 1년 만에 남편과의 사이에서 후계자가 될 아들 헨리를 낳았다.

이 시점에서 카트린은 잉글랜드의 왕비이자 후계자의 어머니로서 확고히 자리를 잡을 수 있을 것처럼 보였다. 카트린은 이미 잉글랜드 왕비로 대관식까지 올렸으며 아버지가 죽은 뒤 남편이 프랑스 왕위에 오르면 프랑스 왕비가 될 예정이었다. 또한 아들이 왕위에 오르면 프랑스와 잉글랜드를 동시에 통치하는 국왕의 모후가 되는 상황이었다. 아마 아들이 태어났을 때 카트린은 세상을 다 얻

| 헨리 5세.

은 듯했을 것이다. 하지만 아들이 태어난 지 1년도 안 되어 이 기쁨은 사라져버린다. 그녀의 남편인 헨리 5세가 병으로 사망하고, 젖먹이 아들이 국왕이 된 것이다.

어린 국왕의 모후인 카트린에게 섭정 지위가 부여되는 것이 당연하겠지만, 잉글랜드 의회는 그렇게 하지 않았다. 가장 큰 이유는 그녀가 프랑스 출신이라는 사실, 그리고 그녀의 어머니인 이자보 때문이었을 것이다. 이자보는 샤를 6세의 섭정으로 국가를 통치했는데, 그녀가 섭정하던 당시 프랑스의 상황은 매우 좋지 않았다. 사실 이것이 이자보만의 탓이라고 볼 수는 없었지만 외국인 왕비를 보는 편견 어린 시선들은 그다지 도움이 되지 않았다. 나라 상황이 엉망이 되면 위정자를 탓하는 것은 동서고금을 막론하고 일반적인 일이기도 했다.

게다가 잉글랜드에서 이전에 프랑스 왕가 출신으로 섭정 지위에 올랐던 여성인 "프랑스의 암늑대" 이자벨은 에드워드 3세의 모후로, 남편인 에드워드 2세와 잘 지내지 못했으며 남편에 대항해 반란을 일으키기도 했다. 그리고 미성년 아들을 즉위시킨 뒤 연인이었던 로저 모티머와 함께 잉글랜드를 통치했다. 이런 상황을 경험한 잉글랜드 귀족들은 카트린이 정치에 참여하는 것만큼은 피하고 싶었을 것이다.

처음에 섭정단은 카트린이 어린 아들인 헨리를 돌볼 수 있게 해주었지만, 곧 그녀가 아들에게 영향력을 행사할 것을 우려해 모자를 떼어놓아 버린다. 카트린은 젊은 나이에 과부가 된 데다가 유일한 자식마저 빼앗긴 채 외롭게 살아가야 했다. 게다가 카트린의 재혼도 매우 엄격하게 통제되었는데, 잉글랜드 내 귀족과 카트린이 재혼할 경우 그 귀족이 어린 국왕의 양부로서 권력을 행사하려 할 수도 있었기 때문이다.

남편도, 아들도 없이 타지에서 지내야 했던 카트린의 삶은 매우 외롭고 힘겨웠을 것이다. 게다가 중세 시대 여성에게 남성 보호자의 존재는 그녀의 재산권 행사나 사회적 지위와 직접적으로 관계되어 있었다. 외로움에 지쳐가던 카트린은 주변 사람들에게 적극적으로 마음을 열었고, 곧 어떤 남자와 사랑에 빠지게 된다. 그는 웨일스 출신의 기사였던 오웬 튜더Owen Tudor였다.

당시 웨일스인들은 잉글랜드에서 신분적 제약을 받았다. 어쩌면 카트린이 오웬 튜더와 관계를 맺을 수 있었던 것도, 잉글랜드의 귀족들이 그의 낮은 신분으로는 왕위에 영향력을 행사할 수 없을 것이라 생각하고 이를 눈감아준 덕분일 가능성이 크다.

오웬 튜더와 카트린이 정식으로 결혼한 사이였는지 아닌지는 아직
도 애매한 문제다.* 일단 의회에서는 카트린이 국왕의 동의 없이 결혼
할 수 없다고 말했다. 그런데 공식적으로 헨리 6세는 어머니가 죽고 나
서 한참 후에야 어머니가 낳은 다른 자녀들의 존재를 인지했다. 즉 헨리
6세는 어머니의 결혼을 몰랐다는 것이다. 결국 두 사람이 정식으로 결
혼한 사이가 아니라고 추정할 수 있다. 하지만 한편으로는 정치적 민감
성 때문에 둘이 비밀리에 결혼하지 않았겠냐는 이야기도 있다. 특히 오
웬 튜더의 손자인 헨리 튜더Henry Tudor가 잉글랜드 국왕이 되면서, 튜더
왕가가 통치하는 시절에는 왕가의 정당성을 강조하기 위해 비밀 결혼이
강조되기도 했다.**

두 사람의 관계는 주변 사람들만 알고 있었지만, 결국 공개되고 만
다. 1436년 이미 여러 아이를 낳았던 카트린이 또 임신을 한 것이다. 이
상황을 알아차린 국왕의 숙부 글로스터 공작Duke of Gloucester은 카트린과
오웬 튜더의 관계를 심각하게 받아들이고 공식 조사에 착수한다. 조사
기간 동안 임신한 카트린은 수녀원에 보내졌으며 오웬 튜더는 가택 연
금을 당했다. 아이들 역시 따로 떨어지게 된다.

결국 1437년 초, 카트린은 딸을 낳은 뒤 사망한다. 카트린이 죽자
오웬 튜더는 감옥으로 보내졌으며 아이들도 여러 사람들의 손에 맡겨졌
다. 그중 살아남은 아들 둘은 이부형인 헨리 6세에게 보내졌는데, 헨리

---

*두 사람은 비밀리에 정식 결혼했다는 이야기가 있었다. 비밀 결혼이라는 것도 성직자 앞에서 이루어
지는 것이니 결국 결혼이 맞고, 이는 왕가의 정통성에 영향을 줄 수 있었으므로 중요한 문제였다.
**비밀리에라도 결혼을 했다면 아이들은 결혼을 통해 태어난 적자인 반면, 결혼을 하지 않았다면 사생
아로 취급되었다. 중세 시대에 사생아는 신분적으로 매우 심한 제약을 받았다.

6세는 자신의 이부동생들을 궁정에서 키우고 잉글랜드 귀족으로 성장시킨다.

랭커스터 가문의 계승자가 많았다면 카트린과 오웬 튜더의 아들들은 그냥 평범한 귀족으로 살았겠지만, 헨리 6세 이후 랭커스터 가문의 계승자 후보가 바닥나고 남성 직계는 헨리 6세의 외동아들밖에 남지 않게 되었다. 헨리 6세는 랭커스터 가문의 방계인 보퍼

| 헨리 7세의 초상화.

트 가문 사람들의 계승권을 인정하고, 자신의 이부동생인 에드먼드 튜더Edmund Tudor를 레이디 마거릿 보퍼트Lady Margaret Beaufort와 결혼시켰다.

그러나 둘의 결혼 직후 장미 전쟁이 시작되었다. 에드먼드 튜더는 전쟁 초기에 포로가 된 뒤 병사하고 만다. 그가 죽은 뒤 레이디 마거릿 보퍼트는 건강한 아들을 낳았고, 왕들의 이름이었던 '헨리'를 아들에게 붙여준다. 그가 바로 후에 장미 전쟁을 종식시켰다고 평가받는 헨리 7세Henry VII다. 이렇게 카트린 드 발루아는 현재 영국 여왕의 조상이 된다.

Chapter4

내전으로
세워진
에스파냐

카스티야의 후안 2세Juan II de Castilla : 재위 1405~1454년. 1살 때 아버지를 잃고 카스티야의 국왕이 되었다. 사촌들에게 휘둘리며 카스티야에 혼란을 불러온다.

아라곤의 왕자들infante de Aragón : 후안 2세의 사촌들. 후안 2세에게 영향력을 행사하며 권력을 빼앗으려 한다.

엔리케 4세Enrique IV de Castilla : 재위 1454~1474년. 첫 번째 아내와 13년의 결혼생활 동안 후계자를 얻지 못했고 결국 이혼을 한다. 이로 인해 성 기능에 문제가 있다는 오해를 받게 되고, 이후 두 번째 아내에게서 얻은 딸인 후아나의 왕위 계승 정당성에 논란을 불러온다.

카스티야의 후아나Juana de Castilla : 엔리케 4세의 딸. 후계자로 인정을 받지 못하고 외삼촌인 포르투갈 국왕과 결혼한다.

이사벨 1세Isabel I : 재위 1474~1504년. 카스티야의 후안 2세의 딸이다. 뛰어난 정치적 능력으로 아라곤왕국의 국왕 페르난도 2세와 결혼하고 그라나다를 정벌해 에스파냐를 성립했다.

아라곤의 후안 2세Juan II de Aragón : 아라곤 재위 1458~1479년. '아라곤의 왕자들' 중 하나로, 나바라의 여왕과 결혼했다가 아라곤의 왕위를 물려받는다. 이후 얻은 아들이 이사벨 1세의 남편 페르난도다.

아라곤의 페르난도 2세Fernando II de Aragón : 아라곤 재위 1479~1516년, 카스티야 재위 1475~1504년. 아라곤의 후안 2세의 후계자였을 때 이사벨 1세와 결혼하면서, 에스파냐를 성립하는 데 기여한 인물이다.

권력의 이동

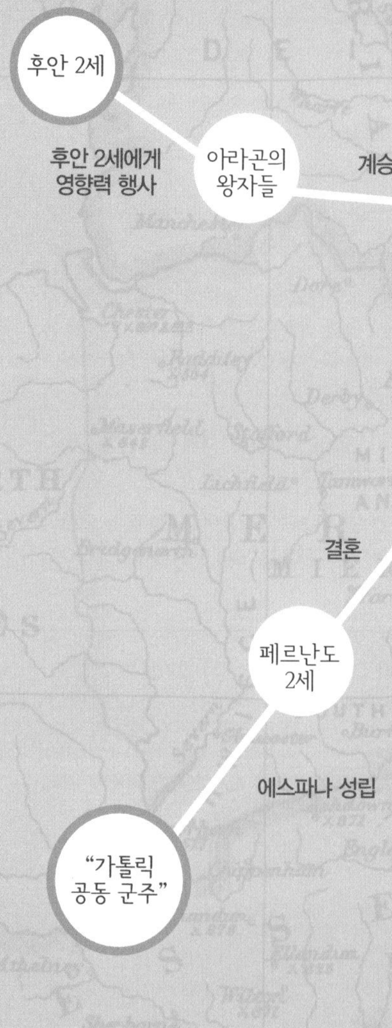

후안 2세
후안 2세에게
영향력 행사
아라곤의
왕자들
계승
엔리케
4세
이사벨
1세
결혼
페르난도
2세
에스파냐 성립
“가톨릭
공동 군주”

1417년, 한 남자가 죽었다. 인간이라면 누구나 죽음을 맞는 것이 당연하지만, 국왕이었던 이 남자의 죽음은 혼란 속에 갇힌 그의 나라에 더해진 또 다른 혼란일 뿐이었다. 이 남자는 카스티야와 레온León의 국왕이었던 엔리케 4세다.

그가 통치하던 기간 내내 카스티야는 엔리케 4세를 지지하는 사람들과 그의 이복동생들을 지지하는 사람들로 분열된 채, 끝없는 내전의 위협에 시달려야 했다. 그의 정책들은 근본적으로 나라를 통합하는 것이라기보다는 미봉책에 가까웠으며, 그의 불행한 가정사도 왕국의 혼란을 가중시키는 데 한 축을 담당했다.

엔리케 4세가 이렇게 단기적이고 임시적인 정책만으로 국가를 통치한 것은 어떻게든 내전을 막아보려는 시도였던 것 같다. 그러나 그의 죽음 이후 카스티야는 다시 한 번 내전에 휩싸인다. 혼란 속에서 엔리케 4세의 자리를 물려받아 이 내전을 종식시킨 후계자는 이후 이베리아반도에서 이슬람 세력을 완전히 몰아내는 숙원을 이루고, 이베리아반도 대부분의 지역을 통합하는 국가인 에스파냐España(스페인)를 성립하게 된다.

| 카스티야에 분열을 불러왔던 엔리케 4세.

✠ 기독교와 이슬람교 사이의 오랜 갈등

이베리아반도는 오랫동안 로마의 속주로 있으면서 지속적으로 로마 문화의 영향을 받았다. 하지만 8세기 이슬람 세력이 이곳을 장악하면서, 다른 서유럽 지역과는 지역적 특성 면에서 차이를 보이게 된다.

무슬림의 지배를 받던 이베리아반도의 기독교인들은 이슬람 국가들이 비무슬림에게 물리는 세금 때문에 점차 불만을 품게 되었다. 이슬람교를 믿지 않고도 자유롭게 살기 위해서는 세금을 내야 했기 때문이다. 불만을 느낀 이베리아반도 내 기독교인들은 함께 뭉쳐 이슬람 세력에게 점령당한 지역을 되찾으려 한다. 외부 세력이었던 이슬람을 몰아내기 위한 노력은 이베리아반도가 이슬람 세력에게 점령된 직후부터 계속되었는데, 특히 11세기가 되면서 이슬람 세력이 작은 지역 국가들로 분열되자 기독교 국가들은 이것을 좋은 기회로 삼아 이슬람 지역을 빼앗으려 시도했다.

이베리아반도 내의 기독교 국가들은 서로 경쟁 관계였지만, 공통의 적이었던 이슬람 세력에 저항할 때는 동맹을 맺어 하나로 뭉쳤다. 뭉치는 방법은 주로 혼인이었다. 이런 일이 반복되다 보니 결국 기독교 국가의 왕가들은 혈연적으로 매우 복잡하게 엮이고 만다.

사실 중세 교회에서는 기본적으로 친인척 간의 결혼을 금했으며, 교회에서 지정한 근친결혼의 범위 안에 드는 결혼을 하려면 교회의 사면이 필요했다. 만약 사면을 얻지 못하면 결혼이 무효가 되기도 했다. 이를테면 포르투갈의 공주 우라카Urraca는 레온왕국의 국왕 페르난도 2세Fernando II와 결혼해서 아들을 낳았다. 하지만 교회에서는 둘의 할머니가 자매라는 점을 들어 근친결혼으로 정의하고, 이 결혼에 사면장을 내려주지 않았다. 결국 페르난도 2세와 우라카의 결혼은 무효가 되었다. 둘은 헤어졌고, 우라카는 수도원으로 들어갔으며 페르난도 2세는 다른 여성과 결혼했다.

그러나 이베리아반도에서는 후대로 갈수록 근친결혼을 허락받는 경우가 많아졌다. 이베리아반도 내 기독교 국가들은 8세기부터 지속적으로 이슬람 세력과 전투를 하고 있었다. 그런데 십자군 전쟁 이후에는 이교도와의 전투를 지속하고 있는 이 국가들에 대한 다른 지역 기독교인들의 호감이 커졌다. 아마 이런 호감이 교회에도 영향을 미쳐, 이베리아반도 내 왕가들의 근친결혼에 대해서는 덜 엄격한 태도를 취하게 되었을 것이다.

당시 친족 간 결혼이 많았던 이유로는 동맹 관계를 맺기 위한 것도 있었지만, 여성 계승자를 인정하는 관습이 작용했을 가능성도 크다. 이베리아반도는 독일이나 프랑스에 비해 남성 위주의 상속법인 '살리카법'의 영향을 비교적 덜 받는 지역이었으며, 오랜 기간 이슬람 세력과 투쟁하는 특수한 상황에 처해 있기도 했다. 그래서 여성 후계자들에게도 왕위 계승권을 인정해주었던 것으로 보인다. 물론 중세 시대에는 여성의 권리가 남성 보호자에게 귀속된다고 생각했으므로 여성이 상속을 받더라도 실질적 지위는 여성 상속자의 남편에게 돌아갔다.

이베리아반도 내 왕국은 왕족들이 계속 근친결혼을 하고, 게다가 여성 후계자도 인정하는 바람에 왕위 계승권이 매우 복잡해졌다. 남성 직계가 단절되면 여성 후계자들이 왕국을 이어받곤 했는데, 이러면서 서로 다른 나라지만 같은 가문 출신인 사람이 왕위에 오르거나 여성 후계자의 권리를 들어 왕위 계승을 주장하면서 다른 나라를 공격하고 내정에 간섭하기도 했다.

게다가 이슬람 세력과 오랜 전쟁을 치르면서 귀족들의 세력이 강해졌다. 중앙집권화가 정착되지 않은 많은 나라에서처럼, 귀족들이 자신의 사병私兵을 독자적으로 운용한 것이다. 귀족들이 후계자들 중 누구를 지지하는가에 따라 내전이 일어나기도 했다.

✱ 카스티야왕국의 야망 가득한 왕자들

이베리아반도의 여러 왕국 중 가장 강력한 영향력을 가지고 있던 나라는 카스티야다. 카스티야는 11세기 독립된 왕국이 되었으며 13세기에는 레온왕국을 합병했다. 카스티야는 가장 큰 영향력을 가진 나라답게 이슬람 세력과의 전투에도 가장 열성적이었다. 하지만 카스티야도 이베리아반도의 기독교 국가와 마찬가지로, 반복된 근친혼으로 인한 계승권 문제라는 특징적인 정치 상황을 겪게 된다.

카스티야의 귀족들 역시 사병으로 이루어진 강력한 군사력을 가지고 있었으므로, 이들이 국왕에게 불만을 품게 되면 심각한 내분으로 발전할 가능성이 충분했다. 이미 엔리케 4세의 고조부 때인 14세기에 일어난 카스티야의 내전은 이런 가능성이 현실로 다가올 수 있다는 것을 보여준 바 있었다. 또 카스티야 왕가는 다른 이베리아반도의 왕가들과 결혼을 통한 동맹을 자주 맺었는데, 아라곤 왕가의 남성 직계가 단절되었을 때 카스티야 국왕의 아들이 가까운 친척 관계이면 아라곤의 국왕으로 즉위하기도 했다.

카스티야의 복잡한 정치 상황은 엔리케 4세 때 절정에 이른다. 이 시절의 복잡한 정치 상황을 이해하려면 그 이전 시절로 잠깐 돌아가야 한다. 엔리케 4세의 아버지였던 후안 2세는 1살 때 아버지를 잃고 카스티야의 국왕이 되었다. 그리고 후안 2세의 숙부였던 페르난도(후에 아라곤의 페르난도 1세Fernando I)가 조카의 섭정이 되었다. 그는 섭정으로 있는 동안 자기 아들들에게 많은 영토와 지위를 주면서 자신의 가문이 강력한 지위를 유지할 수 있는 발판을 마련하려 했다.

이후 페르난도는 아라곤의 국왕이 되어 카스티야를 떠나야 했지만, 아버지의 뒤를 이을 장남을 제외한 나머지 아들들은 그대로 카스티야에 남아 사촌인 후안 2세에게 영향력을 행사하고 권력을 얻으려 했다. "아라곤의 왕자들"이라고 불린 페르난도 1세의 아들들은 카스티야 왕가 사람과 자신들의 형제, 자매를 결혼시켜 카스티야에서의 지배력을 한층 강화했다. 누가 보아도 왕자들의 야망이 카스티야를 뒤덮고 있었다.

후안 2세는 점점 사촌들의 야망을 경계하게 되었다. 후안 2세는 그다지 강인한 성격이 아니었기에 자주 사촌들에게 휘둘리곤 했는데, 이 때문에 점차 어린 시절부터 친구였던 트루히요 공작 알바로 데 루나Álvaro de Luna, Duke of Trujillo에게 의지하기 시작했다.

왕자들 중에서는 특히 후안 2세의 매형이었던 왕자 엔리케Infante Enrique의 세력이 점차 커졌다. 그는 심약한 후안 2세를 꼭두각시 국왕으

| 카스티야의 후안 2세(왼쪽)와 그가 의지했던 알바로 데 루나(오른쪽).

로 남겨두고 자신이 권력을 휘두르려 하다가 이 시도가 실패하는 바람에 카스티야를 떠났다. 그러나 아라곤과 나바라Navarra(아라곤 옆에 있던 작은 왕국)의 국왕이었던 엔리케의 두 형은 카스티야에 적대적 태도를 보이며 엔리케를 다시 받아들이라고 후안 2세를 압박했다. 카스티야의 귀족들이 보기에는 국왕이 그저 아라곤의 왕자들이나 알바로 데 루나에게 힘없이 휘둘리고 있는 것처럼 보였다. 결국 귀족들은 자신들의 이익에 따라 왕자 엔리케를 지지하는 파와 알바로 데 루나를 지지하는 파로 갈렸다. 카스티야는 점점 혼란스러워졌다.

알바로 데 루나와 "아라곤의 왕자들" 간의 세력 다툼은 점차 격화되었다. 결국 1445년에는 아라곤과 나바라의 지원을 받는 엔리케와 그를 지지하는 사람들, 그리고 알바로 데 루나와 후안 2세를 지지하는 사람들 사이에 전쟁까지 벌어졌다. 이 전쟁에서 부상을 입은 왕자 엔리케가 사망하면서 격렬한 권력 다툼은 일단 막을 내린다.

그런데 후안 2세의 두 번째 아내가 된 포르투갈의 이사벨Isabel de Portugal은 알바로 데 루나가 국왕에게 끼치는 영향력이 너무 크다는 사실을 우려했다. 그녀의 끈질긴 설득 끝에 1454년에는 알바로 데 루나 역시 처형되었고, 후안 2세 역시 친구의 처형을 명한 지 1달 만에 사망하고 만다.

✠ 엔리케 4세의 결혼이 무효가 된 이유

후안 2세는 2명의 아내 사이에서 여러 자녀를 얻었으나 첫 번째 아내와의 사이에서는 아들인 엔리케만이 성인으로 성장한다. 두 번째 아

| 두 아이와 함께 있는 포르투갈의 이사벨을 그린 19세기의 그림.

내와의 사이에서 이사벨과 알폰소Alfonso가 태어났지만 장남 엔리케 4세와 그의 이복동생들은 20살 이상 차이가 났다. 엔리케가 국왕이 되었을 때 이사벨과 알폰소는 그저 어린아이들일 뿐이었다.

엔리케 4세는 어린 시절부터 아라곤의 왕자들이 영향력을 행사하는 것을 목격했으며, 왕자 엔리케와 알바로 데 루나의 오랜 권력 투쟁을 보면서 자랐다. 따라서 그는 아라곤과 나바라의 국왕들을 경계할 수밖에 없었다. 또 엔리케 4세는 이슬람 세력을 몰아내는 데 가장 열성적이었던 카스티야 왕가의 전통대로, 그라나다Granada(이베리아반도 남쪽 지역)에 남아 있는 마지막 이슬람 세력을 몰아내려고 노력했다. 하지만 엔리케 4세도 카스티야 내부의 분열을 통합할 수는 없었다.

엔리케 4세는 영향력 있는 귀족인 후안 파체코Juan Pacheco와 함께 성장했다. 그리고 엔리케 4세가 국왕이 되자, 후안 파체코는 국왕의 측근으로 막강한 영향력을 행사하는 인물이 되었다. 엔리케 4세는 점점 어린 시절의 친구를 경계하며, 또 다른 인물인 벨트란 드 라 쿠에바Beltrán de la Cueva를 중용하게 된다. 이로 인해 후안 파체코와 벨트란 드 라 쿠에바 사이에는 미묘한 갈등이 생긴다. 게다가 벨트란 드 라 쿠에바는 카스티야에서 전통적으로 권력자 가문이었던 멘도사Mendoza 가문의 딸과 결혼했는데, 이로 인해 멘도사 가문 중심의 귀족들과 후안 파체코를 지지하는 귀족들이 서로 대립하다 또 내전이 일어나기도 한다.

내전이 시작된 직접적 이유는 엔리케 4세의 후계자 문제였다. 그는 10대에 나바라의 공주였던 블랑카Blanca와 결혼한 바 있었다. 그런데 결혼한 지 13년이 지난 1453년, 엔리케 4세는 블랑카와의 결혼을 교회에

| 나바라의 공주 블랑카.

무효로 해달라고 요청했다. 표면적으로는 다른 이유였지만 실제로는 두 사람이 아직 초야를 치르지 않았기 때문이었다.

당시 성적 결합이 없는 것은 결혼 무효 사유로 인정받았으므로, 엔리케 4세의 신청은 순조롭게 받아들여졌다. 하지만 이 소동으로 '엔리케 4세에게 성 기능의 문제가 있어 후계자를 얻을 수 없을 것'이라는 소문이 돌았다. 엔리케 4세는 소문에 아랑곳하지 않았다. 그는 이전부터 추진해왔던 포르투갈과의 동맹을 맺고, 1455년 포르투갈의 국왕 아폰수 5세Afonso V의 여동생인 후아나Joana de Portugal와 결혼한다.

아마 많은 카스티야 귀족들은 후아나가 후계자를 낳으리라는 기대를 하지 않았을 것이다. 그의 첫 번째 결혼이 무효화된 사유를 알고 있었으니 말이다. 하지만 결혼 7년 후인 1462년, 후아나는 딸을 낳았다. 카스티야에는 혼란이 찾아온다. 많은 사람들이 엔리케 4세의 이복동생인 알폰소를 왕위 계승자로 여기고 있었던 것이다. 하지만 엔리케 4세는 자신의 딸인 후아나를 정식 후계자로 선포했고, 카스티야 왕위 계승자의 지위를 부여했다.

궁정에서는 후아나가 국왕의 딸이 아니라는 소문이 파다하게 퍼졌다. 왕비가 국왕의 총신이었던 벨트란 드 라 쿠에바와 불륜 관계였으며,

후아나는 그의 딸이라는 것이었다. 심지어 사람들이 공주를 '벨트란의 딸' 정도로 해석될 수 있는 "후아나 라 벨트라네하Juana la Beltraneja"라고 불렀을 정도였다.

엔리케 4세는 후아나가 자신의 친자식이라고 공포했지만, 후안 파체코를 비롯한 반反 벨트란파는 후아나의 왕위 계승권을 인정하지 않았다. 그들은 국왕의 이복동생들인 알폰소와 이사벨이 정당한 왕위 계승자라고 주장했다. 극도의 정치적 긴장 끝에, 결국 엔리케 4세는 반 벨트란파 귀족들의 요구에 승복하고 알폰소에게 후계자 지위를 부여했다. 대신 알폰소와 후아나를 결혼시켜, 둘이 공동으로 왕위에 오르게 함으로써 딸의 계승권을 확보하려 했다.

귀족들의 불만이 잠시 가라앉자, 엔리케 4세는 다시 한 번 후아나의 단독 왕위 계승을 주장했지만 이제 자신을 지지하는 귀족이 늘어났을 것이라는 그의 예측은 빗나갔다. 후안 파체코를 중심으로 하는 귀족들은 알폰소를 국왕으로 추대하고 내전을 벌인다. 이 내전은 양측 어디에도 확고한 승리를

| 벨트란의 딸이라는 의심을 받았던 카스티야의 후아나.

가져다주지 못했으며, 계속해서 소모전 양상으로 흐르게 된다.

그러던 와중에 알폰소가 14살의 나이로 사망한다. 사인은 병사病死로 추정되었지만, 당시 정치적 갈등을 고려해볼 때 독살당했을 것이라고 믿는 사람도 많았다. 알폰소가 죽었다고 해서 카스티야의 상황이 크게 바뀌지는 않았다. 알폰소를 지지했던 귀족들은 이제 알폰소의 누나인 이사벨이 정당한 왕위 계승자가 되어야 한다고 주장했기 때문이었다. 하지만 이사벨은 긴 내전을 끝내기 위해, 엔리케 4세와 협상하기로 결정한다.

✱ "내 허락 없이는 결혼할 수 없다!"

이사벨은 엔리케 4세보다 25살이나 어렸다. 이사벨의 어머니인 포르투갈의 이사벨은 남편이 죽은 뒤 두 아이와 함께 궁정을 떠나 한적한 곳에서 살았다. 엔리케 4세는 아버지의 부탁에도 새어머니와 이복동생들의 경제적 지원에 적극적이지 않았으며, 이 때문에 이사벨과 알폰소는 경제적으로 그다지 넉넉하지 못했다고 한다. 게다가 포르투갈의 이사벨은 남편이 살아 있을 때도 이미 우울증을 겪고 있었으며, 남편이 죽은 뒤에는 증세가 더욱 심해졌다. 이런 불행한 상황은 이사벨의 삶에 큰 영향을

| 카스티야의 이사벨.

미치게 된다.

이사벨은 왕위 계승자가 되기 전부터 이미 신앙심이 깊고 자비로운 인물로 알려져 있었다. 아마 자신이 힘든 상황을 거쳤기 때문에 다른 이들의 불우한 상황에 공감하고 그들에게도 자비로울 수 있었을 것이다. 또 자신의 어려움을 이겨내기 위해 종교에 의지하면서 신앙심도 깊어졌다. 게다가 이사벨은 당대 여성들과는 다르게 동생인 알폰소와 함께 교육을 받았는데, 이 덕분에 복잡한 정치 문제에 대해서도 재빠른 판단을 내릴 수 있었다. 이사벨이 왕위 계승자로 선포되면서 이런 판단력은 더욱 빛을 내기 시작한다.

이제 내전의 중심인물이 된 이사벨은 내전을 끝내고자 엔리케 4세에게 사람을 보내 협상을 시도했다. 엔리케 역시 내전을 원치 않았으므로 둘은 1468년 기산도의 언덕Toros de Guisando에서 만나 평화 협정을 체결했다. 여기서 엔리케 4세는 자신의 딸 후아나의 왕위 계승권을 포기하고 이사벨을 자신의 후계자로 인정한다. 이사벨 쪽에서는 엔리케에게 충성을 맹세하고 엔리케의 허락 없이 결혼하지 않는다는 조건을 수락했다. 이렇게 카스티야의 내전은 일단락되는 듯 보였다.

엔리케는 내전을 끝내기 위해 딸의 계승권을 박탈하긴 했지만, 여전히 여지를 남겨두었다. 이사벨 역시 자신의 결혼이 복잡한 정치적 문제라는 사실을 잘 알고 있었다. 하지만 결국 이사벨의 결혼 문제는 또다시 두 사람 사이를 갈라놓게 된다.

엔리케는 먼저 이사벨을 포르투갈의 국왕이자 자신의 처남이었던 아폰수 5세와 결혼시키려 했다. 만약 이사벨이 아폰수 5세와 결혼한다면 카스티야 왕위가 포르투갈에게 넘어갈 수 있으리라고 판단했던 것 같다. 당시 딸 후아나와 포르투갈 국왕의 장남 간 혼담이 추진되고 있던 상황이었는데, 아폰수 5세는 엔리케 또래였으니 만약 그가 이사벨과의 사이에서 자녀를 낳지 못하고 사망한다면 카스티야 왕위는 아폰수 5세의 아들과 후아나에게 돌아갈 가능성이 컸기 때문이다. 그러나 이사벨은 이 혼담을 거부했고 결국 포르투갈과 오가던 전체 혼담이 모두 깨져버린다.

이번에는 프랑스와의 혼담이 추진되었다. 엔리케가 이사벨을 루이 11세의 동생인 베리 공작 샤를Charles, Duc de Berry에게 시집보내려 한 것이다. 이사벨이 프랑스로 시집을 간다면 카스티야와 프랑스 간 동맹이 강화되는 것은 물론, 이사벨이 국외로 떠나므로 그녀를 지지하는 세력이 약해질 수도 있었다. 게다가 어느 나라나 외국인 통치자에 대한 거부감을 강하게 느끼니 이사벨이 프랑스 왕자와 결혼한다면 그녀를 지지했던 귀족들이 등을 돌릴 가능성도 컸다.

엔리케뿐만 아니라 이사벨도 이 상황을 알고 있었다. 그녀는 엔리케의 허락 없이 결혼할 수는 없었지만, 그렇다고 해서 그의 뜻에 무조건 복종할 마음도 없었다. 이사벨은 자신의 정치적 입지를 강화할 만한 결혼 상대를 스스로 찾아냈다. 바로 아라곤왕국의 페르난도 2세였다. 그는 페르난도 1세의 손자이자, 나바라의 여왕과 결혼해서 나바라의 국왕이 된 후안 2세의 아들이었다.

엔리케 4세는 아버지의 사촌이었던 후안 2세를 경계해왔으며 카스티야와 나바라, 아라곤은 여러 번 전쟁을 하기도 했다. 카스티야가 불안정해지자 후안 2세는 다시 한 번 카스티야에 세력을 확대할 발판을 마련하고 싶었다. 그래서 아들인 페르난도의 혼담을 통해 세력을 키우려 기회를 엿보는 중이었다. 후안 2세는 권력자 후안 파체코에게 접근해, 후안 파체코의 딸과 자신의 아들 페르난도를 결혼시키려 했다. 하지만 카스티야 측에서는 후안 2세에게 더 확고

| 아라곤의 페르난도 2세.

한 기회를 제공한다. 바로 이사벨이었다.

　이사벨은 자신에게 정치적으로 도움이 될 만한 세력이 아라곤이라고 생각했다. 아라곤의 국왕은 카스티야 국왕의 후손이기도 했으니 자신의 왕위 계승을 지지하는 세력을 얻을 수 있었을 뿐만 아니라 아라곤과 시칠리아왕국의 지원을 얻을 수도 있었다. 물론 이 결혼은 극비리에 추진되었다. 엔리케 4세가 이 결혼을 허락할 리 없었기 때문이다.

　이사벨과 페르난도가 결혼하는 과정은 험난했다. 물론 두 사람이 결혼하는 데 가장 큰 걸림돌은 엔리케 4세였지만, 교황의 사면 역시 큰 문제였다. 두 사람의 할아버지가 형제였으므로 교회에서 금하는 근친결혼에 포함되었기 때문이다. 사실 이전에 이베리아반도에서 있었던 혼인 관계들에 비추어보면 둘은 그다지 가까운 친족 관계도 아니었다. 엔리

케 4세의 부모는 서로 사촌지간이었으며, 아라곤의 알폰소 5세도 사촌과 결혼한 바 있었다. 하지만 교황은 이사벨과 페르난도의 결혼을 허락하지 않았다. 당시 교황이었던 바오로 2세Pope Paul II가 엔리케 4세 측에서 있었기 때문이다. 그러나 이사벨과 페르난도는 전임 교황이 두 사람의 결혼을 대비해서 미리 작성해주었던 사면장을 내세우며 1469년 결혼을 강행했다.

이사벨이 자신의 허락 없이 페르난도 2세와 결혼하자, 엔리케는 이사벨이 평화 조약을 깬 것으로 간주했다. 사실 이사벨이 왕위 계승자가 되고 엔리케 4세와 갈등을 빚는 동안 양측을 지지하는 세력들 사이에도 변화가 생겼다. 가장 큰 변화는 이사벨을 지지했던 후안 파체코가 이제 국왕 편으로 등을 돌렸으며, 국왕 편에 섰던 멘도사 가문이 점차 이사벨쪽으로 기울게 되었다는 것이었다. 후안 파체코는 이사벨과 페르난도가 결혼함으로써 자신의 딸과 페르난도의 혼담이 깨진 것은 물론, 카스티

| 이사벨과 페르난도.

야 내에서 자신의 세력이 약화될 것을 우려했다. 반면 멘도사 가문은 여전히 국왕에게 충성했지만 국왕의 딸 후아나를 왕위 계승자로 인정하지는 않으려는 움직임이 힘을 얻고 있었다. 후아나가 배제된다면 정당한 왕위 계승 권리를 가진 사람은 이사벨이었다.

1474년 결국 엔리케 4세가 사망하고, 이사벨이 카스티야의 여왕으로 즉위한다. 하지만 이것은 오래도록 벌어지게 되는 카스티야 왕위 계승 전쟁의 시작이기도 했다.

✠ 계속되는 두 여왕의 경쟁

이사벨이 왕위에 오르고 마치 순조롭게 왕위 계승이 이어지는 것 같았지만, 곧 카스티야 내부에서는 새로운 왕위 계승자를 추대하려는 음모가 진행된다. 한때 이사벨을 지지했던 후안 파체코 측 사람들은 엔리케 4세의 딸 후아나를 왕위 계승자로 올리려 했다. 후안 파체코는 엔리케 4세가 살아 있을 당시 사망했지만 그의 아들 디에고 파체코Diego Pacheco가 아버지의 뒤를 이었으며, 멘도사 가문에게 추기경 자리를 빼앗겼던 톨레도 대주교(후안 파체코의 친척) 역시 입장을 바꾼다.

이들은 엔리케 4세의 아내인 후아나 왕비를 설득해, 딸을 그녀의 오빠인 포르투갈 국왕 아폰수 5세와 결혼시키려 했다. 이를 통해 아폰수 5세가 카스티야 왕위 계승을 주장하게 하려고 한 것이다. 결국 1475년 아폰수 5세는 군대를 이끌고 카스티야로 와서 조카인 카스티야의 후아나와 결혼했다. 그리고 후아나의 남편으로서, 아내의 권리를 통해 카스티야 왕위 계승을 주장하고 카스티야 전역을 점령하려 했다. 아폰수 5세

와 포르투갈이 카스티야의 왕
위 계승 전쟁에 뛰어든 데는 경
제적 이유가 가장 크게 작용했
을 것이다. 당시 포르투갈과 카
스티야는 해상 무역에서 서로
우위를 차지하기 위해 경쟁하
고 있었기 때문이다.

후아나는 포르투갈 국왕과
결혼함으로써 포르투갈의 지지
를 얻었을 뿐만 아니라 아라곤

| 포르투갈의 아폰수 5세.

왕국과 경쟁 관계에 있던 프랑스까지 지지 세력으로 얻었다. 디에고 파
체코나 톨레도 대주교 같은 고위 귀족들, 강한 세력을 가진 귀족들도 그
녀를 지지했다. 반면 이사벨은 아라곤의 왕자와 결혼했으므로 아라곤왕
국의 지지를 얻었다. 그리고 카스티야의 나머지 귀족들 대부분은 이사
벨 편에 섰는데, 아마도 이사벨이 엔리케 4세의 인정을 받은 정당한 왕
위 계승자였기 때문일 것이다. 또한 카스티야에서 강력한 세력을 형성하
고 있던 멘도사 가문도 이사벨을 지지했다. 카스티야의 후아나의 아버지
라는 소문이 돌았던 벨트란 드 라 쿠에바가 이사벨의 편에 섰다는 점이
재미있다.

카스티야의 왕위 계승 전쟁은 4년 동안 계속된다. 양측은 점차 평화
를 모색할 방법을 찾게 되었고, 1479년 9월 5일 알카소바스 조약Treaty of
Alcáçovas을 체결한다. 이 조약으로 인해 이사벨과 페르난도는 카스티야

와 레온의 왕위 계승을 인정받았지만, 대신 아프리카 지역의 해상 교역권을 포르투갈에게 내어준다. 이것은 이사벨이 후에 콜럼버스의 신대륙 개척을 지원하게 되는 원인 중 하나다.

알카소바스 조약을 맺기 전, 페르난도의 아버지인 아라곤의 국왕 후안 2세가 사망하고 페르난도는 아라곤의 국왕 페르난도 2세가 된다. 이사벨은 아라곤의 왕비인 데다가 조약 이후 카스티야 왕위도 인정받았으므로 포르투갈과 남쪽의 이슬람 왕가, 나바라왕국을 제외한 이베리아반도 모든 지역이 그녀와 페르난도의 통치하에 들어오게 되었디.

이들은 이베리아반도의 마지막 이슬람 세력이었던 그라나다를 점령하기로 하고, 그라나다 지역의 이슬람 지배자들이 내부적 혼란을 겪

| 알카소바스 조약문의 일부.

고 있는 것을 계기로 그라나다와의 전쟁을 시작했다. 이 전쟁은 10년에 걸쳐 진행되었는데, 이사벨과 페르난도는 그라나다 주변 지역을 차례로 점령해가면서 그라나다의 통치자를 압박했다. 결국 1492년 2월, 두 사람은 그라나다에 입성하면서 이슬람 세력을 몰아내려는 이베리아반도의 오랜 노력에 마침표를 찍게 된다.

이사벨은 카스티야와 레온의 여왕이었으며, 중세 시대 많은 여성들과 달리 스스로 국가를 통치했다. 페르난도 2세도 그녀의 남편으로서 카스티야와 레온의 국왕이었지만, 이사벨은 남편과 동등한 군주로서 통치했다는 점이 이전의 여왕들과는 달랐다. 이슬람 세력을 이베리아반도에서 몰아내는 숙원 사업을 이룬 두 사람에게 교황은 "가톨릭 공동 군주 Catholic Monarchs"라는 칭호를 부여했다.

이제 이베리아반도의 나라들인 카스티야와 레온, 아라곤은 같은 군주의 통치하에 놓이게 되었다. 이것이 현재 에스파냐(스페인)라고 불리는 나라가 생기는 바탕이 되었다. 이사벨과 페르난도에게는 이제 나라를 통합하는 과제가 남게 된다. 이들은 다양한 종교와 문화가 공존하고 있던 자신들의 나라를 하나로 묶기 위해 여러 가지 노력을 했다. 그중 하나가 사상적 통합이었다. 문화의 바탕이 되는 사상을 통일시킴으로써 결속력을 높이려 한 것이다. 이때 신앙심이 매우 깊었던 이사벨이 선택한 사상은 물론 기독교였다.

정치적으로 민감했던 페르난도에게도 사상의 통합은 중요한 문제였을 것이다. 하지만 이것은 타 종교에 너그러웠던 분위기를 바꾸어놓았다. 유대인들이나 무슬림들에게는 이교도라는 이름이 붙었으며 강한

| 그라나다의 항복을 받아내는 가톨릭 공동 군주. 19세기에 그려졌다.

압박이 가해졌다. 이후 에스파냐는 엄격한 기독교 국가가 되었고 종교
적 자유도 축소되었다. 하지만 이런 사상적 통합은 독립적이었던 지역
들을 결속시키는 강력한 수단이었으며, 후대에 에스파냐가 여러 정치적
문제로 혼란스러울 때도 통합을 유지할 수 있는 바탕이 되었다.

이사벨이 낳은 5남매 이야기

"가톨릭 공동 군주"로 불린 카스티야의 이사벨과 아라곤의 페르난도 2세 사이에는 5명의 아이가 자라나 성인이 되었다. 그중 아들은 둘째인 후안Juan de Aragón뿐이었으며 모두들 후안이 부모의 영지를 상속받을 것이라고 여겼다. 그러나 후안은 매우 병약했으므로 후안의 누나와 여동생들이 중요한 왕위 계승 후보자로 여겨지게 되었다.

정치적 이슈에 민감했던 페르난도 2세는 자녀들을 모두 정략적으로 결혼시켰다. 1479년 알카소바스 조약 이후 포르투갈과 카스티야 두 왕가 사이에는 당대 다른 조약들처럼 혼담이 진행되었는데, 이사벨과 페르난도의 장녀 이사벨Isabel de Castilla이 포르투갈의 후계자가 될 왕자 아폰수Afonso와 결혼하게 되었다. 만약 이사벨과 페르난도의 남성 직계가 단절될 경우 계승 권리는 장녀인 이사벨에게 돌아가게 되고, 결국 포르투갈이 이베리아반도 전역을 지배할 수 있는 가능성을 열어둔 것이므로 이것은 포르투갈 측에도 유리한 결정이었다.

1490년 이사벨은 포르투갈의 왕위 계승자가 된 약혼자 아폰수와 결혼한다. 전형적인 정략결혼이었지만, 이사벨은 아폰수와 진심으로 사랑에 빠졌다고 한다. 하지만 불행하게도 아폰수는 사고로 결혼 1년 만에 사망하고 말았다. 중요한 왕위 계승자였던 이사벨은 다시 고향으로 돌아온다.

이후 포르투갈에서는 이사벨의 시아버지였던 주앙 2세João Ⅱ가 사망하고 그의 동생인 마누엘이 마누엘 1세Manuel I로 즉위했다. 마누엘 1세는 조카며느리 이사벨에게 다시 청혼하는데, 이사벨의 동생인 후안이 건강이 좋지 못했으므로 이사벨이 아이를 낳는다면 그 아이가 왕위를 얻을 가능성이 컸기 때문이다. 이사벨은 처음에 이 혼담을 거절했지만, 결국에는 마누엘 1세와 결혼한다. 결혼하고 나서 바로 1달 뒤 후안이 사망하면서 이사벨은 자연스레 왕위 계승자로 떠오른다.

마침 결혼 직후 이사벨이 임신을 했으므로 마누엘의 야망이 이루어지는 듯했다. 그러나 이사벨은 1498년 8월 23일 아들인 미겔Miguel da Paz을 낳고는 바로 사망했고, 미겔 역시 유아기를 넘기지 못하고 사망한다. 마누엘 1세에게 이들의 죽음은 이베리아반도 전역을 자기 가문의 통치하에 두려는 시도가 송두리째 무너졌다는 뜻이었다.

이사벨과 페르난도의 유일한 아들인 후안은 카스티야 계승 전쟁 중 태어났다. 후안이 태어나면서 이사벨과 페르난도는 마침내 남성 후계자를 품에 안게 되었고 왕위 계승 주장에 큰 힘을 얻었다. 페르난도는 프랑스를 견제하기 위해 후안은 신성로마제국의 황제 막시밀리안 1세 Maximilian I의 딸 마르가레테Margarete와, 딸 후아나Juana는 같은 집안의 필리프Philipp I와 결혼시켰다.

후안과 후아나는 각자 자신의 배우자를 열렬히 사랑했다고 전해지는데, 불행하게도 후안은 1498년 임신한 아내를 두고 사망하고 만다. 그리고 후안의 아내 마르가레테가 딸을 사산하면서 이사벨과 페르난도는 본격적으로 후계자 문제로 고민하게 되었다.

후아나는 펠리페와의 사이에서 6명의 자녀를 낳았다.* 오빠인 후안이 죽고, 언니인 이사벨과 그 아들 미겔까지 죽고 나자 이제 후아나의 자녀들이 강력한 계승자로 떠오르게 되었다. 게다가 후아나는 조카인 미겔이 죽던 해인 1500년에 아들 카를로스Carlos I를 낳았다. 남성 후계자를 두었으니 상속 문제에서 매우 유리해진 것이다.

1504년 이사벨 여왕이 사망하면서 문제가 복잡해진다. 카스티아에서는 이사벨의 뒤를 이어 후아나가 여왕이 되면 자연스럽게 후아나의 남편인 필리프가 공동 통치자가 된다. 그러나 페르난도는 여전히 카스티아를 통치하고 싶은 마음에 사위와 불화를 일으켰다. 페르난도에게는 다행스럽게도, 사위 필리프는 오래 살지 못하고 일찍 사망한다. 후아나는 남편이 죽은 뒤 자신이 직접 통치하려 했지만 그녀는 어머니 이사벨과 같은 정치적 능력이 없었다.

---

*후아나는 남편을 끔찍이 사랑했지만, 필리프는 당대 많은 남성처럼 아내 외의 다른 여성들과도 관계를 맺었다. 아마 이런 이유로 후아나가 남편에게 다소 집착하는 모습을 나타낸 것으로 보인다.

결국 카스티야 귀족들은 후아나의 아버지인 페르난도를 다시 불러들였고 페르난도는 딸의 섭정으로 카스티야를 다시 통치했다. 그는 딸에게서 권력을 빼앗고 수녀원으로 보내버렸는데, 후아나는 이 모든 상황을 겪으며 정신적으로 매우 힘든 시간을 보냈던 것 같다. 그녀는 훗날 "미친 후아나Juana la Loca"라고 불릴 정도로 이상한 행동들을 했는데, 일례로 사랑하는 남편과 함께하기 위해 남편의 관을 늘 가까이 두었고 심지어 여행할 때는 관도 함께 들고 다녔다고 한다.

페르난도는 재혼했지만 후계자를 얻지 못했으므로 결국 후아나의 아들을 후계자로 인정해야 했다. 페르난도가 죽고 나서 후아나의 아들인 카를로스가 에스파냐로 와서 모든 영지를 물려받게 된다. 후아나는 아버지에게서 아라곤까지 상속받았기에 법적으로 통합된 에스파냐의 첫 군주가 되었지만, 여전히 실권은 없었다. 아들인 카를로스가 에스파냐에 온 뒤로는 그에게 모든 통치권이 부여되었다.

이사벨과 페르난도의 셋째 딸 마리아María는 형부인 포르투갈의 마누엘 1세와 결혼했다. 장녀 이사벨이 아이를 낳다가 죽은 뒤 마누엘 1세는 홀아비가 되었기 때문이다. 포르투갈은 "가톨릭 공동 군주"와 오래도록 갈등을 빚어왔으며 경제적 이유로 여전히 갈등 중이었다. 그래서 두 왕가 사이에 다시 한 번 결혼으로 동맹을 맺으면서 평화를 지속하려 했다. 마리아는 결혼 17년 동안 아이를 10명이나 낳았는데, 출산이 이 정도로 반복되니 건강이 악화될 수밖에 없었다. 그녀도 결국 남편보다 먼저 사망하고 만다.

이사벨과 페르난도의 막내딸 카탈리나Catalina는 이사벨의 할머니(랭커스터의 캐서린) 이름을 물려받았다. 당시 잉글랜드를 통치하던 헨리 7세는 이 "가톨릭 공동 군주"의 막내딸을 며느리로 맞고 싶어 했는데, 강력한 외국 군주의 딸을 며느리로 맞이해서 자신의 권위를 강화하려 했던 것으로 보인다. 혼담이 성사되어 카탈리나는 헨리 7세의 아들과 결혼하게 되었다. 잉글랜드에서는 그녀를 '캐서린'으로 불렀다. 그녀가 바로 부인만 6명을 두었던 헨리 8세의 첫 번째 부인이다.

이사벨과 페르난도의 결혼으로 이베리아반도의 대부분은 통합되었으며, 이 통합된 나라를 두 사람의 후손들이 물려받았다. 하지만 누가 물려받을지에 대한 문제는 결코 간단하지 않았다.

| 남편을 잃은 후 정신 이상 증세를 보인 후아나.

오랜 경쟁 관계였던 포르투갈 국왕은 이사벨과 페르난도의 장녀와 결혼함으로써 이베리아반도 전역을 손에 넣을 계기를 마련했지만, 이사벨과 아들의 때 이른 죽음 때문에 야망을 실현시키지 못했다. 대신 이 거대한 영토를 손에 넣은 것은 바로 합스부르크 가문이다. 신성로마제국 황제 막시밀리안 1세의 아들인 필리프와 결혼한 후아나는 아들 둘에 딸 넷을 낳았으며 모두 건강하게 성인으로 성장했다.

잉글랜드의 캐서린 왕비가 된 카스티야의 카탈리나.

결국 '가톨릭 공동 군주'가 죽은 뒤 에스파냐는 합스부르크 가문 출신인 카를로스가 물려받았다. 그는 어머니로부터 에스파냐와 에스파냐가 탐험한 신대륙을, 할머니와 아버지로부터 부르고뉴 공작령을, 할아버지로부터는 오스트리아 공작령과 신성로마제국 황제의 지위를 물려받았다. 이 덕분에 합스부르크 가문은 이후 유럽에서 계속 강자로 군림하게 된다.

Chapter 5

이해하는
것부터 난제,
슐레스비하-
홀슈타인

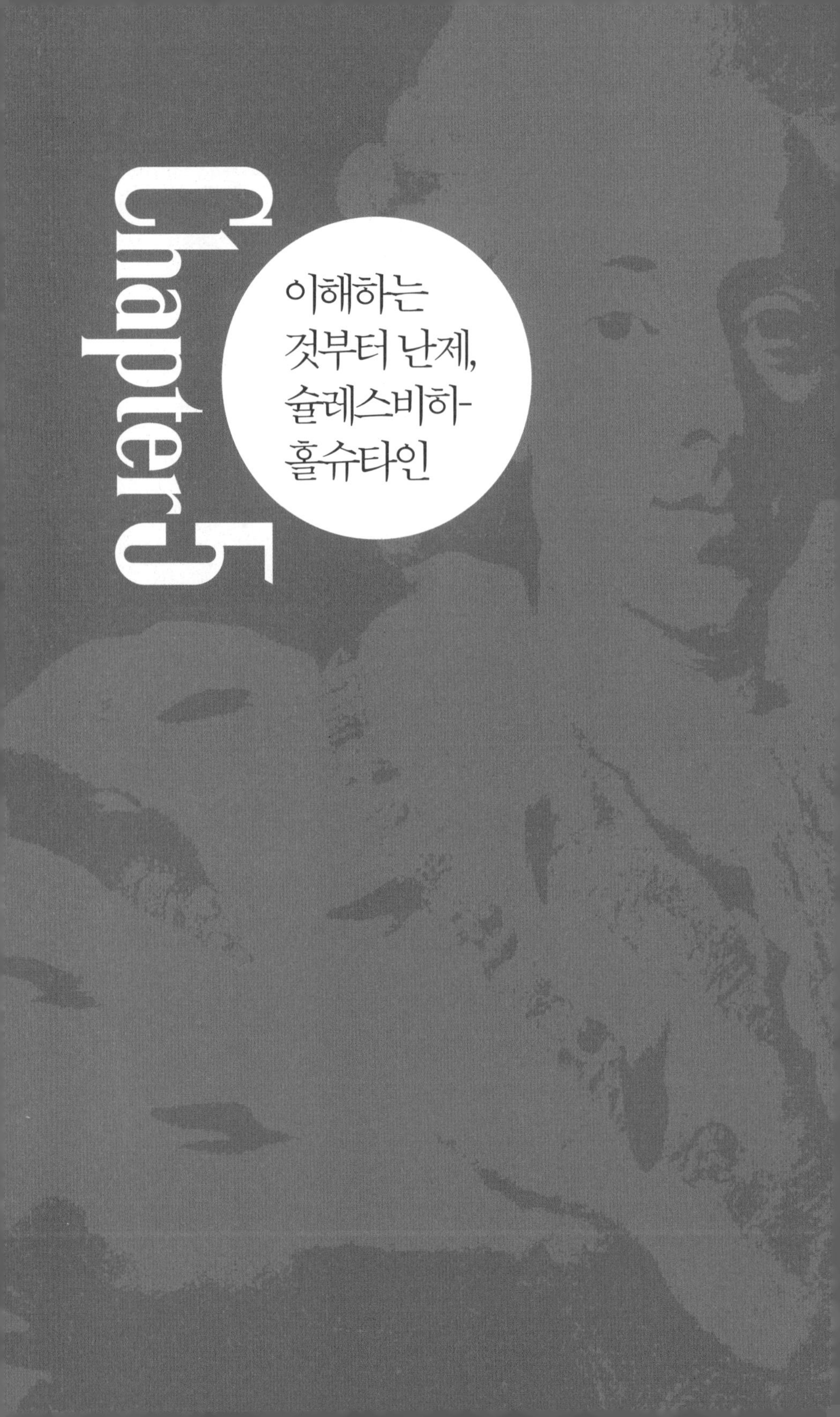

크리스티안 1세Christian I : 재위 1448~1481년. 올덴부르크Oldenburg 가문 출신으로는 첫 덴마크 국왕이었으며, 처음으로 슐레스비히–홀슈타인Schleswig-Holstein 공작이 되었다.

프레데리크 6세Frederik VI : 재위 1808~1839년. 슐레스비히–홀슈타인 문제를 맞닥뜨리고, 이 공작령을 덴마크 국왕의 영지로 만들려 노력한다.

루이세 아우구스타Louise Augusta : 프레데리크 6세의 동생. 혼외정사로 태어났다는 소문이 있었다. 정치적인 것 외에 여러 이유로 프레데리크 크리스티안 2세와 결혼하게 된다.

크리스티안 아우구스트 2세Christian August II : 아우구스텐보르 공작이자 프레데리크 6세의 조카. 1차 슐레스비히 전쟁의 핵심 인물이다. 왕가의 반대를 무릅쓰고 왕가가 아닌 고위 귀족 가문의 여성과 결혼한다.

프레데리크 7세Frederik VII : 재위 1848~1863년. 올덴부르크 가문의 마지막 남성 직계 후손이다. 후계자가 없어 덴마크에 왕위 계승 문제를 초래했으며, 그의 죽음으로 2차 슐레스비히 전쟁이 시작된다.

프레데리크 크리스티안 2세Frederik Christian II : 후에 슐레스비히–홀슈타인 공작이 되고, 루이세 아우구스타와 결혼한다. 2차 슐레스비히 전쟁의 핵심 인물이다.

크리스티안 9세Christian IX : 글뤽스보르Glücksborg 가문 출신의 덴마크 국왕. 슐레스비히–홀슈타인 공작령을 독일에 빼앗기고 만다.

덴마크

영지 상속

크리스티안
1세

덴마크
왕가의 직계
남성
계승자들

계승

프레데리크
6세

크리스티안
아우구스트
2세

혼인

프레데리크
7세

계승

혼인

글릭스보르의
크리스티안
9세

2차 슐레스비히
전쟁 승리

프리드리히
8세

오스트리아-
프로이센 전쟁

프로이센

19세기, 유럽에서 가장 격렬한 분쟁이 일어났던 곳은 바로 유틀란트Jutland반도 인근, 지금의 독일과 덴마크 중간 지역인 슐레스비히-홀슈타인 지역이었다. 대결의 중심은 프로이센을 필두로 하는 독일과 덴마크였다. 슐레스비히-홀슈타인 문제는 정치적, 경제적, 문화적으로 얽혀 있는 데다 각종 계승과 상속 문제까지 맞물려 있어 매우 복잡했다. 게다가 이후 이 분쟁은 유럽의 여러 왕가에도 많은 영향을 미치게 된다.

영국의 외교관이자 정치가였던 파머스턴 경Viscount Palmerston은 슐레스비히-홀슈타인 문제에 대해 이렇게 말하기도 했다. "슐레스비히-홀슈타인 문제를 진정으로 이해한 사람은 단 3명뿐이다. 이미 고인이 된 앨버트 공Prince Albert(영국 빅토리아 여왕의 남편), 미쳐버린 독일 교수, 그리고 이 모든 것에 대해 다 잊어버린 나 자신이다."*

슐레스비히-홀슈타인 지역은 오랫동안 덴마크 왕가인 올덴부르크 가문의 영지였다. 올덴부르크 가문 출신으로 처음 덴마크의 국왕이 된 크리스티안 1세는 외가인 샤우엔부르크Schauenburg(또는 샤움부르크 Schaumburg) 가문으로부터 슐레스비히-홀슈타인 공작령을 물려받게 된다. 원래 샤우엔부르크 가문은 홀슈타인 백작령을 통치하던 가문이었는데, 이후에 결혼을 통해 슐레스비히 공작령도 통치하게 되었다. 슐레스비히 공작령은 원래 덴마크 국왕의 봉토였고, 슐레스비히 공작은 덴마크 국왕의 봉신이었다. 그런데 원래 홀슈타인 백작령은 신성로마제국의 일부였기 때문에, 이 지점에서 정치적 상황이 복잡해졌다.

따라서 덴마크와 신성로마제국이 슐레스비히 공작령을 두고 경쟁하는 상황이 벌어졌고, 이 갈등을 해결하기 위해 1460년에는 리베 조약 Treaty of Ribe이 체결된다. 이 조약에서 양측은 슐레스비히 공작이자 홀슈타인 백작이었던 아돌프 8세Adolf VIII의 조카, 크리스티안 1세가 이 지역을 물려받기로 합의했다. 즉 공작령의 통치권이 덴마크 쪽으로 온 것인데, 신성로마제국 입장에서는 두 눈 멀쩡히 뜨고 영지를 잃을 수는 없었으므로 "홀슈타인은 여전히 신성로마제국의 일부로 남는다"고 조약에 명시했다. 더 중요한 것은 "이 두 지역을 분리하지 않고 하나의 영지로 상속하겠다"는 내용도 포함한다. 이 내용이야말로 후에 분쟁이 벌어졌을 때 가장 중요하게 작용하는 문구가 된다.

---

*Lytton Strachey, 《Queen Victoria》(New York: Blue Ribbon Books, 1928), 197.

✤ 누가 이 영지의 주인이 될 것인가

리베 조약에 의해, 덴마크의 크리스티안 1세는 슐레스비히-홀슈타인 공작으로서 이 지역을 통치하게 되었다. 신성로마제국과의 연합 형태였다. 이후 슐레스비히-홀슈타인 지역은 15세기부터 19세기까지 덴마크 왕가가 통치했으므로 당연히 덴마크의 영토라고 여겨지게 되었지만, 사실 덴마크왕국의 일부는 아니었다.

그러다가 19세기 나폴레옹 전쟁이 끝나고 나서, 신성로마제국이 붕괴되고 독일 연방이 성립되었다. 홀슈타인 지역은 여전히 덴마크 국왕이 공작으로 있는 독일 연방 소속 지역이 되었다. 하지만 나폴레옹 전쟁은 전 유럽에 민족주의Nationalism를 퍼뜨렸다. 민족주의는 점차 영토나 언어, 인종 등을 기준으로 지역들을 묶으려는 통일 운동으로 발전했다. 대표적인 예가 이탈리아나 독일의 통일이다. 그리고 이 슐레스비히-홀슈타인 공작령은 독일의 통일 문제와 매우 밀접한 연관이 있었다.

전 유럽에서 통일 운동이 일어나면서, 슐레스비히-홀슈타인 공작령에 대한 문제가 대두되기 시작한다. 독일 측에서는 당연히 홀슈타인 지역이 독일 연방의 일부이니 독일에 편입되어야 한다고 여겼는데, 사실 슐레스비히의 경우 그렇다고 말하기가 애매했다. 슐레스비히는 덴마크 국왕의 영지

| 덴마크의 크리스티안 1세와 그의 왕비.

이니 엄밀히 따지면 덴마크에 속했기 때문이다. 하지만 리베 조약에 의해 슐레스비히와 홀슈타인은 하나의 단위로 묶여 있었다.

덴마크 측에서는 2개의 지역 모두, 또는 적어도 슐레스비히 공작령이라도 덴마크의 영토라고 주장했고, 독일 측에서는 공작령이 둘로 나뉘어서는 안 된다는 문구를 들어 두 지역 모두 독일에 편입되어야 한다고 주장했다. 그러나 정당한 상속인이었던 덴마크 국왕에게 후계자가 있는 한 독일은 슐레스비히-홀슈타인 지역을 자신의 영토로 편입시킬 명분이 없었다. 그러던 와중 덴마크 왕가에서 점차 왕위 계승 후보가 바닥나기 시작한다.

덴마크 왕가는 크리스티안 1세 이후 지속적으로 남성 직계 후계자에 의해 왕위가 이어졌다. 하지만 18세기 후반이 되면서 남성 후계자가 바닥나기 시작한다. 문제는 덴마크 왕국과 슐레스비히-홀슈타인 공작령의 상속법이 각각 달랐다는 것이다. 덴마크의 경우 여성 후손의 남성 후계자에게도 계승권을 부여하는 세미 살리카 법을 채택했지만, 슐레스비히-홀슈타인 공작령의 경우 온전한 살리카 법을 따르고 있었다. 즉 남성 직계가 단절된다면 덴마크는 가까운 여성 후손의 남성 후계자를 후계자로 선택하게 되는 반면 슐레스비히-홀슈타인 공작령의 경우 덴마크 왕가의 분가에게로 계승권이 돌아가는 상황이었다.

덴마크에서는 고민 끝에 슐레스비히-홀슈타인 공작령을 덴마크 왕위에 속한 영지로 만들려 했다. 상속자가 누가 되건, 덴마크 국왕이 되는 사람이 이 공작령을 상속받도록 하는 것이었다. 그러나 덴마크 왕가의 제1분가인 슐레스비-홀스텐-쉰더보르-아우구스텐보르Slesvig-Holsten-

Sønderborg-Augustenborg 가문(이하 아우구스텐보르 가문)은 반발했다. 덴마크 왕가의 직계가 단절될 경우 아우구스텐보르 가문이 공작령의 상속 권리를 가질 예정이었기 때문이다.

✽ 뚝심 있게 결혼한 아우구스텐보르 공작

아우구스텐보르 가문은 17세기 초에 생겨났다. 덴마크의 국왕 크리스티안 3세Christian III가 아들인 한스Hans den yngre에게 슐레스비히-홀슈타인 공작령의 일부를 상속하면서 한스가 분가를 형성했다. 한스는 아들들에게 다시 자신의 영지를 나누어 상속했으며, 한스의 손자 중 하나였던 에른스트 귄터Ernst Günther I가 아우구스텐보르 가문을 이루게 된다. 이들은 독자적 군주로 행동하기보다는 덴마크 국왕의 통치에 따랐으며, 덴마크 왕가의 분가로 어느 정도의 지위를 누리고 있었다.

이들이 중요해진 것은 덴마크 왕위 계승자가 서서히 바닥나던 때부터다. 덴마크의 국왕 프레데리크 6세는 자신의 여동생인 루이세 아우구스타를 아우구스텐보르 공작의 후계자인 프레데리크 크리스티안 2세와 결혼시켰다. 프레데리크 6세에게 후계자가 없을 경우 루이세의 남성 후손이 덴마크 왕위 계승권을 가지게 되니, 이때 슐레스비히-홀슈타인 공작령을 우선적으로 상속받을 권리가 있는 아우구스텐보르 공작에게 시집을 보낸 것이다. 만약 둘의 아들이 덴마크의 왕위를 이어받게 된다면 자연스럽게 슐레스비히-홀슈타인 공작령 역시 덴마크 국왕의 영지가 될 것이었다. 하지만 루이세가 단지 공작령 소유 문제를 확고히 하기 위해서만 아우구스텐보르 공작과 결혼한 것은 아니었다. 루이세의 친아버지가 국왕이 아닐 수도 있었기 때문이기도 했다.

덴마크 국왕 크리스티안 7세Christian VII는 루이세 아우구스타가 태어났을 때 그녀가 자신의 친딸이라고 인정했다. 하지만 당시 많은 사람들은 루이세가 국왕의 딸이 아니라, 왕비였던 영국의 캐럴라인 마틸다Caroline Matilda가 혼외로 낳은 딸이라고 생각했다. 아이의 아버지로 추정되는 사람은 왕실 의사였던 요한 프리드리히 슈트루엔제Johann Friedrich Struensee였다.

크리스티안 7세에게는 정신적인 문제가 있었다. 슈트루엔제는 궁정 의사로서 국왕의 신뢰를 얻었다. 그러다 왕비의 연인이 되어 궁정을 장악하고 권력자로 부상했다. 하지만 크리스티안 7세의 새어머니였던 율리아나 마리아Juliane Marie 왕비는 이 상황을 주시하고 있다가, 쿠데타를

| 크리스티안 7세(왼쪽)와 루이세 아우구스타 공주(오른쪽).

통해 슈트루엔제를 처형하고 며느리를 아들과 이혼시킨 뒤 추방했다. 이 때문에 많은 이들이 루이세를 슈트루엔제의 딸로 여긴 것이다.

국왕의 딸이 아닐지도 모르는 루이세에게 왕위 계승권이 있는 것이 가장 큰 문제였기 때문에 궁정에서는 그녀를 가장 가까운 분가로 시집 보냈다. 분가에서 아이를 낳는다면 루이세가 국왕의 딸이건 아니건 간에 그녀의 아이는 여전히 왕가의 후손이 되기 때문이었다.

비록 아우구스텐보르 공작과 덴마크 국왕의 사이가 점차 틀어지기는 했지만 아우구스텐보르 공작 가문은 여전히 덴마크 왕가에게 중요한 분가였다. 프레데리크 6세는 결혼을 통해 가문의 결속을 다지려는 목적으로 루이세뿐만 아니라 아우구스텐보르의 카롤린 아말리Caroline Amalie를 자신의 추정계승자이자 사촌이었던 크리스티안(후에 덴마크의 국왕 크리스티안 8세Christian VIII)과 결혼시키기도 했다.

하지만 정작 프레데리크 6세의 조카이자 중요한 왕위 계승 후보자였던 아우구스텐보르 공작 크리스티안 아우구스트 2세는 외삼촌의 반대에도 불구하고 덴마크 고위 귀족 가문 출신의 여성 루이세 소피Louise Danneskiold-Samsøe와 결혼한다. 이로 인해 덴마크 왕가와 아우구스텐보르 공작 가문과의 관계는 더욱 멀어졌을 것이다.

당시 대부분의 유럽 왕가에서는 통치 권력을 쥔 가문과 결혼을 해야 한다고 생각했다. 그런데 덴마크의 중요한 왕위 계승 후보인 아우구스텐보르 공작이 통치 가문의 딸이나 그 출신의 여성이 아니라 귀족 가문의 딸과 결혼했으니, 옳지 않은 일이라고 여겼을 것이다. 실제로도 이런 일로 인한 갈등이 흔했는데, 후대에 빅토리아 여왕의 딸인 비어트리스 공주Princess Beatrice가 바텐베르크Battenberg 가문의 남자와 결혼했을 때도 사돈이었던 프로이센 왕가에서 이 결혼을 매우 비난한 바 있었다. 빅토리아 여왕이 예뻐한 사위였던 프리드리히Friedrich III조차도 이에 대해서 부정적으로 이야기하는 바람에, 여왕이 사돈 가문뿐만 아니라 사위에게까지 마음이 상했을 정도였다.

이런 상황으로 인해 아우구스텐보르 공작은 궁정 내에서 점점 입지가 좁아졌던 것으로 보인다. 프레데리크 6세는 조카를 못마땅하게 생각했으며 처제가 시집갔던 덴마크 왕가의 또 다른 분가, 글뤽스보르 가문에 관심을 돌리게 되었다. 특히 프레데리크 6세의 왕비인 헤센-카셀의 마리Marie von Hessen-Kassel는 제부가 일찍 사망하자, 글뤽스보르 가문의 어린 조카들을 궁정에 데리고 와서 돌보기도 했다. 후에 글뤽스보르 가문 출신으로 덴마크 국왕이 되는 크리스티안 9세는 이때부터 덴마크 궁정에서 성장했으며, 성장해서 고향으로 돌아간 다른 형제들과 달리 덴마크에서 계속 지냈다. 1842년에는 국왕 크리스티안 8세의 조카였던 헤센-카셀의 루이세Luise von Hessen-Kassel와 결혼함으로써 덴마크의 강력한 왕위 계승 후보자가 된다.

✱ 영지 위에 불어온 민족주의의 바람

유럽에 불어닥친 민족주의는 슐레스비히-홀슈타인 문제를 더욱 심각한 상황으로 몰고 갔다. 아우구스텐보르 공작이었던 크리스티안 아우구스트 2세는 점차 홀슈타인과 슐레스비히가 모두 독일에 포함된다는 독일의 의견에 동조하게 된다. 그는 당대 많은 사람들처럼 같은 언어를 기반으로 하는 지역들이 하나로 뭉쳐야 한다고 생각했다. 반면 덴마크에서는 슐레스비히 공작령이 덴마크 국왕의 봉토였으므로 적어도 슐레스비히 공작령은 덴마크에 귀속되어야 한다고 생각했다. 프레데리크 6세나 크리스티안 8세는 더욱 강경한 입장이었는데, 두 공작령 모두 덴마크 국왕이 다스리는 영토에 포함되어야 한다고 주장했다.

1848년 크리스티안 8세가 사망하면서, 슐레스비히-홀슈타인이 독일에 편입되어야 한다고 주장한 사람들이 덴마크 정부에 대해 반란을 일으켰다. 덴마크의 왕위 계승 권리를 가지고 있던 크리스티안 아우구스트 2세는 베를린으로 가서 도움을 청했고, 이미 슐레스비히-홀슈타인 공작령을 노리고 있었던 프로이센은 그를 적극적으로 돕는다. 이렇게 제1차 슐레스비히 전쟁이 시작된다.

덴마크와 프로이센 사이의 이 전쟁은 3년간 이어졌는데, 결과는 덴마크의 승리였다. 가장 큰 원인은 프로이센이 독단적으로 이 문제에 개입했기 때문이었다. 국제 사회는 프로이센을 비난했다. 영국은 물론, 러시아 황제도 프로이센을 비난했다. 뿐만 아니라 덴마크와 같은 북유럽 국가였던 스웨덴은 덴마크를 적극적으로 지원했다. 프로이센은 덴마크에 패배할 수밖에 없었다.

결국 1852년 런던에서 제1차 슐레스비히 전쟁을 해결하기 위한 회의가 열렸으며, 여기에서 크리스티안 아우구스트 2세는 슐레스비히-홀슈타인 공작령의 상속권을 포기하는 대신 덴마크에서 돈을 받기로 했다. 이렇게 문제의 슐레스비히-홀슈타인 지역은 덴마크에 귀속되는 것처럼 보였다.

| 1차 슐레스비히-홀슈타인 전쟁 후 개선하는 덴마크 군.

그러나 잠잠해진 것처럼 보였던 이 문제는 왕위 계승 문제와 연결되며 다시 한 번 수면 위로 떠오른다. 당시 덴마크 왕가에서 남성 직계 후손은 프레데리크 7세뿐이었는데, 그에게 제대로 된 후계자가 없어 상황이 매우 복잡해졌기 때문이다. 당시 가장 유력한 왕위 계승 후보였던 아우구스텐보르 공작은 독일 편에 서서 덴마크와 전쟁을 하고 있었다. 이런 그가 덴마크 국왕이 된다는 것은 말도 안 되는 소리였으므로 그와 그의 후손은 계승 후보에서 제외되었다.

그다음으로 유력한 계승자는 크리스티안 8세의 여동생이었던 루이세 샤를로트Louise Charlotte의 자녀들인 헤센-카셀 가문 사람들이었다. 그 뒤는 글뤽스보르 가문 사람들이었다. 글뤽스보르 가문은 왕가의 방계였지만 아우구스텐보르 공작 가문보다 순위가 낮았으며, 외할머니가 덴마크 공주였기에 어머니가 덴마크 공주였던 헤센-카셀 가문보다 친척 관계가 멀었다. 그러나 글뤽스보르 가문의 크리스티안이 헤센-카셀 가문의 루이세와 결혼하면서 상황은 바뀌게 된다.

비록 계승 순위는 낮았지만, 아우구스텐보르 가문은 덴마크에서 반역자 가문이 된 반면 글뤽스보르 가문의 크리스티안은 제1차 슐레스비히 전쟁에서 덴마크 측으로 전투에 참여하기까지 했다. 게다가 그의 아내인 헤센-카셀의 루이세는 덴마크의 크리스티안 8세의 조카로, 왕위 계승에 가장 가까운 후계자이기도 했다.

글뤽스보르의 크리스티안이 덴마크 왕위의 추정계승자가 되자, 당연히 아우구스텐보르 가문에서 반발이 일어났다. 아우구스텐보르 공작이었던 크리스티안 아우구스트 2세의 아들 프레데리크는 아버지가 돈을 받고 슐레스비히-홀슈타인 공작령에 대한 권리를 포기하기는 했지만, 그것은 자신의 권리를 포기한 것이지 후손들의 권리까지 버린 것은 아니라고 주장했다. 그는 아버지의 뒤를 이어 슐레스비히-홀슈타인 공작령을 상속받을 권리를 주장한다. 특히 덴마크의 국왕이 바뀔 경우 살리카 법에 따라 제1분가의 후손인 자신이 바로 상속자라고 주장한다. 덴마크 측에서는 그의 주장이 말도 안 되는 소리라고 생각했지만, 독일 측의 입장은 달랐다.

✱ 독일 통일의 시작이 된 슐레스비히 전쟁

1863년 프레데리크 7세가 사망하고, 글뤽스보르 가문의 크리스티안이 국왕 크리스티안 9세Christian IX로 즉위했다. 아버지의 지위를 물려받아 아우구스텐보르 공작이 된 프레데리크는 자신이 슐레스비히-홀슈타인 공작령을 상속받아야 한다는 주장을 굽히지 않았다. 이에 프로이센을 중심으로 하는 독일의 여러 지역들이 프레데리크의 주장에 힘을 실어주었다.

1864년 1월 비스마르크Otto von Bismarck는 아우구스텐보르 공작을 지원하기 위해 다시 한 번 슐레스비히-홀슈타인 공작령을 침공한다. 이것이 제2차 슐레스비히 전쟁이다. 그러나 두 번째 전쟁은 첫 번째 전쟁과 매우 다른 양상을 보였다. 먼저 프로이센은 독단적으로 전쟁에 뛰어들지 않고 오스트리아를 끌어들였는데, 오스트리아 역시 전쟁에 적극적으로 개입했다. 그리고 이전에 프로이센을 비난했던 영국과 러시아가 중립을 취함으로써 실질적으로 프로이센을 지지하는 결과를 낳는다. 결국 덴마크는 패했으며, 슐레스비히-홀슈타인 공작령을 빼앗기고 만다.

아우구스텐보르 공작 프레데리크는 이제 슐레스비히-홀슈타인 공작 프리드리히 8세가 되었지만, 이 지위는 오래가지 못했다. 오스트리아와 프로이센이 이 공작령을 아예 없애기로 결정한 것이다. 이후 벌어진 오스트리아-프로이센 전쟁으로 인해 결국 슐레스비히-홀슈타인 지역은 프로이센왕국에 편입되었고, 프리드리히 8세는 영지 없는 군주 신세가 된다. 프로이센에서는 자신들의 왕국을 이을 계승자를 아우구스텐보르 공작의 딸과 결혼시킴으로써 공작에게 작은 보상을 해주었다.

이 전쟁으로 인해 덴마크는 막대한 피해를 입었다. 덴마크 영토 중 3분의 1이나 차지하는 슐레스비히–홀슈타인 지역을 한순간에 빼앗겼을 뿐만 아니라, 북유럽의 중요한 경제적 요충지였던 슐레스비히–홀슈타인 공작령의 중심 도시 킬Kiel을 빼앗김으로써 경제적으로도 심각한 타격을 입었다. 또 난민들이 엄청나게 발생했다. 덴마크는 전쟁 이후 오랫동안 힘든 상황을 겪어야 했다.

2차 슐레스비히 전쟁으로 가장 득을 본 세력은 바로 프로이센이었다. 프로이센은 오스트리아와 함께 슐레스비히 전쟁에 참전해 슐레스비히–홀슈타인 공작령을 장악했으며, 이후 오스트리아와의 패권 전쟁에서 승리함으로써 프로이센 중심의 독일 통일을 이룩했다. 독일에서 밀려난 오스트리아제국은 이제 오스트리아와 헝가리 등을 중심으로 하는

| 2차 슐레스비히–홀슈타인 전쟁 중 1864년 전투에서의 덴마크 군.

형태로 재편될 수밖에 없
었다.

슐레스비히-홀슈타인
문제는 전쟁이 끝난 뒤에
도 유럽 왕가에 계속 분란
거리를 만들어냈다. 크리
스티안 9세의 큰딸 알렉산
드라Alexandra는 영국의 왕
위 계승자인 앨버트 에드
워드Albert Edward(후일 에드
워드 7세Edward VII)와 결혼
했으며, 둘째 딸인 다우마

| 아우구스텐보르의 프레데리크(슐레스비히-홀슈타인의 프리드리히 8세).

Dagmar는 러시아의 황태자인 알렉산드르 알렉산드로비치 대공Alexander Alexandrovich(후에 알렉산드르 3세Alexander III)과 결혼했다. 두 공주는 시어머니인 빅토리아 여왕과 시아버지인 러시아의 알렉산드르 2세에게 덴마크를 도와달라고 늘 이야기했지만, 중립으로 남기를 원했던 두 군주는 부탁을 들어주지 않았다. 그럼에도 불구하고 두 공주는 각 남편들에게 강한 영향력을 행사했는데, 이 때문에 러시아 황실과 영국 왕실에서는 독일에 대한 반감을 갖게 되었다. 빅토리아 여왕의 셋째 딸인 헬레나 공주Princess Helena가 프리드리히 8세의 동생과 결혼하겠다고 하자, 프로이센으로 시집간 공주와 덴마크로 장가간 왕자가 결혼 찬성과 반대를 놓고 편을 갈라 싸웠을 정도였다.

슐레스비히-홀슈타인 지역을 놓고 벌어진 갈등을 전체적으로 볼 때 아우구스텐보르 가문의 역할이 가장 중요했다고 할 수 있다. 이들은 덴마크 출신으로 오래도록 덴마크에서 제1분가의 자리를 지켰다. 아우구스텐보르 공작들은 자신의 상속 권리를 지키기 위해 유럽에서 유행하던 민족주의를 이용했지만, 그것이 도리어 가문의 몰락을 초래하고 말았다. 아우구스텐보르 공작은 덴마크에서는 반역자, 독일에서는 영지 없는 군주가 되었다. 더욱 허무한 사실은 그가 슐레스비히-홀슈타인 지역을 얻기 위해 이렇게 싸웠음에도, 프리드리히 8세의 손자 대에 오자 후계자가 단절되었으며 이후 공작령의 상속 권리는 글뤽스보르 공작 가문에게 다시 돌아가게 된다는 점이다.

유럽의 할아버지, 크리스티안 9세

덴마크의 크리스티안 9세는 결혼을 통해 덴마크의 왕위를 얻었을 뿐만 아니라, 자녀들이 유럽의 여러 왕가와 결혼하면서 유럽의 군주들 대부분이 그의 후손이 되었기에 "유럽의 할아버지"라는 별명으로 불리기도 한다.

크리스티안 9세의 자녀들 중 가장 유명한 사람은 큰딸이었던 알렉산드라일 것이다. 알렉산드라는 빅토리아 여왕의 장남이자 후계자

| "유럽의 할아버지" 크리스티안 9세.

였던 웨일스 공 앨버트 에드워드(후에 에드워드 7세)와 결혼했는데, 이 결혼은 크리스티안 9세의 가문에 굉장한 행운을 가져왔다.

알렉산드라가 영국의 왕위 계승자와 결혼할 수 있었던 것은 순전히 그녀의 미모 덕분이었다. 알렉산드라는 매우 아름답기로 소문이 자자했다. 그런데 아들의 신붓감을 찾고 있던 빅토리아 여왕과 앨버트 공이 그 소문을 듣게 된 것이다. 당시 알렉산드라는 아버지가 덴마크 왕위의 추정계승자이긴 했지만 그다지 부유하거나 영향력 있는 가문 출신이 아니었다. 따라서 그녀가 영국 왕실의 며느리가 될 것이라고는 아무도 기대하지 않았다.

빅토리아 여왕과 앨버트 공은 일단 독일의 공주들 중에 신붓감을 찾아보았지만 혼담이 성사되지 않았다. 그런데 앨버트 에드워드가 여성과 부적절한 관계를 맺고 있다는 스캔들이 돌면서 서둘러 누군가와 결혼을 시켜야 하는 상황에 몰리게 된다. 여왕과 앨버트 공은 알렉산드라를 만난 뒤 그 미모에 반해 바로 결혼을 성사시켰다.

다정다감하고 아름다운 알렉산드라는 뛰어나게 똑똑한 여성은 아니었다. 어린 시절 당대 왕족들의 삶과는 다소 거리가 있는 가족적인 삶을 즐겼기 때문에, 알렉산드라 역시 남편과 그런 삶을 원했다. 하지만 앨버트 에드워드는 화려한 사교계의 생활을 좋아하는 사람이었으며 똑똑하고 재치 있는 여성을 원했다. 알렉산드라는 남편에게 원하는 만큼의 애정을 얻지 못했고, 사회적 지위와 체면 때문에 바람둥이 남편을 용인하며 살아야 했다.

다음으로 유명한 자녀는 둘째 딸인 러시아의 마리야 표도로브나

Maria Feodorovna 황태후다. 덴마크에서는 다우마라는 이름으로 불리던 그녀는 러시아의 황제 알렉산드르 3세와 결혼하면서 정교회로 개종하고 정교회식 이름을 받았다. 언니와는 달리 마리야 표도로브나 황후는 아주 행복한 결혼 생활을 했다. 알렉산드르 3세는 아내를 매우 사랑했으며, 로마노프Romanov 가문에서 처음으로 정부情婦를 두지 않았던 황제로 알려져 있다. 하지만 마리야 표도로브나가 더 유명한 이유는 러시아의 마지막 황제 니콜라이 2세가 그녀의 아들이기 때문이다.

혁명 후, 마리야 황태후는 아들 가족이 유폐된 뒤 간신히 도망쳤다. 황태후는 아들과 그 가족의 죽음을 절대 인정하지 않으려 했다. 시신이 발견되지 않았으니 아마 어디에선가 아들과 그 가족이 무사히 숨어 있다고 믿고 싶었을 것이다. 영화나 애니메이션에서 보여주는 것과는 달리* 자신이 죽음에서 도망친 황태후의 손녀나 손자라고 주장하는 사람들은 모두 황태후를 만날 수 없었다. 그녀가 결코 아들 가족의 죽음을 인정하지 않았기 때문이다.

황태후는 친정인 덴마크에서 살다가 사망했으며, 덴마크에 묻혔다. 하지만 2006년, 아름다운 신부로 덴마크를 떠나 러시아에 발을 디딘 지 100년도 더 지난 후에 황태후는 다시 상트페테르부르크로 이장되었다. 그리고 유언대로 사랑하는 남편 곁에 묻혔다.

딸들보다 덜 알려져 있긴 하지만 크리스티안 9세의 큰아들과 둘째 아들은 모두 국왕이 되었다. 큰아들인 프레데리크 8세Frederik VIII는 아버

---

*1956년에 나온 영화인 〈아나스타시아Anastasia〉가 이 이야기를 다루고 있다. 잉그리드 버그만Ingrid Bergman 과 율 브리너Yul Brynner가 연기했다. 애니메이션으로는 1997년에 나온 〈아나스타샤Anastasia〉가 있다.

CH. BERGAMASCO   ST. PETERSBOURG.

| 알렉산드라 왕비와 마리야 표도로브나 황후.

지의 뒤를 이어 덴마크의 국왕이 되었고, 둘째 아들 빌헬름Prince William
은 아버지보다도 먼저 그리스에서 국왕이 되었다. 이후 빌헬름은 그리
스에서 게오르기오스 1세Georgios I라는 이름으로 널리 알려졌으며, 복잡
한 그리스 근현대사에서 가장 성공적으로 국가를 통치한 군주로 평가받
고 있다. 그의 후손들 역시 유럽의 여러 왕가와 결혼했는데, 영국의 엘
리자베스 2세의 남편인 필립 공Philip Mountbatten도 게오르기오스 1세의
손자 중 하나다.

크리스티안 9세의 막내딸 티라Thyra는 언니들보다 화려한 삶을 살지
는 않았다. 언니들이 유명한 가문으로 시집을 가고 오빠 빌헬름이 이미
국왕이었으므로, 티라에게도 여러 가문으로부터 혼담이 들어왔다. 하지
만 티라는 근위대 장교와 사랑에 빠져 일찍 미혼모가 되었다. 이런 경우
왕가에서는 보통 딸들을 멀리 보내 아이를 낳게 한 뒤 어디 적당한 곳으
로 시집을 보내는 것이 관례였는데, 티라는 오빠가 국왕으로 있던 그리
스로 가서 아이를 낳았다고 한다.

이후 티라는 정치적 목적으로 하노버의 왕태자*와 결혼한다. 하노
버는 독일이 통일되는 과정에서 왕국의 지위를 빼앗겼기 때문에 프로이
센에 대한 반감이 심했는데, 덴마크 왕가 역시 슐레스비히-홀슈타인 문
제 때문에 프로이센에 대한 반감이 심했으므로 티라를 하노버 가문으로
시집보낸 것이다. 티라는 남편과 행복한 결혼 생활을 했으며, 평생 독일

---

*사실 황태자와 왕태자는 영어로 모두 Crown Prince라고 표기된다. 이 책에서는 구별을 위해 후계자가
황제의 아들인 경우 황태자, 국왕의 아들인 경우 왕태자로 표기했다. 왕자는 국왕의 아들들을 통칭하는
말이다.

에 나쁜 감정을 가졌던 다른 형제들과 달리 독일에 살면서 프로이센 왕가에 호의적으로 변했다. 독일 황제 빌헬름 2세Wilhelm II의 딸인 루이제 빅토리아Luise Viktoria를 며느리로 맞을 정도였다.

크리스티안 9세의 막내아들인 발데마르Valdemar는 형과 마찬가지로 여러 왕국이 독립할 때 국왕 후보로 자주 거론되었지만, 복잡한 정치 상황 때문에 그냥 덴마크의 왕자로 살게 되었다. 그는 덴마크 해군으로 복무했고, 매우 진보적이었던 여성인 마리 도를레앙Marie d´Orléans과 결혼했다. 마리 도를레앙은 왕족이었던 자녀들을 공립학교에 다니게 했고, 가족과 자선사업에 매우 헌신적이었다고 한다.

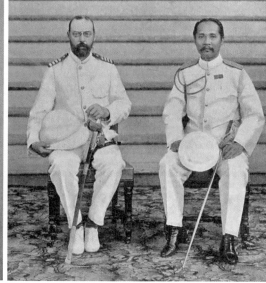

| 막내딸 티라와 막내아들 발데마르(사진 속 왼쪽).

젊은 시절, 크리스티안 9세는 왕위 계승과 먼 인물이었다. 그의 자녀들 역시 어린 시절에는 왕가의 자녀들에게 강요되는 엄격한 삶보다는 좀 더 가족적이고 자유로운 삶을 누렸다. 덕분에 크리스티안 9세의 자녀들은 매우 강하게 결속되어 있었으며, 모두 성장한 후에도 마찬가지였다. 영국, 러시아, 그리스로 뿔뿔이 흩어진 가족들은 자주 덴마크에서 가족 모임을 가졌다. 이런 문화가 크리스티안 9세의 자녀들과 그 배우자들, 그 후손들에게도 매우 큰 영향을 미쳤다.

| 1880년대 크리스티안 9세의 가족 모임.

PART 2

왕좌의 게임,
승자는
누구인가

Chapter 6

내 땅은
내가 지킨다,
여백작
마르가레테

마인하르트 2세Meinhard II : 티롤Tyrol의 백작. 결혼 동맹을 통해 케른텐 Kärnten 공작령을 얻는 등 자신의 세력을 불리려는 꿈을 이루어나간다.

루돌프 1세Rudolf I : 재위 1273~1291년. 합스부르크 가문 출신의 첫 독일 국왕. 마인하르트 2세와 결혼 동맹을 맺는다.

하인리히Heinrich : 마인하르트 2세의 아들로, 케른텐 공작이자 티롤의 백작이 었다. 보헤미아 국왕 자리에 오를 기회가 2번 있었으나 모두 다른 사람에게 빼앗기고 마는 불운의 인물.

알브레히트 1세Albrecht I : 루돌프 1세의 아들. 티롤 백작의 딸 엘리자베트 Elizabeth와 결혼하고, 처남인 하인리히와 보헤미아 왕위를 두고 다툼을 벌인다.

하인리히 7세Heinrich VII : 재위 1312~1313년. 룩셈부르크Luxembourg 가문 출신의 신성로마제국 황제. 티롤 백작 가문의 하인리히를 쫓아내고 자신의 아들을 보헤미아 국왕으로 만든다.

요한 하인리히Johann Heinrich : 룩셈부르크 가문 사람으로, 여백작 마르가레테의 첫 번째 남편이다.

티롤의 마르가레테Margarete von Tirol-Görz : 불운한 하인리히의 딸로. 티롤 백작령의 상속녀가 된다. 남편을 쫓아내고 스스로 영지를 지키는 길을 개척하려 한다.

브란덴부르크의 루트비히Ludwig der Brandenburger : 비텔스바흐Wittelsbach 가문 출신. 마르가레테의 두 번째 남편이다. 즉위 후에 루트비히 5세Ludwig V가 된다.

루돌프 4세Rudolf IV : 합스부르크 가문 출신. 마르가레테가 티롤의 후계자로 선정하는 인물이다.

권력의 이동

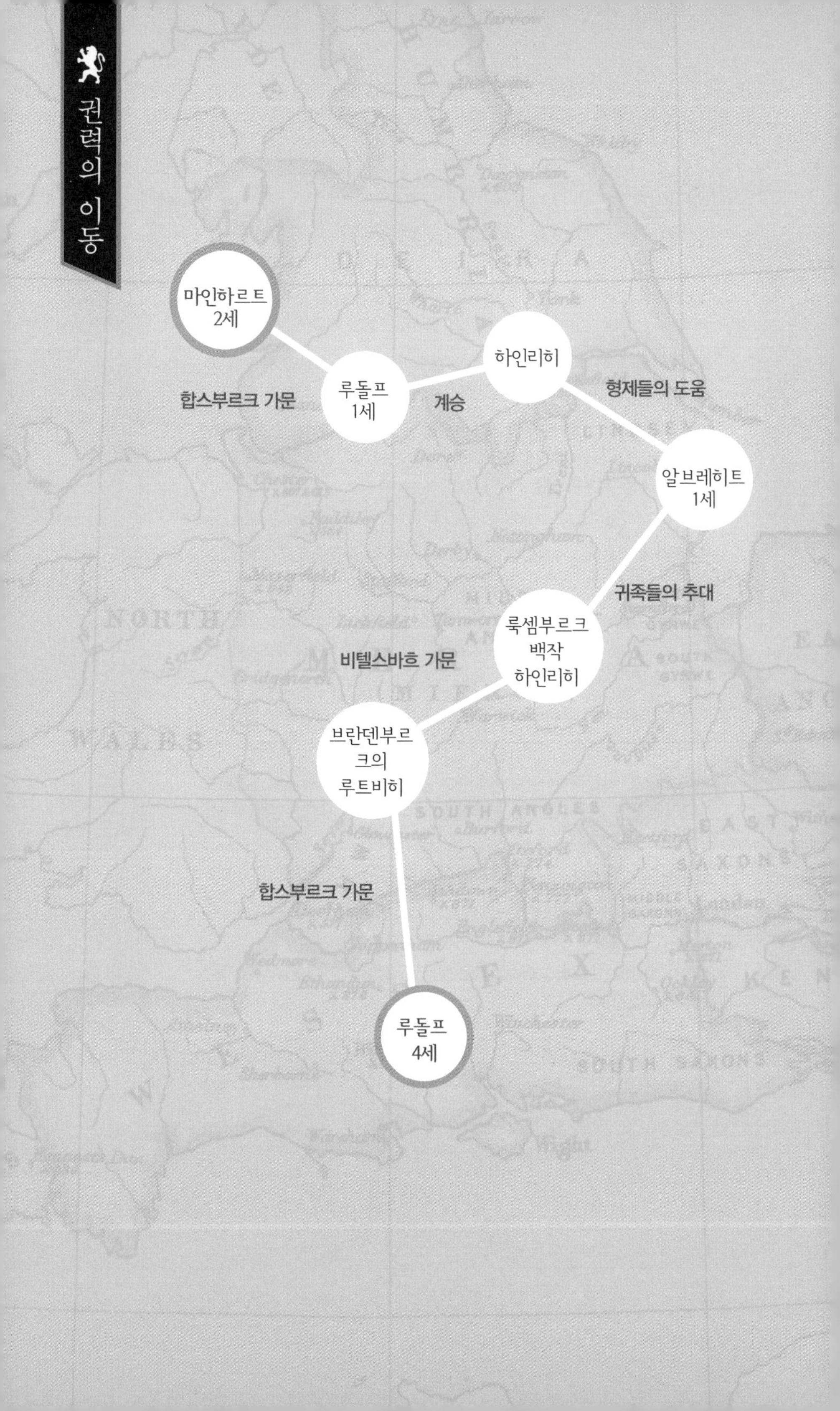
마인하르트 2세
합스부르크 가문
루돌프 1세
계승
하인리히
형제들의 도움
알브레히트 1세
귀족들의 추대
룩셈부르크 백작 하인리히
비텔스바흐 가문
브란덴부르크의 루트비히
합스부르크 가문
루돌프 4세

13세기에 호엔슈타우펜 가문이 몰락한 뒤, 독일 내에서는 여러 제후들이 주도권을 장악하기 위해 치열하게 다툼을 벌이고 있었다. 당시 세력이 강했던 비텔스바흐 가문이나 룩셈부르크 가문은 물론, 새롭게 부상하고 있던 합스부르크 가문도 이 다툼의 중심에 있었다. 특히 합스부르크 가문은 다양한 가문과 유대함으로써 자신들의 세력을 강화하고 있었으며, 혼인 관계를 통해 오스트리아와 스위스, 독일의 중요한 영지들까지 손에 넣을 수 있었다.

티롤 지역은 현재 오스트리아 남부와 이탈리아 북부에 해당하는 지역으로, 오래전부터 독일과 이탈리아를 잇는 중요한 지역 중 하나였다. 신성로마제국의 황제였던 오토 1세Otto I가 이 티롤 지역을 통해 이탈리아로 가서 황제로 대관을 했고, 이후의 황제들도 주로 티롤 지역을 거쳐 이동하게 되면서 이 지역의 중요성은 더욱 커졌다.

✽ 마인하르트 2세의 원대한 야망

13세기 티롤 지역을 통치하던 마인하르트 2세는 동맹을 통해 자신의 세력을 크게 확대하려는 야망을 품었다. 이를 위해 당시 많은 경우처럼 결혼을 통해 동맹을 맺었다. 그가 선택한 결혼 상대는 비텔스바흐 가문에서 태어나 호엔슈타우펜 가문으로 시집을 간 바이에른의 엘리자베트Elisabeth von Bayern였다.

엘리자베트는 바이에른 공작 오토 2세Otto II의 딸로, 원래는 호엔슈타우펜 가문 출신이자 황제 프리드리히 2세의 아들인 독일의 국왕 콘라트 4세와 결혼을 했다. 그러나 그가 아들인 콘라딘만을 두고 일찍 사망하면서, 엘리자베트는 갑작스럽게 과부가 되었다. 마인하르트 2세는 엘리자베트와의 결혼을 서둘러 추진했다. 그녀와 결혼한다면 마인하르트 2세에게는 비텔스바흐 가문은 물론 호엔슈타우펜 가문과도 동맹을 맺을 수 있는 기회가 생기기 때문이었다. 마인하르트 2세의 야망은 콘라딘이 시칠리아로 가서 왕위를 얻으려고 시도했을 때 절정에 이르렀지만, 측근의 배신으로 콘라딘이 허

| 야망이 컸던 남자, 마인하르트 2세.

망하게 죽고 호엔슈타우펜 가문이 몰락하면서 그 불꽃은 헛되이 사그라들어 버린다.

의붓아들의 죽음 뒤, 마인하르트 2세는 새로운 동맹을 찾아 나섰다. 다음 동맹은 당시 새로운 강자로 떠오르고 있던 합스부르크 가문이었다. 독일 중부 지방의 작은 백작 가문이었던 합스부르크 가문은 결혼을 통해 점차 세력을 넓혀가고 있었으며, 마인하르트 2세 때에 이르러서는 독일에서 중요한 세력으로 자리를 잡은 상태였다. 마인하르트 2세는 자신의 장녀였던 엘리자베트를 당시 합스부르크 가문의 수장이었던 루돌프 1세의 장남 알브레히트와 결혼시켰다. 이 결혼은 합스부르크 가문에게도 나쁘지 않았다. 엘리자베트의 외가는 독일 내에서 매우 큰 영향력을 가지고 있던 바이에른 공작 가문이었으며, 합스부르크 가문에서는 이런 가문과의 연결고리가 절실히 필요했기 때문이다.

루돌프 1세와의 동맹으로 마인하르트 2세는 마침내 야망을 이루게 된다. 루돌프 1세는 독일의 국왕이라는 자신의 지위를 확고히 하기 위해 여러 경쟁자들과 전쟁을 치렀다. 마인하르트 2세는 전쟁에서 루돌프 1세의 편에 서서 싸웠으며, 루돌프 1세는 자신을 지지한 마인하르트 2세에게 중요한 영지 중 하나였던 케른텐 공작령(현재 남부 슬로베니아와 남부 오스트리아 지역)을 주었다. 마인하르트 2세는 케른텐 공작으로 지위가 더 올라가게 되었고, 이탈리아 북부와 오스트리아 남부 전체 지역을 통치하는 영주로 성장하게 된다.

이런 연합은 자식들 대에서도 지속된다. 마인하르트 2세의 아들 하인리히는 아버지가 죽은 뒤 형들과 함께 영지를 공동으로 통치했다. 그

| 정략결혼한 티롤의 엘리자베트(왼쪽)와 알브레히트 1세(오른쪽).

리고 매형인 합스부르크의 알브레히트를 도와주었다. 합스부르크 가문
은 루돌프 1세가 죽고 나서 영향력을 잃고 독일의 국왕 지위를 다른 가
문에게 빼앗겨버린 상황이었다. 알브레히트는 다시 독일의 국왕이 되려
고 노력했는데, 이때 하인리히와 형제들의 도움 덕분에 지위를 되찾고
알브레히트 1세가 될 수 있었다.

　　하지만 이들의 동맹은 보헤미아의 국왕 바츨라프 3세Václav III가 후
계자 없이 사망하면서 깨지고 만다. 바츨라프 3세는 합스부르크 가문뿐
만 아니라 티롤 백작 가문과도 친인척 관계였다. 바츨라프 3세가 사망
할 당시 하인리히는 보헤미아에 있었으며, 보헤미아 귀족들은 하인리히
를 국왕으로 선출했다. 하지만 알브레히트 1세는 보헤미아의 왕위를 자
신의 장남인 루돌프Rudolf에게 주기를 원했다.

결국 알브레히트 1세는 보헤미아로 군대를 보내 수도 프라하를 점령하고 하인리히를 쫓아냈으며, 아들을 보헤미아의 국왕으로 즉위시켰다. 이후 합스부르크 가문과 티롤 백작 가문 사이는 멀어지게 된다. 하지만 얼마 지나지 않아 보헤미아의 국왕이 된 루돌프가 사망하고, 보헤미아의 귀족들은 다시 한 번 하인리히를 국왕으로 선출했다. 하인리히는 드디어 왕위에 오르나 싶었겠지만, 또다시 독일의 국왕에게 왕위를 빼앗긴다.

합스부르크 가문은 알브레히트 1세가 1308년 살해당하고 나서 독일의 왕위를 잃고 세력도 줄었다. 알브레히트 1세의 뒤를 이어 독일의 국왕이 된 룩셈부르크 백작 하인리히(후에 하인리히 7세로 신성로마제국의 황제가 된다) 역시 보헤미아 왕위를 자신의 가문이 이어가길 바랐다. 그는 자신의 아들인 요한Johann von Luxemburg을 바츨라프 3세의 여동생과 결혼시켰는데, 보헤미아의 귀족들이 요한에게 지지를 보내자 이것을 근거로 군대를 이끌고 와서 자신의 아들을 왕위에 올렸다. 케른텐 공작 하인리히는 다시 보헤미아의 왕위에서 쫓겨나고 만다. 불운한 인물이 아닐 수 없다.

✠ 세상을 놀라게 한 마르가레테와 요한 하인리히의 스캔들

티롤의 하인리히에게는 아들이 없었기 때문에 외동딸인 마르가레테에게 자신이 통치하던 영지 모두를 상속하려 했다. 하인리히는 마르가레테의 상속을 확고하게 만들기 위해 자신의 옛 숙적과 손을 잡았다. 보헤미아의 국왕 요한의 셋째 아들 요한 하인리히와 마르가레테를 결혼시키려 한 것이다. 당시 황제였던 루트비히 4세Ludwig IV에게 대항할 만한 세력을 가지고 있던 룩셈부르크 가문을 자신의 편으로 끌어들일 심산이었다. 룩셈부르크 가문 역시 이 혼담에 긍정적이었는데, 결국 마르가레테의 자녀들은 룩셈부르크 가문의 후손이 되므로 티롤을 가문의 영지로 만들 수 있는 기회였기 때문이다.

1330년 황제 루트비히 4세의 허락을 받은 뒤, 룩셈부르크의 요한 하인리히는 티롤 백작령의 중심 도시인 인스부르크Innsbruck로 왔다. 이

| 티롤의 마르가레테.

도시에서 8살의 신랑과 12살의 신부가 결혼식을 올렸다. 기록들에 따르면 이 어린 부부는 처음 만났을 때부터 서로를 무척 싫어했다고 한다.

그러나 하인리히의 바람과는 달리, 그의 사망과 동시에 티롤 지역을 두고 복잡한 권력 투쟁이 생겼다. 당시 합스부르크 가문과 비텔스바흐 가문은 여전히 다투고 있었으며 독일 왕위에서 한 발짝 떨어져 있던 룩셈부르크 가문 역시 여전히 독일 내에 세력을 확장하려 하고 있었다. 하인리히가 죽은 뒤 황제 루트비히 4세는 케른텐 공작령을 합스부르크 가문에게 준다.

황제는 왜 공작령을 다른 가문에 주었을까? 원래 티롤 백작이 케른텐 공작령을 받을 때, 티롤 가문의 남성 직계가 단절될 경우 영지가 다시 합스부르크 가문으로 귀속된다는 내용의 협정을 맺은 바 있었다. 그런데 후계자로 여성인 마르가레테밖에 남지 않게 되자, 당시 오스트리아 공작이었던 알브레히트 2세Albrecht II가 협정 내용을 들어 케른텐 공작령을 반환하라고 주장했다. 황제 루트비히 4세는 합스부르크 가문을 달래 자기편으로 끌어들이기 위해 알브레히트의 손을 들어준 것이었다.

비록 마르가레테는 케른텐 공작령을 빼앗기긴 했지만, 티롤 백작령만은 상속받을 수 있게 되었다. 남편이 룩셈부르크 가문 출신인 덕분이었다. 마르가레테의 시아버지 요한은 며느리가 상속 영지를 모두 빼앗기는 것 아닌가 하는 우려에, 오스트리아 공작령으로 쳐들어가 오스트리아 공작과 평화 조약을 맺었다. 1336년 조약에 따라 보헤미아 국왕은 케른텐 공작령이 오스트리아 공작에게 상속되는 것을 인정했으며, 오스트리아 공작들은 마르가레테가 티롤 백작령을 상속받는 것을 인정했다.

마르가레테의 남편 요한 하인리히.

하지만 티롤 지역에서 룩셈부르크 가문은 그다지 인기가 없었다. 특히 티롤의 귀족들은 어린 데다 외국인이기까지 했던 마르가레테의 남편 요한 하인리히를 좋아하지 않았다. 섭정이자 중재자로 온 요한의 형도 이 상황을 해결할 수가 없었다.

마르가레테는 상속녀로서 자신의 통치권을 인정받길 원했는데, 그녀가 남편보다 나이가 많았음에도 단지 여성이라는 이유로 통치에서 소외받고 있었다. 게다가 많은 정략결혼의 예처럼, 마르가레테와 요한 하인리히는 서로를 좋아하지 않았다. 두 사람의 사이는 파국으로 치닫기 시작했다.

1341년 11월 1일 저녁, 요한 하인리히는 사냥을 마치고 집으로 돌아왔다. 그런데 아내 마르가레테는 성문을 걸어 잠그고 남편이 티롤 성에 들어오지 못하도록 막았다. 당황한 요한은 인근 성으로 향했지만, 주변의 귀족들 중 누구도 그를 받아주는 사람이 없었다. 결국 그는 티롤을 떠나 아퀼레이아Aquileia까지 가서 그곳의 대주교에게 몸을 의탁해야 할 지경에 이르렀다. 남편을 쫓아낸 마르가레테는 교황에게 자신이 초야를 치르지 않았으므로 이 결혼이 무효라고 주장했다.

하지만 마르가레테의 결혼은 정치적으로 매우 민감한 문제였다. 그
녀의 남편은 강력한 룩셈부르크 가문 출신이었으며 시아버지는 보헤미
아의 국왕이었다. 마르가레테가 남편과 헤어지기 위해서는 또 다른 강
력한 세력이 필요했다. 그녀가 선택한 세력은 바로 황제의 가문인 비텔
스바흐 가문이었다. 비텔스바흐 가문 역시 독일과 이탈리아를 잇는 통
로, 티롤 지역의 중요성을 잘 알고 있었다. 황제 루트비히 4세는 티롤을
가문의 영지로 만들기 위해 마르가레테와 자신의 장남 브란덴부르크의
루트비히를 결혼시켰다.

1342년 2월에 이루어진 이 결
혼은 당시 엄청나게 큰 스캔들이
기도 했다. 마르가레테가 남편을
쫓아내고 자신의 결혼이 무효라
고 주장하기는 했지만, 아직 교황
은 마르가레테와 요한 하인리히가
헤어지는 것이 정당하다는 판결을
내리지 않았기 때문이다. 교회법
상으로 본다면, 마르가레테는 혼
인 관계 중에 다른 남자와 또 결혼
한 것이었다.

교황은 결국 마르가레테와 루
트비히를 파문했다. 중세 시대에
파문은 상당히 큰 파급력을 가지

| 마르가레테의 두 번째 남편이 된 브란덴
부르크의 루트비히.

는 판결이었지만, 오히려 정치적으로 본다면 마르가레테와 루트비히에게 유리한 상황이었다. 새로운 남편 루트비히는 요한 하인리히와 달리 티롤 귀족들의 마음을 얻어냈으며, 이를 바탕으로 자신과 마르가레테의 결혼이 정당하다고 주장했다.

티롤을 중심으로 발생한 이 갈등은 곧 비텔스바흐 가문과 룩셈부르크 가문 간 권력 투쟁의 중심이 되었다. 1346년 황제 루트비히 4세를 적대시하던 제후들은 룩셈부르크 가문 출신이자 요한 하인리히의 형인 카를Karl을 독일의 국왕으로 선출했으며, 교황의 지지도 얻었다. 곧 황제 루트비히 4세와 카를 사이에 전쟁이 벌어졌다. 그러나 합스부르크 가문이 비텔스바흐 가문을 지지하면서 전투에서 보헤미아의 국왕 요한이 사망하고, 카를은 간신히 살아서 빠져나온다. 결국 티롤은 마르가레테와 루트비히의 영지로 남게 되었다.

그러나 전쟁에서 승리한 후에도 티롤 지역은 여전히 혼란스러웠다. 교황의 파문 때문이었다. 티롤에서는 교회에서 세례나 미사 등의 성무聖務가 금지되었는데, 신앙이 삶의 중심이었던 중세 시대에 이것은 사람들에게 매우 큰 시련이었다. 자연재해가 일어날 때마다 사람들은 이런 일이 모두 루트비히와 마르가레테가 지은 죄 때문이라고 여겼다. 마르가레테에 대한 비난은 점점 커졌다. 게다가 14세기에는 흑사병이 창궐해, 전 유럽이 검게 물들고 있었다. 신의 징벌이라고 여겼던 흑사병이 티롤 지역에 들어왔을 때도 아마 모두 마르가레테를 비난했을 것이다.

다행히 루트비히는 아직 합스부르크 가문 친척들과 좋은 관계를 유지하고 있었다. 그는 오스트리아의 공작 알브레히트 2세의 딸과 자신의 아들을 결혼시키는 데 성공한다. 둘의 결혼이 성사되면서 알브레히트 2세는 사돈이 될 루트비히와 마르가레테의 파문이 철회될 수 있도록 힘을 썼으며, 결국 두 사람이 결혼하고 나서 17년이 지난 1359년에 파문이 철회된다.

✤ 가문 간의 대격돌

그러나 1361년 마르가레테의 남편인 바이에른 공작 루트비히 5세가 사망하고, 그가 죽은 지 2년도 되지 않아 마르가레테의 아들도 후계자 없이 사망하고 만다. 티롤의 상속녀인 마르가레테는 살아 있었지만, 이제 그녀에게는 남편과 아들은 물론 후계자가 될 만한 후손도 남아 있지 않았다.

루트비히 5세의 동생인 바이에른-란트슈트 공작 슈테판 2세Stephan II는 자신이 영지의 계승권자라고 주장했다. 슈테판 2세는 조카가 아버지로부터 물려받은 상바이에른 공작령은 물론, 어머니로부터 권리를 물려받은 티롤 백작령까지 자신이 상속받아야 한다고 주장했다. 슈테판은 급기야 밀라노의 영주와 동맹을 맺고 티롤 지역을 침공하기에 이른다.

마르가레테는 자신의 영지를 지켜야 했다. 비록 그녀에게는 후손이 없었지만 그렇다고 영지를 눈 뜨고 빼앗길 수는 없는 상황이었다. 결국 마르가레테는 자신의 권리를 지켜줄 만한 사람을 찾아냈는데, 바로 아들의 처남이었던 오스트리아 공작 루돌프 4세였다. 마르가레테는 루돌프 4세를 후계자로 삼았다. 이제 티롤 지역의 권리에 대한 싸움은 합스부르크 가문과 비텔스바흐 가문의 전쟁으로 이어지게 된다.

1369년 9월, 루돌프 4
세의 동생이자 후계자였던
오스트리아 공작 알브레히
트 3세Albrecht III는 슈테판
2세와 협정을 체결한다. 슈
테판 2세는 티롤 백작령을
합스부르크 가문의 영지로
인정해주고, 대신 많은 보
상금을 얻었다. 뿐만 아니
라 마르가레테가 결혼할
때 지참금으로 가져갔던

| 합스부르크 가문의 루돌프 4세.

영지는 그대로 비텔스바흐 가문 소유로 남겼다.

티롤의 여백작 마르가레테는 바로 다음 달에 빈에서 사망했다. 그
녀가 죽은 뒤 티롤 지역은 완전히 합스부르크 가문에 귀속되었으며, 오
스트리아의 일부로 편입되었다. 티롤은 합스부르크 가문이 군주의 지위
를 상실하는 20세기까지 합스부르크 가문의 영지로 남게 된다.

《이상한 나라의 앨리스》 속 마르가레테

마르가레테에게는 "Maultasch"라는 별명이 있었다. 커다란 입 또는 가방 입구 등으로 번역될 수 있는 단어다. 이 사실로 인해 마르가레테는 아마 매우 큰 입을 가진, 못생긴 여성이었을 것이라고 추정되기도 한다. 후대의 어느 연대기 저자는 마르가레테에게 "메두사"라는 별명을 붙이 기도 했다.

하지만 후대 저자들과는 달리, 동시대의 기록에는 마르가레테가 매 우 아름다운 여성이라고 언급되어 있다. 물론 "커다란 입"이라는 별명 이 그녀의 생김새를 의미하는 것이 아닐지도 모른다. 이 별명이 처음 등 장한 것은 1366년도 기록이었는데, 창녀나 부도덕한 여성을 의미하는 'Maultashce'의 오기라는 의견도 있다. 교회가 마르가레테의 이혼과 결 혼 문제에 대해 비판적이었으므로 그녀에게 부정적 의미의 별명을 붙였

| 캉탱 마시가 그린 〈추한 공작 부인〉.

을 가능성이 크기 때문이다.

중세 시대는 가부장 중심의 문화였으며 여성의 권리는 매우 제한적이었다. 그런데 마르가레테는 남편을 쫓아냈을 뿐만 아니라 그와의 결혼이 무효가 되기도 전에 다른 남자와 결혼해버린 것이다. 당시 도덕적 관점으로 본다면 경악을 금치 못할 일이다. 게다가 그녀가 쫓아낸 남편은 프랑스 국왕의 조카였고, 당시 교황은 아비뇽에서 지내면서 프랑스 국왕의 영향력 아래 놓여 있었다. 아마 교회는 마르가레테의 행동을 더욱 강하게 비난할 수밖에 없었을 것이다.

마르가레테에게 붙여진 이 별명 덕분에, 후대에는 더욱 다양한 별명들이 더해졌다. 게다가 남아 있는 중세 시대 초상화도 거의 없었으므로 "커다란 입"이라는 별명은 마르가레테의 외모를 언급하는 별명으로 굳어지게 되었다. 이 별명 때문에 16세기 그려진 어느 그림을 마르가레테의 이야기와 연결하는 사람도 많다.

플랑드르 출신의 화가 캉탱 마시Quentin Matsys는 1513년경 한 늙은 여인의 초상화를 그렸다. 이 그림은 매우 그로테스크했는데, 기형적으로 큰 얼굴을 한 여성을 담고 있었다. 그림이 대중에게 알려지면서, "커다란 입"이라는 마르가레테의 별명과 잘 어울렸기 때문인지 그림의 주인공이 티롤의 마르가레테라는 추정이 돌았다. 캉탱 마시의 초상화는 점점 〈추한 공작 부인The Ugly Duchess〉이라는 이름으로 널리 알려진다. 특히 19세기에 한 삽화가가 이 초상화의 이미지를 쓰면서, 그림이 급격한 유명세를 타게 된다.

영국의 수학자였던 찰스 럿위지 도지슨Charles Lutwidge Dodgson은

1865년 "루이스 캐럴Lewis Carrol"이라는 필명으로 소설 1편을 발표했다. 바로《이상한 나라의 앨리스》다. 소설의 삽화를 담당한 사람은 존 테니얼John Tenniel이었는데, 그가 발표한 삽화 중 공작 부인을 묘사한 그림이 캉탱 마시의 작품과 매우 유사했다. 다른 점은 캉탱 마시의 초상화보다 입이 훨씬 크게 묘사되어 있다는 것이었다. 아마 존 테니얼이 캉탱 마시의 작품은 물론 당시 그 작품의 모델이라고 알려져 있던 마르가레테의 별명도 알았던 것 같다.

하지만 현대에 들어, 캉탱 마시가 그린 초상화의 진짜 모델은 마르가레테가 아니라는 주장이 힘을 얻었다. 가장 큰 이유는 캉탱 마시의 그

| 《이상한 나라의 앨리스》에 삽입된 공작 부인의 삽화.

림이 마르가레테가 살던 시대보다 150년 이상 흐른 시점에서 그려졌다는 것이다. 2008년에는 캉탱 마시의 그림에 나오는 인물이 골 파제트병에 걸린 인물이라고 추정한 연구가 나오기도 했다. 골 파제트병은 뼈의 재형성이 과도하게 진행되면서 골격계가 변화하는 병으로, 두개골에 나타날 경우 두개골이 팽창되고 안면이 변형되는 등의 증상이 나타난다.

비록 캉탱 마시의 초상화가 티롤의 마르가레테를 모델로 그린 것이 아니라고 해도, 이 초상화는 사람들이 오랫동안 마르가레테가 매우 못생긴 여성이라는 인식을 가지고 있었다는 사실을 알려준다. 실제로 마르가레테가 어떻게 생겼었는지는 알 수 없지만, 이제 "커다란 입"이라는 꼬리표를 떼어줄 때도 되지 않았을까?

Chapter 7

나폴레옹의
정적
베르나도트,
왕이 되다

시기스문드Sigismund : 재위 1592~1599년. 친 가톨릭 정책을 펴다가 스웨덴 귀족들의 반란으로 왕위에서 쫓겨난다.

구스타브 2세 아돌프Gustav II Adolf : 재위 1611~1632년. 군인 국왕으로서 스웨덴의 전성기를 이루었다. 이후 스웨덴의 왕들이 따르는 선례가 된다.

칼 12세Karl XII : 재위 1697~1718년. 구스타브 2세 아돌프처럼 군인이었으나 전투에서 패배하고 스웨덴이 약해지는 원인을 제공한다.

아돌프 프레드릭Adolf Fredrik : 재위 1751~1771년. 의회에 의해 왕위 계승자로 지목을 받는다. 그의 재위 시절에는 의회가 여전히 국왕보다 더 강한 권력을 가졌다.

구스타브 4세 아돌프Gustav IV Adolf : 재위 1792~1809년. 러시아에게 핀란드를 빼앗기는 빌미를 제공했다는 이유로 의회에 의해 감금당하고 왕위에서 쫓겨난다.

장 바티스트 베르나도트Jean Baptiste Bernadotte : 재위 1818~1844년. 프랑스의 육군 원수로 있다가 스웨덴 내 지지 세력의 추대로 스웨덴 국왕 자리에 오르며 칼 14세 요한이 된다. 그는 프랑스 나폴레옹 1세의 인척이기도 했지만, 가장 강력한 정적이기도 했다.

권력의 이동

시기스문드

귀족들의 추대

칼 9세

계승

구스타브 2세 아돌프

계승

칼 12세

의회의 추대

아돌프 프레드릭

귀족들이 암살

구스타브 3세

계승

구스타브 4세 아돌프

의회의 추대

칼 13세

스웨덴 내 지지 세력의 추대

장 바티스트 베르나도트

스웨덴이 근세 국가의 모습을 갖추기 시작한 것은 칼마르 동맹 Kalmarunionen*에서 독립한 이후다. 칼마르 동맹으로 인해 북유럽의 세 나라 덴마크, 노르웨이, 스웨덴은 하나의 군주 아래 통합되었는데, 주로 덴마크 국왕이 중심이 되었다. 그러나 덴마크의 간섭을 원치 않던 스웨덴에서는 구스타브 바사Gustav Vasa를 중심으로 한 독립 운동이 활발히 전개되었다. 결국 구스타브 바사는 칼마르 동맹으로부터 독립한 스웨덴에서 처음으로 맞이한 국왕이 되었다.

그의 손자인 시기스문드는 폴란드의 왕이 되었으며, 또 다른 손자인 구스타브 2세 아돌프는 스웨덴을 유럽의 강자로 만들었다. 스웨덴은

---

*스웨덴, 덴마크, 노르웨이 세 나라의 왕위계승자가 모두 바닥난 상황에서, 마르그레테 여왕Margrete I이 덴마크 왕위에 오르며 1397년에 3국을 모아 일종의 동군연합을 결의했다.

| 독립한 스웨덴의 첫 국왕이었던 구스타브 바사.

오랫동안 신권과 왕권이 서로 주도권을 장악하기 위해 다툼을 벌이고 있었는데, 구스타브 2세 아돌프가 국왕으로서 통치하던 시기가 바로 유일하게 신권과 왕권이 조화로웠던 때이다.

스웨덴은 오래도록 적들에게 둘러싸여 있었다. 숙적이었던 덴마크와 노르웨이는 물론, 당시 유럽의 강대국이었던 폴란드와도 적대 관계였다. 시기스문드는 스웨덴을 통치하면서, 동시에 폴란드 공주인 어머니의 권리를 이어받아 폴란드 국왕 지그문트 3세Zygmunt III로 즉위했다. 그러나 스웨덴에서는 외국의 국왕이 된 시기스문드에게 불만을 품었으며 특히 그의 친 가톨릭 정책에 반대했다. 스웨덴의 귀족들 대부분은 개신교를 믿었으며 구스타브 바사는 루터파를 국가의 통합 이념으로 정하기도 했기 때문이다. 시기스문드가 가톨릭에 호의적인 정책을 펴는 것만으로도 스웨덴 내에서는 반발이 일어났다. 결국 귀족들은 시기스문드의 숙부인 칼 9세Karl IX를 스웨덴의 국왕으로 내세우고 시기스문드를 쫓아냈다. 시기스문드는 아직 폴란드의 왕이기는 했지만, 스웨덴의 왕위를 빼앗긴 후 평생 그것을

되찾기 위해 노력했다. 따라서 칼
9세의 아들인 구스타브 2세 아돌
프는 폴란드를 경계할 수밖에 없
었다.

구스타브 2세 아돌프는 스웨
덴이 이런 어려움을 겪던 시기에
왕이 되었다. 그래서 그는 난관을
헤쳐 나가기 위해 신하들에게 여
러 가지를 양보했다. 하지만 신하
들은 그런 권력 싸움과는 별개로

| 구스타브 2세 아돌프.

그에게 충성했는데, 구스타브 2세 아돌프가 뛰어난 군인이었으며 카리
스마 넘치는 인물이었기 때문이다. 특히 군에서 복무를 하고 있던 귀족
들이 중심이 되었고, 그 외에도 많은 사람들이 구스타브 2세 아돌프에
게 절대적 충성을 바쳤다.

이후 스웨덴 국왕들은 구스타브 2세 아돌프의 선례를 많이 따른다.
군인으로서 뛰어난 능력을 보여주고 구스타브 2세 아돌프가 통치하던
시기를 생각나게 함으로써 권력을 장악하는 식이었다. 가장 대표적인
예가 바로 칼 12세로, 그는 구스타브 2세 아돌프처럼 즉위했을 때 10대
에 불과했다. 그는 어린 나이에도 뛰어난 군인임을 입증하며 많은 이들
의 열광과 지지를 받았다. 그러나 러시아 표트르 대제Pyotr I와의 전투에
서 패배한 데다, 이후 후계자가 없이 사망함으로써 스웨덴이 서서히 약
해지게 되는 원인을 제공하기도 했다.

| 칼 12세의 초상화.

✤ 국왕보다 강력한 의회

칼 12세 이후 후계자 문제가 발생하면서 귀족들이 주축이 된 의회가 힘을 얻게 되었다. 칼 12세의 여동생이었던 울리카 엘레오노라Ulrika Eleonora는 의회의 지지에 의해 왕위를 얻었지만, 역시 후계자를 두지 못하고 사망한다. 의회는 다시 한 번 왕위 계승자를 지목할 권리를 갖게 되었다.

의회의 힘이 더 커졌던 결정적인 이유는 혈통상 가장 유력한 왕위 계승 후보자였던 홀슈타인-고토르프 공작 페테르Peter av Holstein-Gottorp가 러시아의 황위 계승자가 되었기 때문이었다. 러시아는 새롭게 강자로 부상하고 있었고, 스웨덴은 발트해와 핀란드를 놓고 러시아와 경쟁 관계에 있었으므로 만약 페테르를 스웨덴 국왕으로 인정한다면 스웨덴이 러시아에 합병될 수도 있었던 것이다. 따라서 의회는 페테르를 제외하고 새로운 계승자를 찾아냈고 그러면서 점점 의회가 국왕보다 더 큰 정치적 권한을 갖게 된다.

새롭게 왕위에 오른 인물은 페테르의 오촌인 아돌프 프레드릭이었다. 그는 이후 러시아의 대제로 유명해지는 예카테리나 2세의 외삼촌이기도 하다. 아돌프 프레드릭이 스웨덴의 국왕이 되기까지는 러시아의 영향력이 크게 작용했다. 표트르 대제의 딸인 엘리자베타 여제가 만약 아돌프 프레드릭이 왕이 되면 핀란드 일부를 돌려주겠다는 약속까지 했던 것이다. 스웨덴이 이를 받아들이면서, 아돌프 프레드릭은 스웨덴의 국왕이 되었다.

아돌프 프레드릭이 통치하던 시절 스웨덴은 의회의 권력이 강했다. 절대주의를 통해 왕권을 신성시하기까지 했던 주변 국가들과는 대비되는 상황이었다. 점차 왕실 내부에서는 의회에 불만을 품기 시작했는데, 가장 대표적인 인물이 바로 왕비 로비사 울리카Lovisa Ulrika였다. 그녀는 프로이센의 공주이자 프리드리히 대왕의 여동생이었는데, 평소에도 오빠인 프리드리히가 고분고분하지 않다고 생각하던 인물이었다. 당연히 그녀는 의회가 권력을 전부 갖는 것에 불만을 품었다. 심지어 의회에 대한 쿠데타를 계획하기까지 했으나 결과는 실패로 돌아갔다.

왕비는 실패했지만, 그녀의 아들인 구스타브 3세Gustav III는 쿠데타에 성공했다. 게다가 그는 외국 세력의 지지를 얻지 못했던 어머니와 달

| 왕비 로비사 울리카.

리 프랑스의 지지를 얻어냈으며, 주변 다른 국가들도 점차 그를 지지했다(이 일로 인해 스웨덴은 프랑스와 매우 우호적으로 지내게 되었다). 하지만 구스타브 3세는 그의 정책에 불만을 품은 귀족에 의해 가면무도회에서 암살당했으며, 미성년인 아들 구스타브 4세 아돌프가 국왕이 되었다. 구스타브 4세 아돌프는 성인이 되면서 많은 실책을 남기는데, 특히 대혁명으로 공화국이 된 프랑스를 적대시함으로써 당시 프랑스와 동맹을 맺고 있던 러시아까지 자극했다. 결국 그는 러시아가 핀란드를 장악하는 빌미를 제공해 핀란드를 빼앗기고 만다. 스웨덴 의회는 국왕의 실책을 비난하면서 그를 감금하고 왕위에서 쫓아내버린다. 그리고 그의 숙부였던 칼 13세Karl XIII를 국왕으로 선출했다.

과연 스웨덴은 안정을 되찾았을까? 안타깝게도 평화는 잠시뿐이었다. 칼 13세에게는 후계자가 없었던 것이다. 당시 실질적으로 정치를 주도하던 칼 13세의 아내 카를로타 왕비Hedvig Elisabet Charlotta는 후계자로 구스타브 4세 아돌프의 장남을 지지했다. 그러나 의회는 구스타브 4세 아돌프의 후손이 왕위를 잇게 할 마음이 없었다.

| 구스타브 3세의 모습.

✖ 새로운 영웅의 등장

당시 스웨덴은 여느 때처럼 적들에게 둘러싸여 있었는데, 숙적이었던 덴마크는 물론 강대국인 러시아도 문제였다. 또한 외교적으로 늘 우호적이었던 프랑스마저 혁명 이후 스웨덴에 등을 돌린 상황이었다. 스웨덴은 고립되어 있었다. 서서히 쇠락해가던 스웨덴은 적들 사이에서 살아남기 위해 누가 되었든 자기 편을 만들 필요가 있었다.

| 왕태자 칼 아우구스트. Per Krafft the Younger, 〈Karl August〉(사진: Hans Thorwid), 스톡홀름 국립박물관 제공.

의회가 생각할 수 있는 왕위 계승 후보자는 왕가와 직접적 혈연관계가 있던 홀슈타인-고토르프의 페테르와 그의 아들들, 그리고 아우구스텐보르 가문의 칼 아우구스트Karl August였다. 아우구스텐보르는 덴마크 왕가의 오래된 분가 중 하나였는데, 특히 칼 아우구스트는 노르웨이에서 매우 인기가 있었다. 이것이 스웨덴 의회가 그를 왕위 계승자로 고려하게 된 결정적 요소였다.

사실 칼마르 동맹 이전에는 노르웨이가 스웨덴 왕가와 연결되어 있었다. 하지만 스웨덴이 칼마르 동맹에서 떨어져 나가면서, 노르웨이는 덴마크 국왕이 통치하는 지역이 되었다. 칼 13세의 후계자를 찾을 당시 스웨덴에서는 노르웨이를 다시 스웨덴 국왕의 영지로 합병하자는 주장이 힘을 얻고 있었다. 의회는 만약 스웨덴에서 아우구스텐보르의 칼을 왕위 계승자로 선출한다면 노르웨이에서 칼이 인기가 많으니 이것을 바탕으로 노르웨이까지 합병할 수 있을 것이라고 생각했다.

그러나 스웨덴의 군인들 사이에서는 전혀 다른 이야기들이 오고 갔다. 스웨덴의 귀족 장교들은 스웨덴을 유럽의 강국으로 만들었던 구스타브 2세 아돌프를 그리워했으며, 그같이 뛰어난 군사 능력을 바탕으로 스웨덴을 이끌어갈 강력한 지도자를 원했다. 귀족 장교들은 프랑스 육군 원수들 중에서 왕위 계승자를 선출하길 바라고 있었다. 이들이 보기에 나폴레옹의 육군 원수들은 이미 군사적 능력도 입증되었으므로, 자신들이 원하는 지도자에 걸맞은 인물이었다.

국왕 부부는 끝까지 구스타브 4세 아돌프의 장남인 구스타브를 왕위 계승자로 주장했지만 의회가 받아들여주지 않았다. 결국 부부는 차선책으로 아우구스텐보르의 칼을 선택했다. 칼은 스웨덴으로 와서 왕위 계승자가 되지만, 1810년 갑자기 사망했다. 스웨덴은 정치적 혼란에 빠졌다. 많은 사람들이 칼의 죽음이 사고가 아니라 살해라고 여겼기 때문이다. 그리고 총리였던 악셀 폰 페르센Axel von Persen과 왕비 카를로타가 이 음모의 주동자라고 생각했다. 칼의 장례식 날, 분노한 군중들은 악셀 폰 페르센을 살해했다. 카를로타 왕비는 화를 피했지만, 이후에도 언제 살해당할지 모른다는 공포에 떨었다고 전해진다.

칼이 죽은 뒤 스웨덴 의회에서는 다시 한 번 왕위 계승자 문제가 논의되었는데, 이때 칼 13세가 프랑스로 서신 하나를 보낸다. 죽은 칼을 대신할 인물로 덴마크의 국왕을 선택할 것인지, 칼의 형을 선택할 것인지에 대해 프랑스의 의견을 물은 것이다. 사실 이 문제는 프랑스 궁정에서 다룰 만한 문제는 아니었다. 당시 나폴레옹은 러시아에 척을 지는 일을 피하고 싶었기 때문에 괜히 스웨덴의 내정에 관여해서 러시아를 자극할 생각이 없었다. 프랑스는 찬성도, 반대도 하지 않았고 아예 적극적으로 의견을 제시하지 않았다.

스웨덴 내에서는 점차 프랑스의 육군 원수를 왕위 계승자로 선출하자는 여론이 커졌다. 이런 주장에 찬성하는 중심 인물로 뫼르네르 남작 Baron Carl Otto Mörner 이라는 사람이 있었다. 그는 프랑스로 칼 13세의 서신을 가지고 갔던 사절 중 1명이었다. 뫼르네르 남작은 임무 수행 후에도 프랑스에 남아, 은밀히 한 인물과 접촉한다. 당시 파리에 있던 베르나도트 장군이었다. 스웨덴 사람들이 특히 베르나도트를 왕위 계승자로 염두에 두고 있다는 의미였다.

✿ "영광의 시절을 재현하라!"

장 바티스트 베르나도트는 나폴레옹의 육군 원수들 중 1명이었을 뿐 아니라, 나폴레옹과 인척 관계이기도 했다. 심지어 그의 아내인 데지레 클라리 Désirée Clary 는 한때 나폴레옹과 약혼했던 사이였다. 물론 나폴레옹이 약혼을 깼으며, 그 전부터도 이 약혼이 결혼으로 성사될 가능성은 낮았지만 말이다.

물론 베르나도트가 단순히 나폴레옹의 인척이라는 이유로 프랑스의 육군 원수가 된 것은 아니었다. 그는 법률가 집안에서 태어나, 루이

| 마담 베르나도트, 데지레 클라리.

16세Louis XVI가 국왕으로 있던 시절에 사병으로 입대했다. 그러고 나서 8년간 사병과 하사관 지위에 머물렀는데, 당시 프랑스에서는 귀족이 아니면 장교가 될 수 없었으므로 베르나도트 역시 장교가 될 가능성은 없어 보였다.

뛰어난 검술 솜씨와 화려한 언변을 가졌던 베르나도트는 프랑스 대혁명을 통해 그의 진가를 보여주게 된다. 그는 대혁명으로 장교가 될 수 있었으며, 혁명 전쟁을 통해 큰 공을 쌓아 장군까지 올라가면서 명성을 높였다. 베르나도트는 아내 데지레를 통해 나폴레옹과 인척이 되었기에 나폴레옹의 가족들도 모두 그를 좋아했다.

하지만 베르나도트는 나폴레옹과 자주 마찰을 빚었다. 나폴레옹이 그를 인척으로 만든 것은 베르나도트가 자신을 지지하지 않더라도, 적어도 자신이 하는 일에 방해는 되지 않기를 원했기 때문이다. 실제로 나폴레옹이 권력을 잡은 '브뤼메르 18일의 쿠데타' 때 베르나도트는 나폴레옹의 쿠데타를 지지하지도, 적극적으로 반대하지도 않았다.

마침내 나폴레옹은 프랑스의 최고 권력자가 되었고 황제의 지위에 올랐다. 베르나도트는 나폴레옹을 황제로 인정하고 프랑스 육군 원수 지위를 수여받음으로써 공화국을 외면했다. 베르나도트의 휘하에서 싸왔던 한 장교는 나폴레옹이 황제가 된 것에 반감을 품고 자신의 지위를 내던졌는데, 이때 베르나도트에 대해 "상브르 군과 뫼즈 군의 베르나도트는 어디 있으며, 브뤼메르 18일의 베르나도트는 어디 있는가?"*라고 일갈했을 정도였다.

| 프랑스를 평정한 나폴레옹 1세.

그럼에도 불구하고 베르나도트는 여전히 나폴레옹이 껄끄럽게 여기는 인물이었으며 베르나도트 역시 나폴레옹에게 호락호락하게 넘어가지는 않았다. 베르나도트는 점점 나폴레옹의 눈엣가시가 되어갔지만, 나폴레옹은 그를 함부로 처리할 수 없었다. 그의 아내 데지레 클라리가 나폴레옹이 가장 어려울 때 곁에 있어주었던 사람이었을 뿐만 아니라, 그녀와의 약혼을 나폴레옹이 먼저 깼기 때문이었다.

이런 베르나도트가 스웨덴에 알려지게 된 데는 그가 한때 하노버와 헤센 지방의 총독으로 있었다는 사실, 그리고 뤼베크Lübeck에서 스웨덴 포로들을 호의적으로 대했다는 사실이 주요했다. 특히 총독으로 있을 때 베르나도트는 그 지역을 매우 잘 통치했는데, 하노버를 통치하면서

---

* D.P.Barton, 《Bernadotte and Napoleon, 1763-1810》(London: J. Murray, 1921), 77.

한자 동맹Hanseatic League을 활성화하고 그 지역의 경제를 일으킨 바 있었다. 아마 스웨덴에 매우 좋은 인상을 남겼을 것이다. 또 뤼베크에서 호의적으로 대했던 스웨덴의 포로들은 베르나도트에 대해 개인적인 호감을 가졌다. 훗날 베르나도트를 만난 러시아 참모는 누구든 개인적으로 베르나도트를 안다면 평생 그에게 충성할 수밖에 없을 것이라고 말하기도 했다. 그는 뛰어난 언변과 행동으로 스웨덴 장교들을 사로잡았다.

뫼르네르 남작은 베르나도트에게 스웨덴의 상황과 분위기를 전하며, 스웨덴 내에 베르나도트를 지지하는 사람이 상당히 많아 이들이 세력을 모은다면 그가 스웨덴의 왕위 계승 후보자가 될 수 있다고 이야기했다. 뫼르네르 남작과 같이 베르나도트를 지지하던 사람들은 러시아의 후원을 받는 계승 후보나 덴마크 왕족들에 대해 강하게 불만을 품고 있었는데, 그 이유는 한때 유럽에서 가장 강력한 군사력을 가졌던 스웨덴이 이제 몰락의 길로 들어서고 있다는 걱정을 했기 때문이었다. 심지어 러시아의 한 귀족은 이 시기의 스웨덴에 대해 "죽음의 고통 속에 있으며 이제 편히 죽도록 놓아주어야 한다"*라고 이야기했을 정도였다. 그래서 스웨덴의 귀족들, 특히 장교들은 영광의 시절을 재현하기 위해 강력한 군사 지도자가 필요하다고 생각했다. 그리고 가장 적합한 인물이 베르나도트라고 여겼다.

베르나도트는 자신이 이렇게 스웨덴 내에서 지지를 얻고 있는 상황을 몰랐다. 스웨덴은 외국이었으며, 그는 정치가보다는 군인으로 전장

---

*D.P.Barton, 《Bernadotte and Napoleon, 1763-1810》(London: J. Murray, 1921), 255.

에 있는 것을 더 좋아하는 사람이었다. 뫼르네르 남작이 그를 방문하며 스웨덴의 여론을 전하자, 베르나도트는 이에 대해 처음으로 고민을 하게 된다. 그리고 고심을 거듭한 끝에, 남작의 제안을 수락한다.

뫼르네르가 돌아간 뒤 베르나도트는 나폴레옹에게 이 사실을 알렸다. 베르나도트를 왕위에 올리는 것은 뫼르네르를 중심으로 하는 사람들의 뜻이었지만 스웨덴 정부의 뜻은 아니었다. 나폴레옹이 이에 대해 스웨덴 대사에게 언급하자 대사는 당황해서 정부에 이 사실을 보고했다. 당연히 뫼르네르 남작은 반역으로 체포되었으며, 베르나도트에게는 상황이 불리해지는 것처럼 보였다. 하지만 그의 운명은 계속 스웨덴 쪽으로 향하고 있었다.

이전까지 나폴레옹은 스웨덴 내정에 관여할 생각이 없었다. 하지만 스웨덴에서 자신의 육군 원수를 왕위 계승자로 원하는 것을 알게 되었으니 개입하지 않을 수 없었다. 나폴레옹에게는 자신만의 유럽 경영 계획이 있었다. 그는 프랑스 본토를 자신의 영지로 하고 자신이 정복한 다른 지역의 왕국들은 친인척들에게, 그 외의 군주령은 중요한 인물들에게 부여할 생각이었다. 그래서 나폴레옹의 동생 루이Louis Bonaparte는 홀란드왕국의 국왕이 되었으며* 막내 동생 제롬Jérôme Bonaparte은 베스트팔렌의 국왕이 되었다. 형인 조제프Joseph Bonaparte는 나폴리의 국왕이었다가 에스파냐의 국왕이 되었으며, 나폴리 국왕의 지위는 매제였던 뮈라Murat가 이었다.

---

*나폴레옹은 자신이 정복한 유럽을 재편했는데, 그때 현재 네덜란드 지역을 포함하는 지역을 '홀란드왕국'으로 선포하고 동생인 루이를 국왕으로 보냈다.

친인척 외에 군주령을 하사받은 인물은 3명이었는데, 바로 탈레랑 Talleyrand Périgord, 베르티에Alexandre Berthier, 베르나도트였다. 탈레랑은 외교적인 측면에서, 베르티에는 군사적인 측면에서 나폴레옹을 적극적으로 도왔다. 베르나도트의 경우는 일단 그가 나폴레옹의 인척이었을 뿐만 아니라 그가 나폴레옹의 가장 큰 정적이기 때문이었을 것이다. 베르나도트가 나폴레옹에게 몸을 낮추었으니 이에 대한 대가로 군주령을 부여했을 가능성이 가장 커 보인다.

나폴레옹이 처음으로 스웨덴 왕위 계승 후보자로 생각한 사람은 자신의 양아들인 외젠 드 보아르네Eugène de Beauharnais였다. 나폴레옹은 조제핀 드 보아르네Joséphine de Beauharnais와 결혼하면서 조제핀의 자녀들이었던 외젠과 오르탕스Hortense를 입양했는데, 조제핀과 이혼하면서 외젠이 제위 계승 후보에서 제외된 일이 있었다. 조제핀의 자녀들을 친자식처럼 사랑했다고 알려진 나폴레옹은 늘 자신에게 충성스러운 외젠에게 지위를 잃은 것을 보상해주고 싶어 했다. 이 때문에 외젠을 스웨덴의 왕위 계승자로 추천한 것이다.

하지만 스웨덴에서는 단호하게 외젠을 거부한다. 외젠은 나폴레옹과 지나치게 가까운 사이였을 뿐만 아니라 나폴레옹에게 너무나도 충성스러웠다. 잘못하면 스웨덴이 독립을 유지하지 못하고 나폴레옹의 제국에 그대로 편입될 수도 있었다. 또 스웨덴은 강력한 군인 지도자를 원했는데 외젠은 온화한 성품을 가진 인물이었다.

나폴레옹은 여전히 자신의 정적으로 여겨지던 베르나도트가 스웨덴의 국왕이 되는 것을 원치 않았다. 그는 자신의 최측근인 마세나

Masséna와 베르티에 등을 거론했
지만 스웨덴에서는 한결같이 베
르나도트 또는 외젠 드 보아르
네를 고려해보겠다고 대답한
다. 하지만 외젠은 자신의 지위
에 만족하고 있었으며, 당시 나
폴레옹의 아내였던 마리 루이즈
Marie-Louise는 외젠이 국왕이 되
기 위해서 개종한다는 것에 대
해서 매우 부정적인 입장이었
다. 스웨덴은 구스타브 2세 아

| 나폴레옹의 양아들 외젠 드 보아르네.

돌프가 죽고 난 뒤 시기스문드의 후손들이 다시 돌아오는 것을 막기 위
해 법을 개정해, 루터파만 국왕이 될 자격을 가지게 했기 때문이다. 결
국 나폴레옹은 베르나도트가 스웨덴 왕위 후보자가 되도록 허락할 수밖
에 없었다.

베르나도트는 나폴레옹이 허락한 뒤 공식적으로 스웨덴에서 영향
력을 넓히기 위해 선거운동을 했다. 그는 하노버 총독 시절부터 알고 지
냈던 사람들과 다시 연락을 했는데, 이들은 베르나도트에게 충성스러웠
으므로 그를 위해 베르나도트의 부와 건강한 아들에 대한 내용이 적힌
초상화를 뿌려댔다. 베르나도트가 왕위 계승자가 된다면 경제적으로 심
각한 상황에 처해 있던 스웨덴에 도움이 될 것이며 그에게는 건강한 아
들이 있으니 후계자 문제도 걱정이 없다는 뜻이었다.

✠ 나폴레옹의 정적이 한 나라의 국왕이 되다

결국 스웨덴 의회는 장 바티스트 베르나도트 장군을 왕위 계승자로 선출했다. 스웨덴 국왕 부부는 왕가 출신도 아닌 외국인 왕위 계승자를 받아들이지 않겠다고 저항했지만 의회의 압력에 마지못해 베르나도트를 왕위 계승자로 승인했다. 베르나도트는 칼 요한이라는 스웨덴 식 이름을 사용하게 되었다. 칼이라는 이름은 이제 그의 양아버지가 된 스웨덴의 국왕 칼 13세의 이름을 딴 것이었으며 요한은 자신의 이름인 장 바티스트에서 따온 것이었다.

베르나도트가 스웨덴의 왕위 계승자가 된 것은 나폴레옹 시대에서 가장 경이로운 일이다. 나폴레옹 시대에는 유능한 인물들이 엄청난 위치에 올랐으며, 많은 군인들이 나폴레옹의 의지로 군주나 귀족이 되었다. 하지만 베르나도트가 스웨덴의 왕위 계승자가 된 것은 나폴레옹의 의지가 아니라 스웨덴인들의 선택에 의한 일이었다. 모두 베르나도트 자신의 경력과 운 덕분이었다. 아이러니하게도 나폴레옹 시대에 가장 출세한 인물은 바로 나폴레옹과 마찰을 빚던 베르나도트였다.

프랑스의 장군이었던 장 바티스트 베르나도트와 스웨덴의 왕위 계승자인 칼 요한의 삶은 전혀 다른 방향으로 흘렀다. 베르나도트는 공화국에 큰 빚이 있는 인물이었다. 그는 공화국이 자신에게 어떤 기회를 주었는지를 너무나도 잘 알고 있었다. 젊은 시절 장교가 된 뒤 형에게 보내는 편지에서, "자유주의가 소중한 자산이라는 것을 깨달았다"*고 이야

---

*D.P.Barton, 《Bernadotte: the first phase, 1763-1799》(London: Murray, 1914), 50.

| 칼 14세 요한의 프랑스 육군 원수 시절(왼쪽)과 왕태자 시절(오른쪽).

기했을 정도였다. 따라서 황제가 된 나폴레옹을 인정하고 그가 준 지위를 받아들인 것은 공화국에 대한 명백한 배신이기도 했던 것이다.

하지만 칼 요한은 철저히 스웨덴의 이익을 위해 행동했다. 그는 나폴레옹과의 관계를 끊었으며 동맹군의 일원으로 행동했다. 이 덕분에 스웨덴은 나폴레옹 전쟁이 끝난 뒤에 어느 정도 확고한 지위를 얻을 수 있었다. 칼 요한은 스웨덴의 군대를 이끌고 자신이 목숨 걸고 지켰던 모국 프랑스의 영토로 진격했다. 당대 많은 프랑스인들은 베르나도트가 그저 자신의 의무를 수행한 것이라고 여기긴 했지만 어쩔 수 없는 배신감도 느꼈다. 하지만 옛 영광을 회복하고 싶어 하던 스웨덴 입장에서는 그야말로 열광할 만한 일이었다.

베르나도트가 공화국과 나폴레옹, 프랑스를 저버린 배신자라고 여기는 사람이 많지만 프랑스 장군이자 프랑스인이었던 베르나도트는 항상 프랑스를 위해 살았다. 그것이 루이 16세가 지배하던 프랑스였든, 혁명 이후 나폴레옹이 지배하는 제국이었든 간에 말이다. 그리고 스웨덴의 국왕 칼 14세 요한이 된 뒤에는 언제나 스웨덴을 위해 살았다. 자신의 조국에 충성했던 베르나도트, 그리고 칼 14세 요한을 과연 비난할 수 있을까?

파혼당한 데지레,
스웨덴 왕가의 시조가 되다

장 바티스트 베르나도트와 데지레 클라리의 결혼은 정략결혼에 가까웠다. 나폴레옹의 형제들은 베르나도트가 나폴레옹의 걸림돌이 될 수 있다고 여겼으며, 이런 그를 가족으로 만듦으로써 자신들의 일원으로 넣으려 했다. 반면 베르나도트는 당대 최고의 장군이라고 여겨지던 나폴레옹과 연줄을 만드는 것이 좋다고 판단했다.

나폴레옹과 베르나도트 사이의 연줄이 될 여성, 데지레 클라리의 반응은 어땠을까? 그녀는 훗날 자신의 결혼에 대해 "베르나도트는 당시 높은 신분이었다. (⋯) 나는 그가 나폴레옹과 대적할 만한 인물이라는 이야기를 들은 후 결혼을 결정했다"*라고 언급했다. 어쩌면 데지레 클라

---

*Catherine Mary Charlton Bearne, 《A Queen of Napoleon's Court: The Life-story of Désirée Bernadotte》(T. Fisher Unwin, 1905), 82.

리가 베르나도트와 결혼한 것에는 자신을 차버린 남자에 대한 복수심도 포함되어 있었는지도 모르겠다.

마르세유의 부유한 상인의 딸이었던 데지레 클라리는 자신의 가문을 처음으로 보나파르트 가문과 엮어준 인물이기도 했다. 언니 쥘리 클라리Julie Clary는 나폴레옹의 형인 조제프 보나파르트와 결혼했으며 데지레 자신은 나폴레옹과 약혼한 사이였다. 하지만 데지레는 부잣집 딸이었고 정치적 야망이 없었다. 그저 가족들과 평온하게 사는 것이 그녀가 생각하는 삶의 전부였다.

야망 가득한 남자였던 나폴레옹에게 데지레는 그다지 어울리지 않았다. 그는 결국 약혼을 깨고 조제핀 드 보아르네와 결혼한다. 조제핀은 정치적으로 그에게 도움이 될 만한 여성이었고, 게다가 나폴레옹은 그녀와 열렬한 사랑에 빠져 있었다. 나폴레옹에게 버림받은 데지레는 그에게 "당신은 제 삶을 파괴했어요!"*라는 편지를 보내기도 했다.

데지레는 변하지 않았지만 그녀의 주변 상황은 변해갔다. 나폴레옹은 프랑스에서 권력자로 부상하고 있었으며, 그녀는 나폴레옹과의 연줄이 될 만한 인물이었다. 나폴레옹 휘하의 많은 장군들이 데지레에게 청혼했지만, 그녀는 대부분 거절했다. 그리고 결국, 어쩌면 자신의 옛 약혼자에게 쓴맛을 보여줄지도 모르는 남자와 결혼하기로 결정했다.

데지레에게는 정치보다 가족들이 서로 화목하게 사는 것이 더 중요했다. 그녀는 형부가 나폴레옹의 형임에도 불구하고 남편의 일을 모두

---

*Hopkins Tighe, 《The Women Napoleon Loved》(Boston: Little, Brown and Company, 1910), 46.

언니 부부에게 이야기했다. 베르나도트는 한동안 집에서 정치 이야기를 할 수 없을 정도였다. 하지만 데지레와 결혼하면서 베르나도트는 나폴레옹 가족들과 가까운 사이가 되었는데, 데지레가 나폴레옹의 누이들과 친한 사이였으며 나폴레옹의 어머니는 데지레를 마치 딸처럼 여겼기 때문이었다. 그래서 베르나도트도 나폴레옹을 제외한 다른 가족들과는 친한 사이가 되었으며 나폴레옹이 베르나도트를 제재하려 할 때마다 형제들은 베르나도트를 옹호했다.

나폴레옹과 조제핀, 베르나도트와 데지레의 인연은 여기에서 끝나지 않았다. 베르나도트가 스웨덴의 왕위 계승자로 선출되고 칼 요한이라는 이름으로 불리게 되면서, 데지레 역시 데시데리아라는 스웨덴식 이름으로 불리게 된다. 칼 14세 요한은 나폴레옹 전쟁에서 스웨덴을 승전국으로 남게 만들었던 인물이지만 그와 아내 데시데리아는 모두 평민 출신이었다. 이 때문에 유럽의 오래된 왕가들에서는 이 부부를 '벼락부자parvenu'라고 부르며 깔보곤 했다.

부부의 외아들 오스카르Oscar는 왕위 계승자로서 스웨덴의 국왕이 될 인물이었음에도, 유럽의 왕가들은 이런 벼락부자 가문으로 딸을 시집보내고 싶어 하지 않았다. 결국 오스카르의 신붓감으로 선택된 사람은 같은 '벼락부자' 가문 출신이었던 로이히텐베르크의 조제핀Joséphine de Leuchtenberg이었다. 이름에서 알 수 있듯, 조제핀은 나폴레옹의 양아들 외젠 드 보아르네의 장녀로, 친할머니인 조제핀 드 보아르네의 이름을 따서 조제핀이라고 불렸다. 조제핀은 나폴레옹이 권력을 잃기 전 태어났으므로 나폴레옹의 의붓손녀이기도 했다.

조제핀이 선택받은 중요한 이유는, 그녀의 어머니가 바이에른 공주였으므로 유럽의 여러 왕가 사람들과 친척 관계라는 점이었다. 조제핀과 오스카르의 결혼이 성사되면서, 데지레는 옛 연적의 손녀와 자신의 아들이 결혼하는 장면을 보게 된다. 나폴레옹이 오스카르의 대부라는 이야기도 있는데 만약 그것이 사실이라면, 나폴레옹의 입장에서는 대자와 의붓손녀가 결혼하는 것이었다.

칼 14세 요한 이후 스웨덴 왕가 사람들은 늘 벼락부자라는 단어에

| 아들 부부, 손주들과 함께 있는 칼 14세 요한 부부.

민감하게 반응했다. 다른 유럽 왕가들은 스웨덴 왕가를 은근히 무시하곤 했는데, 오스카르와 조제핀 사이에서 태어난 장남 칼 15세Karl XV가 결혼할 때 이런 모습이 명확하게 드러난다. 조제핀 왕비는 이모인 프로이센의 엘리자베트 왕비Elisabeth Ludovika의 영향력을 이용해 프로이센 공주와 아들의 결혼을 주선했지만, 칼 15세가 조율이 끝난 혼담을 일방적으로 파기해버린다. 이후 다시 네덜란드 공주와 혼담이 진행되는데, 결혼 협상이 진행되면서 또 혼담이 깨질 위기에 직면한다. 하지만 이번에도 혼담이 깨진다면 '벼락부자' 스웨덴 왕가에 더 이상 딸을 시집보내려는 왕가가 없을 지경이었으므로 할 수 없이 결혼을 시켰다고 전해진다. 아마 칼 15세와 그의 아내가 매우 불행한 결혼 생활을 했던 것도 이런 상황이 원인이었던 듯하다.

평민 출신인 왕과 왕비 때문인지, 스웨덴 왕가에서는 다른 나라보다 훨씬 엄격한 귀천상혼제*를 적용했다. 왕자들이 왕족 여성과 결혼하지 않으면 왕위 계승권과 스웨덴의 왕자 칭호를 박탈당할 정도였다. 스웨덴의 현재(2017년 기준) 국왕인 칼 16세 구스타브Carl XVI Gustaf가 즉위하고 나서야 이런 엄격한 귀천상혼제도가 폐지되었다.

---

*자신보다 낮은 신분의 배우자와 결혼하는 것. 주로 남자의 신분이 더 높다. 평민과 귀족 사이의 결혼뿐만 아니라, 엄격히 말하자면 귀족들 사이에서도 공작, 백작 등 신분을 따졌을 때 한쪽이 더 낮다면 귀천상혼에 해당된다.

Chapter 8

왕위에서
2번 쫓겨난
콘스탄티노스
1세

게오르기오스 1세Geórgios I : 재위 1863~1913년. 덴마크 국왕의 아들이었으나 그리스 국왕으로 선출된다.

베니젤로스Eleftherios Venizelos : 게오르기오스 1세 시절부터 활동한 그리스 정치가로, 많은 그리스인들의 지지를 받았으며 강력한 권력을 보유했다. 왕가와 마찰을 빚고 임시 정부를 세우기도 했다.

콘스탄티노스 1세Constantine I : 1차 재위 1913~1917년, 2차 재위 1920~1922년. 게오르기오스 1세의 아들. 1차 세계대전 참전에 대한 논란으로 2번의 망명 생활을 하며 폐위와 복위를 반복하게 된다.

조피 왕비Sophie von Preußen : 콘스탄티노스 1세의 왕비. 오빠가 독일의 왕이라 독일 편을 든다는 오해를 받고 그리스인들에게 신뢰를 잃는다.

알렉산드로스 1세Aléxandros I : 재위 1917~1920년. 콘스탄티노스 1세의 둘째 아들. 아버지가 쫓겨나면서 양위를 받고 국왕이 된다. 황당한 사고로 젊은 나이에 사망함으로써 그리스에 혼란을 불러온다.

게오르기오스 2세Geórgios II : 1차 재위 1922~1924년, 2차 재위 1935~1947년. 콘스탄티노스 1세의 장남. 그리스에 공화정이 수립되며 아버지처럼 폐위되었다가, 왕정 부활로 다시 복위된다.

파블로스Pávlos : 재위 1947~1964년. 콘스탄티노스 1세의 셋째 아들. 그리스가 정부파와 공산주의파로 나뉘어 내전을 겪는 와중에 국왕이 된다.

권력의 이동

게오르기
오스 1세

계승

콘스탄티
노스 1세

연합군에 의한
양위

알렉산
드로스 1세

국민 투표로
재선출

콘스탄티
노스 1세

쿠데타에 의한 양위

게오르기
오스 2세

공화정

국민 투표로 재선출

게오르기
오스 2세

계승

파블로스

계승

콘스탄티
노스 2세

퇴위

군사
독재

공화정

그리스는 유럽의 문화나 사상을 이야기할 때 굉장히 중요한 곳이다. 고대 그리스의 문화는 유럽 전역에 엄청난 영향을 주었다. 그러나 영국, 프랑스 등의 서유럽과는 오래도록 지리적 위치 때문에 문화적으로도, 심리적으로도 가깝게 지내지 않았다. 특히 15세기 오스만제국의 침입으로 인해 비잔틴제국이 멸망하면서, 그리스는 오스만제국의 통치를 받게 되었다. 오스만제국은 이슬람교를 국가의 중심 사상으로 받아들였는데, 그리스는 오랫동안 기독교인 정교회를 믿고 있었기에 그리스인들은 이교도로 취급되며 여러 차별을 받았다.

그러다가 19세기 나폴레옹 전쟁 이후, 전 유럽에 민족주의가 퍼지면서 그리스까지 영향을 받게 된다. 그리스인들은 자신들과는 다른 정체성을 가진 오스만제국의 지배를 거부하기 시작했고, 이런 물결은 곧 그리스의 독립 운동으로 발전한다. 1820년대 시작된 그리스의 독립 운동은 사실 지역적 반란이나 소요 사태에 가까웠는데, 오스만제국에서 이런 일은 일상이었다. 하지만 오스만제국이 이런 사건들을 거듭 진압하면서 독립에 대한 그리스인들의 열망은 더욱 강해졌다.

그리스에서 독립 운동이 처음 일어났을 때는 영국, 프랑스, 러시아 같은 유럽의 강대국들이 그리스의 독립을 공식적으로 지지하지 않았으므로 국제적 상황에서는 그리스가 불리했다. 하지만 유럽의 지식인들은 서양 문화의 뿌리인 그리스의 독립에 큰 관심을 가지고 있었으며 자발적으로 그리스에 방문하는 경우도 많았다. 영국에서 당대 최고의 시인이라고 손꼽혔던 바이런George Byron 같은 인물이 대표적이다. 지식인들은 그리스의 상황을 사람들에게 널리 알렸고, 점차 여론이 그리스 쪽으로 기울었다. 결국 유럽의 여러 나라들은 입장을 바꾸게 된다.

이런 상황 덕분에 그리스는 마침내 1830년대에 독립할 수 있었다. 하지만 그리스가 독립하기까지 유럽 강대국들의 입김이 작용했기에 정치적으로 이들의 간섭을 받을 수밖에 없었다. 강대국들은 그리스가 공화국이 아닌 왕국으로 독립하길 원했다. 그리고 서유럽 출신의 외국인 국왕이 그리스의 왕위에 오르게 된다.

✤ 현명한 게오르기오스 1세

독립한 그리스의 첫 국왕은 남부 독일에 있는 바이에른왕국의 왕자 오톤Óthon이었는데, 많은 그리스인들이 그의 치세에 불만을 가졌다. 그 중에서도 가장 큰 불만은 오톤이 바이에른에서 수많은 측근을 데려왔다는 것이었다. 외국인인 오톤과 그 측근들이 그리스의 상황을 제대로 이해하지도 못하면서 자기들끼리만 권력을 나누어 가진다고 여긴 것이다. 결국 그리스 사람들은 오톤을 국왕 지위에서 몰아냈다.

이제 그리스는 다시 국왕을 뽑아야 했는데, 여러 후보 중에 선택된 인물은 덴마크의 빌헬름(150쪽 참고)이었다. 그가 후보가 되기까지는 여러 가지 조건이 작용했는데, 일단 그리스를 독립시키는 데 영향력을 행

| 오톤 국왕의 즉위 직후 모습(왼쪽)과 양위 후의 모습(오른쪽).

사했던 영국이나 러시아 왕가와 직접적 혈연관계가 아니어야 했다. 빌헬름 왕자의 아버지는 덴마크 왕가의 방계 가문 출신이었으며, 한미한 가문이었기에 혈연적으로 직접적 연결고리가 없었다. 게다가 빌헬름의 누나 알렉산드라는 뛰어난 미모 덕분에 빅토리아 여왕의 장남 앨버트 에드워드 왕자(후에 에드워드 7세)와 결혼했다. 즉 빌헬름은 장래 영국 국왕의 처남이었으며, 이것이 그가 그리스의 국왕으로 선출되는 결정적인 이유가 된다.

1863년 17살이었던 빌헬름은 게오르기오스 1세라는 이름으로 왕위에 오른다. 그리스가 게오르기오스 1세를 국왕으로 선출한 것은 결과적으로 매우 좋은 선택이었는데, 그가 국왕이 된 뒤 여동생 다우마가 러

| 현명한 왕이었지만 외국인이라는 이유로 살아생전 인정받지 못한 게오르기오스 1세.

시아의 황태자와 결혼함으로써 영국뿐만 아니라 러시아 황실과도 연결 고리가 생겼기 때문이다.

게오르기오스 1세는 매우 현명한 인물이었다. 그는 그리스의 복잡한 정치 상황 중에서도 신중한 입장을 취했다. 이전의 오톤 국왕이 외국인 측근들 때문에 불만을 샀던 것을 교훈으로 삼아, 그리스로 올 때 함께 왔던 덴마크나 독일 출신의 측근들을 모두 돌려보내고 그리스인들을 측근으로 기용했다. 또한 그는 개신교도였는데, 개종을 하지는 않았지만 공식적인 자리에서 정교회가 신성시하던 이콘Icon에 키스하는 등 정교회의 관습을 존중했다. 그리스인들에게 호감을 얻어야 한다는 사실을 잘 알고 있었으므로, 게오르기오스 1세는 늘 그리스 문화와 그리스인들을 존중하는 모습을 보였다.

그러나 이런 노력에도 게오르기오스 1세는 여전히 외국인이었다. 정치적 문제가 발생할 때마다 국왕에게 비난이 쏟아졌다. 하지만 게오르기오스 1세는 부분적으로라도 그리스인들의 생각을 공유했으며, 입헌 군주로서 최선을 다했다. 실제로 그의 시대가 끝나고 나서 그리스의 정치적 상황은 더 혼란스러워졌는데, 그나마 그가 통치하던 시대가 그리스에서 매우 안정적인 군주제를 유지하던 시기라고 볼 수 있다.

게오르기오스 1세는 그리스에서 큰 영향력을 발휘하던 정치가를 중용했다. 바로 엘레프테리오스 베니젤로스다. 게오르기오스 1세와 베니젤로스에게는 공통된 꿈이 있었다. 그리스어를 쓰는 사람들이 사는 지역 모두를 하나의 국가로 통합하는 것이었다. 이것이 바로 그리스가 발칸 전쟁Balkan War에 뛰어드는 계기가 된다. 그러나 발칸 전쟁은 게오르기오스 1세에게 최고의 영광과 동시에 최고의 불행을 가져다주었다.

| 그리스 근현대사에서 가장 영향력이 있던 인물 베니젤로스.

✠ 조피 왕비를 향한 오해 어린 시선

1차 발칸 전쟁을 치르며, 그리스는 발칸 반도의 여러 지역을 점령했다. 특히 테살로니키Thessaloniki를 얻은 것은 큰 성과였는데, 당시 사령관이었던 왕태자 콘스탄티노스와 베니젤로스가 도시를 함락한 후 공식적으로 함께 이 도시에 입성할 정도였다. 게오르기오스 1세 역시 이 중요한 도시로 직접 가서 머물렀다.

그러던 어느 날 게오르기오스 1세가 여느 때처럼 경호원 없이 산책을 나섰을 때, 누군가가 국왕에게 총을 겨누었다. 왕이 암살을 당하고만 것이다. 그의 죽음은 정치적으로 민감한 문제였다. 전쟁 당시 발칸반도의 나라들은 미묘한 신경전을 벌이고 있었으므로, 만약 다른 나라의 사주를 받은 이의 소행이라면 이제 겨우 정리되고 있던 전쟁이 다시 확대될 수도 있었다. 하지만 암살범은 그리스인으로 국왕에게 불만을 품고 있던 인물이었다. 이 사실이 알려지자 베니젤로스는 범인이 불가리아인이나 터키인이 아닌 것을 매우 다행으로 여겼다고 한다.

이전까지는 모두 무슨 일만 생기면 게오르기오스 1세를 비난했으며, 심지어 이를 견디지 못한 왕이 양위를 심각하게 고려한 적도 있었다. 그러나 게오르기오스 1세가 갑작스레 사망하자 그에 대한 비난은 온데

간데없이 사라졌다. 그리스 국민은 오직 그에 대한 좋은 기억만 남겼다. 국왕을 비난하던 사람들은 이제 모두 죽은 국왕을 칭송하기에 바빴다.

죽은 게오르기오스 1세를 기리는 마음은 그대로 후계자 콘스탄티노스에 대한 기대로 이어졌다. 1912년 국왕이 된 콘스탄티노스 1세는 게오르기오스 1세와 러시아의 올가 콘스탄티노브나 여대공Grand Duchess Olga Konstantinovna 사이의 아들이었다. 그의 이름은 외할아버지인 콘스탄틴 니콜라예비치 대공Konstantin Nikolayevich의 이름을 딴 것이었지만, 그리스에서는 콘스탄티누스 황제와 같이 위대한 군주의 이름으로 여겨졌다.* 게다가 그의 아내 조피(그리스 이름으로는 소피아)는 프로이센 출신이었는데, 그리스에서는 '콘스탄티노스와 소피아가 왕위에 있으면 그리스가 번영할 것'이라는 전설이 있었으므로 이 역시 좋은 징조였다.

새 국왕이 즉위하면서 이런 길조들이 보이자, 국민들은 콘스탄티노스 1세의 통치하에 좋은 시기가 오리라는 기대를 가졌다. 하지만 곧 그리스에는 먹구름이 끼고 정치적 소용돌이가 몰아치기 시작했는데, 이는 모든 길조들을 잊게 만들 만큼 강력했다.

게오르기오스 1세는 매우 신중하

| 콘스탄티노스 1세와 조피 왕비.

*또한 그리스는 이전에 비잔틴제국의 영토였으며, 비잔틴제국의 중심 도시는 콘스탄티노플Constantinople 이었다.

고 현명한 사람이었다. 그는 자신과 마찰을 빚는 인물과도 잘 지내려 노력했다. 그가 후계자에게 남긴 말에서도 그런 면모를 엿볼 수 있다. '그리스 사람들은 국왕이 외국인이라는 사실을 절대 잊지 않을 것이며, 그리스 사람들을 화나게 하느니 차라리 국왕이 참는 편이 낫다'고 충고한 것이다. 하지만 콘스탄티노스 1세는 아버지만큼 유연하지도, 현명하지도 못했다.

좋은 징조가 가득하던 콘스탄티노스 1세 즉위 초에도 이미 여러 문제들이 싹을 틔우고 있었다. 그리스인들은 당시 정치적으로 독일을 적대시했으며 독일의 황제 빌헬름 2세를 적으로 여기고 있었으므로, 콘스탄티노스 1세의 아내인 조피 왕비가 빌헬름 2세의 여동생이라는 사실을 매우 경계하고 있었다.

그러나 사실 조피 왕비는 이미 결혼하기 전부터도 오빠와 사이가 매우 나빴다. 그녀는 결혼하면서 정교회로 개종했는데, 빌헬름 2세와 그의 아내 빅토리아 아우구스타 황후Auguste Viktoria가 이를 크게 반대한 바 있었다. 조피는 이들의 반대에 매몰차게 대응했다. 그런데 하필 당시 임신 중이었던 황후가 예정일보다 며칠 일찍 아이를 낳자, 빌헬름 2세는 크게 화를 내면서 아이가 잘못되면 다 조피 탓이라고 몰아붙였다. 또 게오르기오스 1세 시절 그리스 왕가가 위협을 받고 있을 때 빌헬름 2세가 전함을 파견하겠다고 하자, 조피는 불같이 화를 내면서 필요 없다고 하기도 했다. 심지어 남매의 어머니인 프리드리히 황후Empress Frederick가 '빌헬름이 다른 의도가 아니라 너의 안위를 걱정해서 그러는 것'이라고 편지를 보낼 정도였다. 하지만 그리스 국민들에게 조피 왕비는 독일 황제의 여동생이었으며, 그녀가 독일이 아니라 그리스에 충성한다는 것을 완전히 믿지 못했다.

조피 왕비에 대한 오해는 1차 세계대전이 일어나면서 더욱 깊어진다. 전쟁이 일어나자 콘스탄티노스 1세는 그리스의 중립을 선언했다. 이것은 그리스의 주류 의견과 반대였으며 그리스에 강한 영향력을 행사하고 있던 영국, 프랑스, 러시아 등의 뜻과도 일치하지 않았다. 당시 권력을 장악하고 있던 베니젤로스는 그리스가 참전해야 한다고 생각했다. 그래야 전쟁이 끝난 뒤 그리스가 유리해질 것이라고 믿었기 때문이다. 그리스에 있던 다른 나라의 외교관들도 국왕에게 참전하라는 압력을 넣고 있었다. 하지만 콘스탄티노스 1세는 고집스럽게 그리스가 중립으로 남아야 한다고 주장했다. 콘스탄티노스 1세는 그리스가 참전해서 피를 흘리는 것을 원치 않았다. 하지만 그의 주장은 현실적으로 불가능했다. 1차 세계대전의 원인 중 하나가 발칸반도였으니 발칸 전쟁의 중심이었던 그리스가 이 문제에서 자유로울 수는 없었다.

점점 '콘스탄티노스 1세가 고집스럽게 중립을 고수하는 이유는 그의 처남이 독일의 황제이기 때문'이라는 소문이 퍼졌다. 아내의 영향을 받아 독일에 호의적으로 변한 국왕이 참전을 꺼리고 있다는 것이었다. 조피 왕비가 오빠와 거의 의절한 상황이라는 사실은 전혀 고려되지 않았으며, 사람들이 이전부터 그녀에 대해 가졌던 거부감 역시 이런 소문을 더욱 널리 퍼뜨리는 원인이 되었다. 사실 콘스탄티노스 1세가 중립을 고집한 것은 독일이 승리할지도 모른다는 두려움 때문이었을 가능성이 컸는데도 말이다.

| 오빠인 빌헬름 2세 때문에 오해를 받은 조피 왕비.

콘스탄티노스 1세는 자신이 독일 편을 드는 것이 아니라 중립이라고 강조했지만, 베니젤로스를 비롯한 많은 사람들은 계속 그리스가 1차 세계대전에 참가해야 한다고 주장했다. 프랑스와 영국 역시 그리스를 압박하고 있었다. 국왕이 계속 거부하자 결국 베니젤로스는 테살로니키에 임시 정부를 마련했다. 즉 그리스에는 아테네에 있는 국왕의 정부와 연합군으로 참전을 주장하는 테살로니키의 임시 정부가 동시에 존재하게 된 것이다.

그리스는 점차 내전의 위기에 몰린다. 국왕을 지지하는 왕당파와 베니젤로스를 중심으로 하는 임시 정부 지지파 사이의 갈등이 점차 심해졌다. 1916년 12월 1일에는 국왕에게 압박을 가하기 위해 연합군이 무력을 행사하기도 한다. 전투함을 끌고 그리스로 온 것이다. 내전을 막는다는 명목이었지만 아테네의 통제권을 제어하기 위해 함포사격까지 했으니 국왕은 이것을 더욱 큰 압박으로 받아들였을 것이다.

콘스탄티노스 1세는 끝까지 중립을 주장했지만, 사실 이런 상황에서까지 중립을 주장하는 것은 다소 어리석은 행동이었다. 그리스 국민들은 국왕의 행동에 실망을 금치 못했다. 연합군은 마침내 행동에 나섰고, 프랑스 군과 함께 그리스로 진격했다. 결국 콘스탄티노스 1세는 아들에게 왕위를 내어주라고 강요받게 된다. 당시 콘스탄티노스 1세의 장남인 게오르기오스Geórgios가 제1의 왕위 계승자였지만 연합군은 그를 그리스 국왕으로 만들 마음이 없었다. 게오르기오스는 외가인 독일에서 공부했으므로 아버지와 똑같으리라고 우려한 것이다.

콘스탄티노스 1세는 둘째 아들인 알렉산드로스에게 양위를 했고,

그리스 정부는 국왕 알렉산드로스를 제외한 왕실 가족 전체에게 그리스를 떠나라고 명령했다. 3일 후인 1917년 7월 14일, 그는 가족과 함께 야반도주하듯이 떠났다. 정부는 점차 베니젤로스가 장악했으며, 많은 사람들은 젊은 국왕 알렉산드로스 1세를 베니젤로스의 꼭두각시쯤으로 여겼다.

그리스를 떠난 콘스탄티노스 1세는 가족과 함께 스위스로 망명했다. 콘스탄티노스의 염려와 달리 1차 세계대전의 승리는 연합국에게 돌아갔으며, 베니젤로스의 뜻대로 그리스는 승전국 지위를 얻었다. 콘스탄티노스 1세가 그리스로 돌아갈 가능성은 거의 사라진 것이나 마찬가지였다. 하지만 나중에 그는 그리스를 떠날 때만큼이나 급하게 그리스로 돌아가게 된다.

✹ 알렉산드로스 1세의 어처구니없는 죽음

베니젤로스의 꼭두각시라는 평가대로, 알렉산드로스는 베니젤로스의 의견을 충실히 따랐다. 하지만 단 1가지는 예외였다. 결혼 문제만은 자신의 뜻대로 하기를 원했다. 그는 어린 시절부터 알고 지냈던 소꿉친구인 아스파시아 마노스Aspasia Manos와 결혼하고 싶어 했다. 그러나 그리스 국왕으로서 그는 통치 왕가의 여성과 결혼해야 했다. 자칫하면 이를 빌미로 콘스탄티노스 1세가 아들의 왕위 계승이 적합하지 않다고 주장할 가능성도 충분히 있었기 때문이다. 물론 이 결혼은 스위스에서 망명 중이던 그리스 왕가에서도 반대하는 일이었는데, 왕가와 함께 스위스에 머물고 있던 아스파시아의 아버지는 딸과 함께 죽으라는 소리까지 들었다는 소문이 퍼졌다. 국왕 알렉산드로스 1세는 모든 반대에도 불구하고 자신의 뜻을 꺾지 않았고, 결국 아스파시아 마노스와 비밀리에 결혼했다. 그러나 두 사람은 다른 이들의 시선 때문에 함께 살 수 없었고, 아스파시아는 그리스를 떠나고 말았다.

알렉산드로스의 비밀 결혼이 콘스탄티노스 1세가 복위하는 데 영향을 미친 사건은 아니다. 그저 정치적 혼란에 빠진 그리스의 모습을 단편적으로 보여주는 사건일 뿐이다. 사실 콘스탄티노스 1세가 갑작스럽게 돌아온 것은 알렉산드로스의 어이없는 죽음 때문이었다.

1920년 어느 날, 알렉산드로스는 왕가의 거주지인 타토이Tatoi에서 자신의 개와 산책을 하고 있었다. 그런데 갑자기 어디에선가 원숭이 1마리가 나타나 알렉산드로스의 개를 공격했다. 왕이 개와 원숭이를 말리려고 하자 다른 원숭이 1마리가 더 나타나, 이번에는 왕을 공격했다. 원숭이는 알렉산드로스의 배와 넓적다리를 할퀴었는데, 알렉산드로스는 이 상처를 심각하게 생각하지 않았던 듯하다. 그러나 5일 후 알렉산드로스의 상처는 곪아 들어가기 시작했고 온몸에 열이 들끓었다. 곧 그의 상태는 점차 악화되었고 넓은 부위로 감염이 번졌다. 국왕을 살리기 위해 여러 치료법이 동원되었지만 그의 상태는 악화될 뿐이었다.

그리스 정부는 마침내 국왕이 죽어가고 있다고 인정했지만 이미 때는 너무나도 늦었다. 알렉산드로스가 죽어간다는 소리에 그리스 왕가는 경악을 금치 못했으며, 특히 조피 왕비는 아들을 만나게 해달라고 그리스 정부에 애원했다. 하지만 정부는 국왕의 할머니이자 그리스 왕실에서 존경받는 인물이었던 올가 왕비만이 그리스에 들어오도록 허락했는데, 그녀가 도착했을 때 이미 손자는 사망한 뒤였다.

그리스는 국왕의 갑작스러운 죽음을 맞이하고 혼란에 빠졌다. 베니젤로스는 영국이나 프랑스 등이 여전히 콘스탄티노스 1세나 그의 장남인 게오르기오스를 국왕으로 받아들이지 않을 것이라는 사실을 알고 있었다. 그가 선택할 수 있는 인물은 알렉산드로스의 동생 파블로스뿐이었다. 하지만 파블로스는 그리스 국민들이 자신의 아버지나 형을 거부할 경우에만 자신이 왕위에 오르겠다고 공표한다. 그리스의 상황을 뒤집어놓은 파블로스의 주장 때문에 다시 한 번 그리스 국민들의 손에서 투표가 이루어졌으며, 베니젤로스는 지고 말았다.

영국과 프랑스의 반대에도 불구하고 그리스는 콘스탄티노스 1세의 복위를 결정했다. 1920년 12월 콘스탄티노스 1세는 갑작스럽게 그리스로 돌아왔다. 콘스탄티노스 1세는 강대국들과 잘 지내길 원했지만, 베니젤로스는 이제 정적으로 굳어진 콘스탄티노스 1세에게 반발했으며 베니젤로스를 지지하는 사람들도 많았다.

| 역경이 많았던 콘스탄티노스 1세.

여기에 콘스탄티노스 1세의 치세에 결정적 타격을 준 것이 또 있었다. 터키와의 전쟁이었다. 베니젤로스는 1차 세계대전이 끝난 뒤 터키와의 전쟁을 시작했는데, 초반에는 그리스가 우위에 있었지만 1920년 그리스의 정치 상황이 변하면서 이 전쟁의 양상도 바뀐다.

영국과 사이가 나빴던 국왕 콘스탄티노스 1세가 복위하면서 영국의 지원을 계속 받기가 애매해진 것이다. 게다가 그리스 군 장교들 대부분은 왕가를 불신하고 있었으며, 콘스탄티노스 1세가 복위하면서 왕가와 그 측근들이 군으로 돌아온 것 역시 불만의 대상이었다. 이런 불만이 전투 중에도 알력 다툼으로 번졌다. 이를테면 콘스탄티노스 1세의 동생인 안드레아스 왕자Prince Andreas가 무모한 공격 명령을 거부하자 그의 참모들 모두가 해고되기도 했다. 이에 안드레아스 왕자는 함께 사직하고 후방으로 돌아오고 말았다.

정치적 혼란이 군대에도 영향을 주었음에도 불구하고, 초기의 승리를 유지하고 싶었던 그리스는 전쟁을 지속했다. 그러나 안드레아스 왕자가 전선에 있을 때 친구 메타사스 장군Ionnis Metasas에게 '현실을 직면하고 후퇴해야 한다'고 이야기했을 정도로 상황은 좋지 않았다.

결국 그리스는 터키에 패했다. 콘스탄티노스 1세는 1922년 9월 그리스의 패배를 인정하고 그리스 국민들의 애국심에 호소했지만, 전쟁의 패배로 인한 난민의 참상을 본 그리스 사람들은 국왕과 왕가를 더 이상 신뢰하지 않았다. 한결같이 콘스탄티노스에게 반대했던 베니젤로스는 다시 힘을 얻었다. 특히 낙담한 그리스 군인들은 모든 책임이 국왕에게 있다고 생각했다. 무능한 국왕을 몰아내자는 주장이 힘을 얻어 또다시 쿠데타가 발생했고, 1922년 9월 27일 콘스탄티노스 1세는 장남 게오르기오스에게 양위한 뒤 가족과 함께 두 번째로 그리스를 떠났다.

❈ 끝까지 불행한 콘스탄티노스 1세

콘스탄티노스 1세가 퇴위했지만 안정은 찾아오지 않았다. 그리스는 여전히 패전의 상처를 안고 있었다. 국왕을 몰아내고 정부를 장악한 사람들은 베니젤로스의 영향력 아래 있기는 했지만 다소 급진적이었다. 이들은 패전의 책임자들을 색출한다는 명목으로 여러 정부 관료와 군인들을 체포했는데, 여기에는 총사령관의 공격 명령을 거부했던 안드레아스 왕자도 포함되어 있었다. 안드레아스 왕자는 형이 양위하고 난 뒤에도 정치에 관여하지 않겠다는 생각으로 그리스에 머물고 있었다. 희생양을 찾고 있던 사람들에게 안드레아스 왕자는 좋은 목표였다.

많은 외교관들이 정치가들의 체포를 놓고 항의를 했지만, 상당수 사람들은 새로 구성된 그리스 정부가 이들을 처형할 것이라고 여기지는 않았다. 심지어 베니젤로스조차도 이들이 강경하게 나갈 것이라고는 생각하지 않고 있었다. 하지만 베니젤로스는 그리스와 터키 사이의 전쟁을 해결하기 위해 국외에 있었으므로 직접적으로 영향력을 행사할 수는 없었다. 그리스를 장악한 군인들은 강경하게 대응했다. 결국 6명의 전직 관리와 장군 들이 총살형에 처해졌다. 상황이 심각해지자 영국은 그리스에서 게오르기오스 2세의 안전을 보장하기 위해 전함을 파견했고 베니젤로스는 자신의 뜻을 전할 사람을 그리스로 보냈다. 다행히도 더 이상의 처형은 진행되지 않았다.

그리스는 독립 이후부터 계속 정치적인 혼란을 겪었다. 외국인 국왕이 그리스를 통치하던 시기에는 모두가 국왕을 불신했다. 그리스에서 왕위를 내려놓도록 강요받은 사람이 콘스탄티노스 1세가 처음도, 마지막도 아니었지만 그는 그의 아버지만큼 현명하지 못했으며 어려운 상황에서 부적절하게 행동함으로써 왕위에서 내려올 수밖에 없는 상황을 자초하기도 했다. 두 번째 퇴위는 사실 그의 잘못은 아니었지만 이전의 실책 때문에 그가 사람들에게 얼마나 나쁜 이미지로 굳어져 있었는지를 보여주는 단적인 예라고 하겠다.

급변하는 그리스 상황과 더불어 동생인 안드레아스 왕자가 체포되고 죽을 위기에 처하자, 콘스탄티노스 1세는 큰 충격을 받았다. 다행히 안드레아스와 그 가족이 무사히 그리스를 떠나는 것을 지켜볼 수는 있었지만 퇴위할 때부터 이미 건강이 좋지 않았던 그는 결국 1923년 1월 심장마비로 이탈리아의 시칠리아섬에서 사망했다.

그리스가 공화국이
되기까지

콘스탄티노스 1세의 장남인 게오르기오스 2세는 아버지가 왕위에서 쫓겨난 뒤 국왕이 되었지만 역시 정치적인 이유로 아버지처럼 왕위에서 물러나야 했다. 그리스는 한동안 공화국이었다가, 1930년대 게오르기오스 2세가 복위하면서 왕국이 된다.

게오르기오스 2세는 아버지와 달리 2차 세계대전에서 연합국의 편에 섰다. 하지만 이것은 또 다른 비극의 시작이었다. 그리스는 이탈리아와의 전투에서 승리하지만, 이탈리아의 동맹인 독일이 그리스로 오면서 이탈리아와 독일에 분할 점령되었다. 영국에서 망명 정부를 세우고 저항을 계속하던

| 게오르기오스 2세.

게오르기오스 2세는 연합국이 승리하고 나서야 그리스로 돌아올 수 있었다. 하지만 그리스에서는 공산주의 세력이 군주제에 반대하면서 그리스 정부군 및 이를 지원하는 영국군과 내전을 벌였다.

게오르기오스 2세는 그리스로 돌아온 직후 사망했으며, 그의 동생인 파블로스가 형의 뒤를 이어 그리스의 국왕이 되었다. 그는 내전 중에 즉위했기에 집권하자마자 매우 어려운 상황에 부딪혀야 했다. 내전은 결국 그리스 정부군의 승리로 끝났으며 파블로스는 계속해서 그리스의 국왕으로 남았다. 하지만 내전의 상처는 매우 깊었다. 공산주의 세력에 가담했던 많은 이들이 체포되거나 망명길에 올랐으며 그리스 경제는 파탄에 이르렀다. 또 한 나라 안에서 둘로 나뉘어 내전을 했으므로 그리스인들은 오래도록 다른 편 사람들을 불신하게 된다.

파블로스가 통치하는 동안, 그리스는 나름대로 평온한 시기를 보냈다. 파블로스는 소탈한 사람이었으며 국민들에게 인기가 있었지만, 그의 아내인 프리데리케Friederike 왕비는 그다지 신뢰를 얻지 못했다. 조피 왕비처럼 독일 출신이었기 때문이다. 사람들은 웃는 모습이 매력적이었던 프리데리케 왕비를 두고 거만하다거나 정치에 너무 참견한다는 등 부정적인 평가를 했다.

1964년 파블로스 국왕이 사망한 뒤, 그의 아들인 콘스탄티노스 2세 Konstantínos II가 그리스의 국왕이 되었다. 젊고 잘생겼으며 올림픽에서 금메달을 따기도 했던 콘스탄티노스 2세가 즉위하자 그리스 국민들은 열렬한 환영을 보냈다. 게다가 그는 아름다운 덴마크의 공주 안네 마리 Princess Anne-Marie와 사랑에 빠져 동화 같은 결혼을 했는데, 그리스 국민들은 이런 모습을 보고 젊은 국왕을 호의적으로 받아들였다. 그러나 이 젊은 국왕에게는 큰 걸림돌이 있었는데, 바로 어머니 프리데리케 왕비였다. 그리스인들뿐만 아니라 다른 나라 외교관들도 왕비를 좋게 보지 않았던 것이다. 그들은 왕비가 아들에게 정치적 영향력을 지나치게 많이 행사한다고 생각했다. 국왕을 둘러싼 이들에 대한 반감이 커지면서, 왕정보다 공화정을 지지하는 사람들이 늘어났다. 결국 쿠데타를 통해 콘스탄티노스 2세가 그리스에서 추방당했고, 1973년 그리스는 공화국이 되었다.

| 인기가 많았던 왕 콘스탄티노스 2세. ⓒAllan warren, Wikimedia Commons.

| 그리스 아테네에 있는 의회 건물. 이전에는 왕궁으로 쓰였다.
©Gerald McGovern, Wikimedia Commons.

PART 3

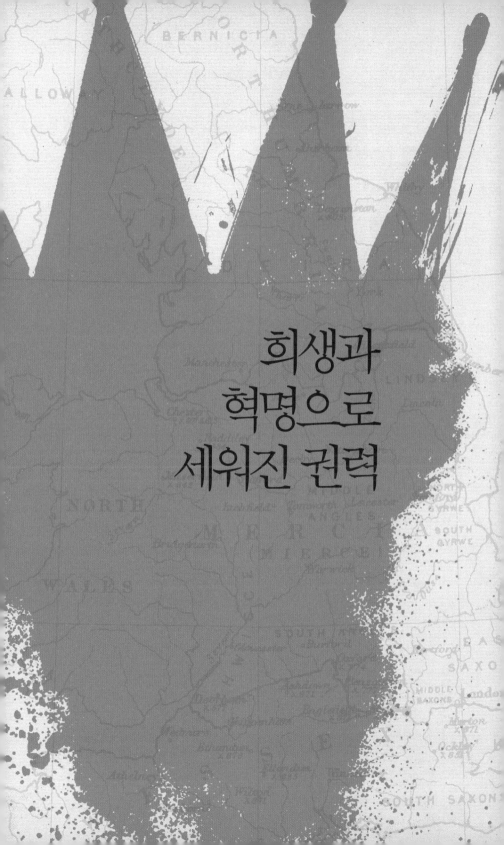

희생과
혁명으로
세워진 권력

영국이
세워진 기반,
명예혁명

주요 인물

제임스 1세James I : 재위 1603~1625년. 스코틀랜드의 국왕으로서 처음으로 잉글랜드 국왕이 되었다.

찰스 1세Charles I : 재위 1625~1649년. 제임스 1세의 아들. 의회와의 마찰로 인해 종교 개혁을 단행하며 잉글랜드에 내전을 불러왔다. 결국 내전 후 참수형에 처해진다.

올리버 크롬웰Oliver Cromwell : 찰스 1세가 왕위에서 쫓겨난 뒤 잉글랜드 권력을 장악한 인물로, 그의 사후에 왕정복고가 된다.

찰스 2세Charles II : 재위 1660~1685년. 찰스 1세의 아들. 왕정복고 후 국왕이 되었다. 의회와의 마찰을 피하고 왕국을 조화롭게 운영하는 데 집중했다.

제임스 2세James II : 재위 1685~1688년. 찰스 2세의 동생이며 형이 죽은 뒤 국왕이 된다. 가톨릭교를 강력히 지지함으로써 다시 의회와 마찰을 빚었으며, 결국 명예혁명에 의해 쫓겨난다.

메리 2세Mary II, 윌리엄 3세Willem III : 공동 재위 1689~1694년. 제임스 2세의 딸과 사위로, 제임스 2세가 쫓겨난 뒤 함께 왕위에 올랐다. 메리 2세가 사망한 후에는 윌리엄 3세가 홀로 통치했다.

앤 여왕Queen Anne : 재위 1702~1714년. 스튜어트 왕가의 마지막 왕. 이 시기에 잉글랜드와 스코틀랜드가 법적으로도 합쳐진 하나의 나라가 된다.

게오르크 루트비히Georg Ludwig(조지 1세George I) : 재위 1714~1727년. 하노버의 선제후로 있다가, 앤 여왕이 사망한 후 제임스 1세의 손녀인 어머니의 권리를 통해 영국 왕위를 얻게 된다.

제임스 프랜시스 에드워드James Francis Edward : 제임스 2세의 아들로, "올드 프리텐더Old Pretender"라는 별명이 있다. 제임스 2세를 지지하는 사람들과 함께 왕위를 탈환하려는 반란을 일으키는 중심인물이다.

찰스 에드워드 스튜어트Charles Edward Stuart : "영 프리텐더Young Pretender"라는 별명이 있으며, 올드 프리텐더의 아들이다. 역시 왕위를 노리고 반란을 일으킨다.

권력의 이동

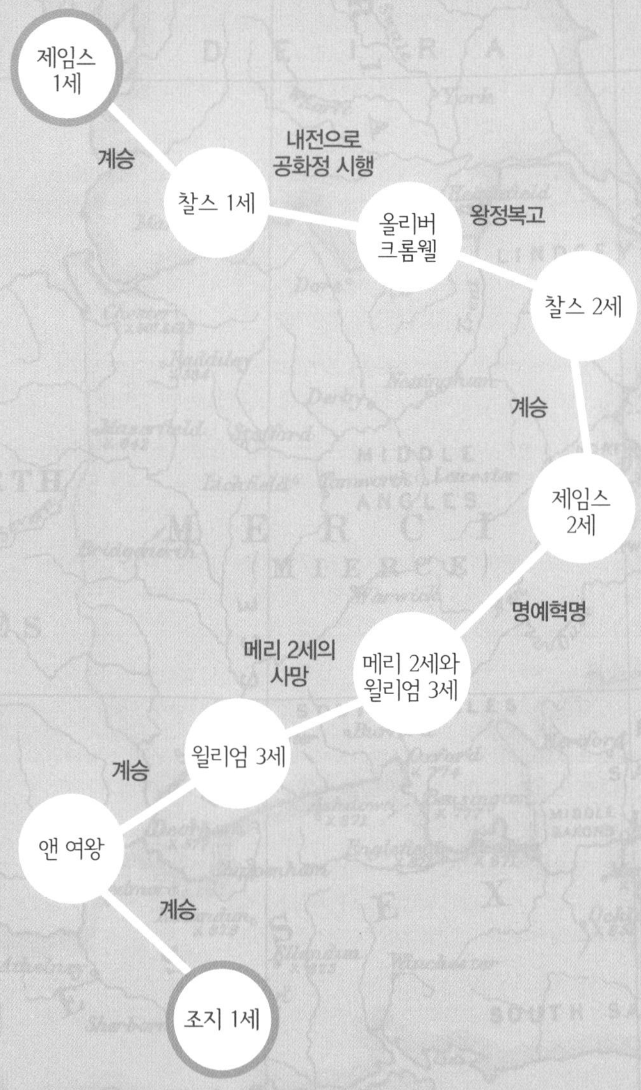
제임스 1세
계승
찰스 1세
내전으로 공화정 시행
올리버 크롬웰
왕정복고
찰스 2세
계승
제임스 2세
명예혁명
메리 2세와 윌리엄 3세
메리 2세의 사망
윌리엄 3세
계승
앤 여왕
계승
조지 1세

영국이 현재 우리가 알고 있는 것처럼 브리튼섬 전체와 아일랜드 일부를 영토로 가진 하나의 나라로 확립된 것은 1707년이다. 이전까지는 스코틀랜드와 잉글랜드가 각각 독립된 나라였다. 아일랜드나 웨일스 지방 역시 17세기까지는 잉글랜드의 영토가 아니었다.

그렇다면 이렇게 나뉘어 있던 나라들이 어떻게 영국이라는 하나의 나라로 통합되었을까? 그 시작은 스코틀랜드를 통치하던 스튜어트 왕가가 잉글랜드 왕위를 얻으면서부터다. 두 나라를 하나의 군주가 통치하게 된 것이다. 하지만 스튜어트 왕가의 마지막 국왕이었던 앤 여왕 시기가 되어서야 두 나라는 마침내 법적으로도 하나의 나라가 된다.

스코틀랜드의 국왕으로서는 처음으로 잉글랜드의 왕위에도 오르게 된 제임스 6세James VI는 여왕 메리 1세Mary I(메리 스튜어트Mary Stewart)와

| 처음으로 스코틀랜드 왕으로서 잉글랜드를 함께 통치하게 된 제임스 1세.

그녀의 두 번째 남편인 헨리 스튜어트Henry Stuart의 아들이었다. 제임스 6세의 부모는 모두 헨리 7세의 딸인 마거릿 튜더Margaret Tudor의 후손이었다. 즉 제임스 6세는 모계로건 부계로건 모두 헨리 7세의 후손이며 이 사실이 나중에 그가 잉글랜드의 왕위를 잇는 계기가 된다.

튜더 왕가의 마지막 국왕이었던 엘리자베스 1세Elizabeth I는 평생 결혼하지 않았으므로, 그녀의 후계자 문제는 왕국의 가장 큰 관심사였다. 그리고 가장 유력한 왕위 계승 후보자가 바로 엘리자베스 1세의 고모 마거릿 튜더의 후손인 제임스 6세였다. 여왕이 죽은 뒤 스코틀랜드의 제임스 6세는 잉글랜드의 제임스 1세로 즉위했다.

✸ 형장의 이슬로 사라진 찰스 1세

스튜어트 왕가가 잉글랜드를 통치한 이 시기는 매우 혼란스러웠다. 특히 제임스 1세의 아들 찰스 1세 시절, 의회와 국왕의 충돌이 심해졌다. 제임스 1세는 지적으로 매우 뛰어난 인물이었지만 도덕적으로나 성격적으로는 다소 문제가 있었다. 그는 어린 시절부터 사람들의 애정을 갈구했는데, 훗날 그의 총신들과 성적인 관계까지 가졌다는 이야기가 있다. 아마 어린 시절 아버지를 잃고 어머니도 정치적으로 망명하는 바람에 혼자 성장하게 된 것이 가장 큰 원인이었던 것 같다. 그러나 이 모든 문제에도 불구하고 제임스 1세는 아들인 찰스에게 안정된 왕위를 물려주었다.

찰스 1세가 즉위했을 당시에는 잉글랜드와 스코틀랜드의 왕권이 매우 안정적이었다. 하지만 찰스 1세는 의회와 사이가 좋지 않았다. 그는 자신의 통치권을 강하게 주장했고, 자기 뜻대로만 하려고 했다. 자기 의견만을 밀어붙였고 의회나 주위 사람들을 납득시키려 노력하지도 않았다. 점차 국민의 의견과 국왕의 의견 사이의 간극이 커지면서 상황은 악화된다.

찰스 1세는 스코틀랜드와 잉글랜드를 동시에 통치하는 군주였지만, 두 나라 중 더 크고 강했던 잉글랜드의 수도에서 주로 지냈다. 이 때문에 상대적으로 스코틀랜드에는 국왕의 영향력이 덜 미치고 있었다. 이런 상황에서 찰스 1세가 스코틀랜드에서 종교 개혁을 시도하자, 모든 것이 어긋나기 시작한다.

찰스 1세는 이미 잉글랜드에서 여러 가지 종교적 개혁을 단행한 바 있었지만 그다지 성공적이지는 않았다. 국민 대부분은 개혁을 원하지 않는데도 불구하고 왕이 강행하자, 이를 받아들이지 못한 사람들이 메이플라워Mayflower호를 타고 아예 잉글랜드를 떠나버림으로써 상황이 일단락되었던 것이다. 하지만 국왕의 영향력이 상대적으로 약했던 스코틀랜드에서는 반발의 강도가 훨씬 셌다.

찰스 1세는 역시 이들을 설득하려 하지 않고 전쟁으로 해결하려 했다. 잉글랜드 의회는 국왕이 자신들의 요구를 들어준다면 스코틀랜드와의 전쟁을 지원해줄 용의가 있었는데, 찰스는 이를 거절하고 교황과 가톨릭교도의 지원을 받아들이기로 한다. 이것은 치명적인 실수였다. 원정은 성공하지 못했으며 도리어 스코틀랜드가 잉글랜드의 일부 지역을 점령하는 사태에까지 이르게 된 것이다. 점차 잉글랜드 의회는 국왕이 나라를 혼란에 빠뜨리고 있다고 판단했으며, 국왕의 권리를 제한하고 의회가 이를 대신해야 한다고 여기기 시작한다. 게다가 스코틀랜드와 평화 조약을 맺을 때 찰스 1세가 스코틀랜드 의회에서 왕권 제한을 승인했다는 것이 알려지면서 잉글랜드 의회에서도 더욱 이에 대한 논의가 가속된다.

찰스 1세의 어려움은 여기에 그치지 않았는데, 1641년 잉글랜드 의회가 가톨릭을 탄압할 것이라고 우려한 아일랜드의 가톨릭교도들이 개신교도들을 공격하는 일이 발생했다. 공격은 학살로 이어졌다. 폭동의 주동자들은 '왕에게서 명을 받았다'고 주장했다. 심지어 가짜 증서까지 나돌면서 찰스 1세가 이 폭동을 사주했다는 소문이 널리 퍼졌다. 찰스 1세

| 찰스 1세의 모습.

가 무력으로 의회를 해산하려 하고 있다는 이야기도 돌았다. 실제로 격분한 찰스 1세가 의회 의원들을 체포하려 하자, 의회는 국왕이 자신의 직분을 더 이상 제대로 수행하기 어려운 상태라고 여기게 되었다. 수세에 몰린 찰스 1세는 결국 자신의 백성들을 향해 전쟁을 선포하기에 이른다.

잉글랜드는 물론 스코틀랜드와 아일랜드까지 왕당파와 의회파로 나뉘어 내전을 벌였다. 이 내전은 의회파의 승리로 끝났으며, 찰스 1세는 참수형에 처해졌다. 그는 죽기 전 어린 자녀들과 만났을 때 '나를 죽음으로 내몬 사람들을 용서하라'고 이야기했으며, 처형 직전에는 잠시 기도할 시간을 달라고 하기도 했다. 비록 나라를 내란으로 몰아갔지만 그가 죽음의 순간에 보인 의연한 모습에 많은 이들이 인간적인 동정심을 느꼈다고 한다.

✱ 끝나지 않는 종교 갈등과 명예혁명

찰스 1세가 사형을 당한 뒤, 잉글랜드는 올리버 크롬웰을 중심으로 공화정을 유지한다. 공화정을 시행하는 동안 잉글랜드는 물론 스코틀랜드와 아일랜드 역시 혼란을 겪었다. 내전이 끝났음에도 국가는 여전히 혼란스럽고 피폐했는데, 이런 시기에 새로운 정치 형태를 시도했으니 국가가 안정될 리가 없었다. 특히 올리버 크롬웰의 독재 정치는 국가를 안정시키려는 시도이기는 했지만 동시에 국민들을 매우 억압할 수밖에 없는 형태였다. 게다가 크롬웰의 후계자들은 모두 그의 지도력에 한참 미치지 못했다. 국민들은 왕정일 때와의 차이를 별로 느끼지 못했다.

결국 잉글랜드는 왕정으로 복귀하게 된다.

왕정복고로 인해 왕위에 오른 찰스 2세는 찰스 1세의 아들로, 왕이 되자마자 나라를 통합해야 한다는 임무를 띠게 되었다. 찰스 2세는 아버지의 죽음, 내전, 망명 등을 모두 겪고 국왕이 되었기에 자신이 중재자 역할을 해야 한다는 사실을 잘 알고 있었다. 그가 통치해야 하는 나라는 자신의 적들로 가득 차 있었다. 그는 자신을 도왔던 친구들보다 강력한 세력인 옛 적들을 우대했고, 왕권은 점차 안정되어갔다. 하지만 찰스 2세가 그다지 강력한 국왕이었던 것은 아니다. 그는 의회와의 마찰을 가능한 한 피하고 싶어 했으며, 왕의 자리에서 즐거운 삶을 누리는 것을 더 좋아했다.

그럼에도 불구하고 충돌을 불러온 문제가 하나 있었는데, 찰스 2세가 가톨릭에 대해 매우 호의적이었다는 사실이다. 사실 찰스 1세의 가족들 모두 마찬가지였다. 찰스 1세를 끝까지 지지한 사람들이 가톨릭교도였으며, 찰스 1세의 아내 앙리에트 마리Henriette Marie가 가톨릭을 믿었던 프랑스의 공주였던 것이다. 앙리에트 마리는 자녀들을 가톨릭교도로 키우고 싶어 했으므로 찰스 1세의 자녀들도 모두 가톨릭을 믿거나 호의적이었다. 하지만 찰스 2세는 스스로 가톨릭교도가 될 수 없었다. 나라를 국교회로 통합하려는 의회의 정책과 상반되는 행보였기 때문이다.

그러나 왕의 호의는 눈에 띨 수밖에 없었다. 결국 가톨릭으로 대변되는 왕당파와 국교회로 대변되는 의회파 사이에 갈등이 일어나기 시작했다. 특히 찰스 2세의 동생이자 추정계승자였던 요크 공작 제임스James, Duke of York가 자신이 가톨릭교도임을 밝히면서 공공연히 가톨릭교를 지

| 아버지와는 다른 모습을 보여주었던 찰스 2세.

지하자 상황이 악화되었다. 하지만 국민들은 여전히 찰스 2세를 지지했는데, 그가 가톨릭에 개인적인 호의를 보이기는 했지만 왕으로서는 가톨릭과 국교회 사이에서 중립적인 태도를 취했기 때문이다. 또한 국왕이 된 뒤에도 복수를 하지 않았고 자신의 주변 인물들에게 지위를 부여하지 않았다는 사실도 도움이 되었다.

| 종교 문제에 직면한 제임스 2세.

하지만 찰스 2세의 동생 제임스가 제임스 2세로 즉위하면서 상황이 급변했다. 찰스 2세가 보여주었던 중립과 관용을 제임스 2세는 가지고 있지 않았다. 의회를 의식해서 죽기 직전까지 자신의 종교를 밝히지 않았던 찰스 2세와 달리, 제임스 2세는 왕위 계승 이전부터 스스로 가톨릭교도임을 밝힌 바 있었다. 그는 국왕이 되고 나자 차별받던 가톨릭교도와 비국교회 개신교도에 대한 법적 제한을 풀어버린다.* 이것은 형인 찰스 2세도 시도했지만 성공하지 못한 일이었다.

이미 의회와 어느 정도 마찰을 빚고 있던 제임스 2세는 역시 반발에

---

*개신교에는 국교회가 포함되지만, 당시 잉글랜드에서는 국교회를 믿지 않는 개신교, 이를테면 루터파나 장로회 같은 다른 개신교의 종파들에 대해서도 차별을 했다. 국교회가 우리가 일반적으로 알고 있는 성공회다. 성공회는 개신교의 한 종파인데 영국에서는 이 성공회를 국교로 삼았다.

직면하게 된다. 제임스 2세는 기존의 권력을 장악하고 있던 국교회파를 권력에서 배제하고, 자신을 지지하는 가톨릭교도와 비국교회 개신교도들에게 권력을 부여하려고 했다. 여전히 다수를 차지하고 있던 국교회파 사람들은 불만을 가질 수밖에 없었다. 이들은 제임스 2세가 후계사에게 왕위를 물려주기만을 기다리고 있었다. 제1의 왕위 계승자는 개신교도인 오라녜 공비 메리Princess Mary van Oranje였기 때문이었다. 국교회파는 메리가 왕위에 오른다면 제임스 2세가 실시한 정책 모두를 뒤엎을수 있을 것이라고 생각했다.

그런데 1687년, 제임스 2세의 부인인 마리아 왕비Maria di Modena가 임신을 했다는 소식이 들려왔다. 국교회파는 혹시나 아들이 태어나면 어쩌나 하는 걱정에 왕비의 임신을 부정하는 이야기를 마구 퍼트렸다. 반대로 가톨릭파는 '왕비의 임신은 신의 뜻'이며 왕비가 아들을 낳을 것이라고 떠벌리고 다녔다. 국교회파에서는 왕비가 아이를 어디에선가 데려올지도 모른다는 소문까지 퍼졌다.

1688년 6월 10일, 마리아 왕비는 제임스 2세의 후계자가 될 아들을 낳았다. 제임스 프랜시스 에드워드라는 이름으로 세례를 받은 이 아이는 태어나자마자 잉글랜드 왕위 계승자에게 부여되는 웨일스 공 칭호를 부여받았다. 하지만 동시에 '왕비가 아들을 워밍 팬에 숨겨서 들어왔다'는 소문도 돌았다. 사실 왕비가 임신했을 때부터 '가톨릭을 믿는 왕비가 가톨릭을 믿는 국왕을 만들기 위해 임신한 척을 한다'는 소문이 돌았는데, 실제로 아들을 낳자 이 소문이 더욱 확장되어 밖에서 아이를 몰래들여 왔다는 이야기로까지 퍼진 것이다.

| 아들 제임스를 안고 있는 마리아 왕비.

제임스 2세는 신하들에게 새로 태어난 아들을 왕위 계승자로 인정하는 맹세를 하라고 요구했다. 하지만 대부분 국교회를 믿고 있던 잉글랜드 귀족들은 새로 태어난 아이를 왕위 계승자로 인정할 경우 다음 대에도 가톨릭교도 국왕이 즉위할지도 모른다고 우려했다. 그렇게 되면 제임스 2세의 정책이 계속 이어질 것이기 때문이었다. 게다가 비국교회 개신교도들 역시 이 상황을 반기지 않았는데, 제임스 2세가 당장의 정치적 목적으로 자신들을 이용하고 있다고 생각했기 때문이었다.

결국 의회 지도자들은 합심해서 바다 건너에 있던 제임스 2세의 사위 오라녜 공에게 도움을 청했다. 오라녜 공이 함대를 이끌고 런던 앞바다에 도착했을 때, 제임스 2세는 거의 자포자기 상태였다. 의회는 제임스 2세가 겁을 먹어 자신들의 요구를 들어줄 것이라고 생각했지만, 왕은 아무런 행동도 취하지 않고 사위의 진격을 방관했다. 제임스 2세는 결국 잉글랜드를 떠나 프랑스로 망명했으며, 그의 사촌이었던 루이 14세가 제임스 2세에게 집과 연금을 주고 프랑스에 살게 해주었다.

주인 없는 왕위는 제임스 2세의 딸 메리에게 돌아갔고, 남편 오라녜 공과 메리가 나란히 메리 2세와 윌리엄 3세로 즉위했다. 이것이 바로 '명예혁명'이라고 알려진 사건이며, 두 사람이 즉위할 때 권리장전Bill of Rights*이 제정되었다. 그다음 해, 잉글랜드 의회에서는 제임스 2세나 그 아들이 왕위에 다시 오르는 것을 막기 위해 가톨릭교도가 잉글랜드 왕

| 메리 2세(왼쪽)와 윌리엄 3세(오른쪽).

---

*권리장전은 명예혁명의 결과로 이루어진 인권선언으로, 의회에게 동의를 받지 않고 왕이 독단적으로 법률을 집행하거나 세금을 물릴 수 없는 등 왕권을 제한하는 내용이 들어 있다. 또한 의회에서 언론의 자유와 선거의 자유, 국민 청원의 자유를 보장하고 있다. 권리장전은 미국의 독립선언이나 프랑스의 인권선언 등 다른 나라에도 영향을 끼쳤으며 영국에 의회정치를 확립하고 절대왕정을 끝냈다는 점에서 큰 의의를 가진다.

위를 계승하는 일을 금지하는 법안을 마련했다.

✤ 그레이트브리튼왕국의 등장

아내 메리 2세와 함께 잉글랜드와 스코틀랜드, 아일랜드의 공동 군주가 된 윌리엄 3세는 제임스 2세의 조카이기도 했다. 윌리엄 3세는 잉글랜드 왕위에 대한 야망을 숨기지 않았다. 아내 메리는 남편에게 순종적이었으며, 남편에 대한 사랑이 깊었다고 알려져 있다. 의회에서 메리에게 왕위를 이어받도록 했을 때, 그녀는 자신의 권리로 남편이 대신 왕위에 오를 수 있도록 했다.

제임스 2세가 프랑스로 망명한 뒤, 스코틀랜드 의회도 메리와 빌럼을 군주로 받아들이긴 했지만 스코틀랜드는 제임스 2세의 출신 왕가인 스튜어트 왕가의 고향이었으며 스튜어트 왕가를 지지하는 사람들이 많았다. 게다가 아일랜드의 경우 스코틀랜드와는 달리 국왕을 승인할 만한 협의체가 없었기에 윌리엄 3세가 무력으로 진압할 수밖에 없었다. 결국 윌리엄 3세는 즉위 직후부터 스코틀랜드와 아일랜드에서 일어나는 반란의 위협에 직면하게 되었다.

스코틀랜드와 아일랜드에는 제임스 2세를 지지하는 세력이 많았다. 이들은 '제임스 측 사람들' 정도로 해석될 수 있는 자코바이트Jacobite라고 불렸다. 자코바이트들은 궁극적으로 제임스 2세가 왕위를 되찾기를 원했다. 어이없게 왕위를 내주고 프랑스로 망명한 제임스 2세는 내심 자코바이트에게 기대를 걸었으며, 지지 기반이 넓은 스코틀랜드와 아일랜드를 발판 삼아 왕위를 되찾으려 돈과 군대를 모았다. 제임스 2세가 아일랜드에 도착했을 때, 스코틀랜드에서도 자코바이트의 반란이 시작되었다. 윌리엄 3세가 아일랜드와 스코틀랜드에서 동시에 진행된 이 반란을 진압하는 데 2년 이상이 걸렸다. 그는 반란을 진압하고 나서도 너그러운 조치를 내렸는데, 제임스 2세가 아닌 자신에게 충성을 맹세하는 조건으로 반란에 가담한 이들을 사면해주었고 재산을 몰수하지도 않았다. 아마도 윌리엄 3세는 프랑스와의 전쟁에 직면한 상황이니 내부 문제는 그저 원만하게 해결하길 바랐던 것 같다. 그는 잉글랜드 정치보다는 주로 프랑스와의 전쟁에 집중했다. 프랑스의 루이 14세가 프랑스로 망명한 제임스 2세를 지지했던 것이다. 잉글랜드에게는 위협적이었다.

1701년 제임스 2세는 프랑스에서 사망하고, 1년 뒤 윌리엄 3세가 후계자 없이 사망했다. 윌리엄 3세의 뒤를 이은 이는 제임스 2세의 둘째 딸인 앤 여왕이었다. 사실 윌리엄 3세가 죽을 무렵, 잉글랜드 내에서는 후계자 문제가 큰 고민이었다. 윌리엄 3세의 후계자는 앤 공주였지만 앤 공주에게는 후계자가 될 자녀가 없었다. 그녀는 수많은 아이들을 낳았지만 대부분 어렸을 때 사망했다. 결국 앤 이후의 후계자가 없으므로 쫓아냈던 제임스 2세의 후계자가 돌아와 왕위를 주장할지도 모른다는 불안이 퍼져갔다. 영국 의회는 합당한 왕위 계승 후보자를 찾아야 했다.

의회가 찾은 후보자는 하노버의 선제후비 조피Sophie von Hannover와 그의 아들인 게오르크 루트비히였다.* 조피는 제임스 1세의 손녀로, 부

---

*하노버는 현재 독일 북부 지방에 있는 지역으로, 하노버 가문이 이 지역을 오랫동안 통치했다. 게오르크 루트비히의 아버지 대에는 하노버의 선제후령을 통치하는 선제후가 되었다.

| 하노버의 선제후비 조피(왼쪽)와 그녀의 아들 조지 1세(오른쪽).

모와 남편이 모두 신교도였고 아들인 게오르크까지 신교도였다. 잉글랜드 의회가 원하던 가장 이상적 조건이었다. 하지만, 스코틀랜드가 이를 받아들일지는 다른 문제였다. 스코틀랜드는 잉글랜드에서 독립된 국가였으므로 자신들의 법률에 따라 왕위 계승자를 선택했기 때문이다. 만약 이렇게 되면 잉글랜드와 스코틀랜드는 완전히 분리될 수도 있었다. 잉글랜드 의회는 이를 막아야 했는데, 그 방편으로 스코틀랜드를 합병하자는 이야기가 나왔다. 당연히 스코틀랜드는 반발했지만 결국 경제적 압박 때문에 잉글랜드와의 합병을 승인할 수밖에 없었다.

1707년 5월 1일, 마침내 잉글랜드와 스코틀랜드가 합병되면서 그레이트브리튼왕국Great Britain이 탄생했다. 이 통합된 나라의 첫 군주는 당시 잉글랜드와 스코틀랜드를 통치하던 앤 여왕이었다. 그리고 1714년 8월 1일 앤 여왕이 사망하자, 의회는 하노버의 게오르크 루트비히를 국왕으로 선포했다. 게오르크는 9월이 넘어서야 겨우 영국에 도착했으며, 10월 20일 웨스트민스터에서 그레이트브리튼의 국왕 조지 1세로 즉위했다.

스튜어트 왕가가 통치하는 동안에는 1명의 국왕이 잉글랜드와 스코틀랜드, 아일랜드를 모두 통치했으며, 그 지역으로만 보자면 현재의 영국과 비슷하다. 하지만 당시에는 세 지역이 통합된 나라는 아니었다. 각기 다른 시스템으로 움직이니 통치가 매우 비효율적이었을 것이다. 또한 1명의 국왕을 놓고 세 지역이 각각 다른 생각을 가지고 있었을 것이다.

이 시기에는 종교도 매우 중요한 문제였는데, 각각의 종파가 자신들만의 생각을 유지하고 다른 이들에게 점차 더 배타적으로 변하면서 나라가 혼란해졌다. 결국 구조적 문제와 이념적 문제가 얽혀 변화가 혼란으로 나타나게 된 것이다. 의회가 국왕을 참수형에 처하기도 했고, 쫓아낸 왕가를 다시 받아들이기도 했으며 왕가를 바꾸게 만들기도 했다. 이런 사상적 갈등과 비효율적인 국가 시스템은 내전이라는 큰 혼란을 초래했지만, 이런 혼란으로 인해 이후 제도 등이 정비되었고 결국 나라를 통합하는 계기가 되었다.

제임스 2세와
자코바이트

자코바이트는 제임스 2세와 그 후손들을 정당한 왕위 계승자로 지지한 사람들이다. 이들은 건배할 때 "바다 너머 우리의 왕을 위하여the King over the water!"*라고 외쳤다고 한다. 이들에게 런던에 있는 국왕은 왕이 아니었고, 바다 건너에서 망명 중인 스튜어트 가문 사람들이 진정한 왕이었다.

자코바이트의 첫 봉기는 윌리엄 3세와 메리 2세가 즉위한 다음 해인 1688년에 일어났는데, 곧 진압되었다. 스코틀랜드에서 제임스 2세를 지지했던 부족들은 윌리엄 3세에게 충성을 맹세해야 했으며 아일랜드에서는 제임스 2세가 프랑스로 돌아갈 때 그를 따르던 아일랜드 군대

---

*Mattew Martin, "Kings over the water: Jacobite glass"(2013), The National Gallery of Victoria. http://www.ngv.vic.gov.au/essay/kings-over-the-water-jacobite-glass-in-the-national-gallery-of-victoria.

가 같이 프랑스로 가기도 했다. 하지만 이 사건은 이후 지속적으로 이어지는 자코바이트 봉기의 시작일 뿐이었다.

제임스 2세가 죽은 뒤, 아들 제임스 프랜시스 에드워드 스튜어트가 아버지의 뒤를 이어 왕위 계승권을 주장했다. 그는 '늙은 왕위 계승 요구자'라는 뜻의 "올드 프리텐더"라는 별명으로 더 잘 알려져 있다. 프랑스와 영국은 경쟁 관계였으므로 프랑스는 제임스 2세와 그의 후손들을

| 19세기에 그려진 자코바이트의 모습.

지속적으로 지원했다. 1708년 "올드 프리텐더"는 프랑스 함대와 함께 영국으로 가지만 브리튼섬에 발조차 딛지 못한다. 프랑스 해군은 명성이 자자한 영국 해군을 맞닥뜨리자 대부분 도망쳐버렸기 때문이다. 몇몇 자코바이트는 스코틀랜드로 간신히 상륙할 수 있었으나 결국에는 모두가 체포되었다.

하지만 "올드 프리텐더"는 다시 한 번 왕위를 되찾으려는 시도를 한다. '더 피프틴the fifteen'이라고 알려진 1715년의 봉기다. 봉기가 일어난 가장 큰 이유는 1714년에 조지 1세가 영국의 국왕으로 즉위했기 때문이었다. 앤 여왕까지는 스튜어트 가문의 직계 후손이었지만 조지 1세는 제임스 1세의 외손녀의 아들이었다. 제임스 2세의 아들과 손자가 멀쩡히 살아 있는 상황에서 머나먼 방계 후손인 조지 1세가 왕이 된다고 하니, 스코틀랜드에서는 크게 저항하지 않을 수 없었다.

하지만 이미 잉글랜드와 스코틀랜드는 하나의 나라인 그레이트브리튼왕국이 되었으므로 같은 국왕의 통치를 받게 되어 있었다. 자코바이트가 많았던 스코틀랜드에서는 이를 용인할 수 없다고 반란을 일으킨다. 이번에는 "올드 프리텐더"가 스코틀랜드에 상륙하는 데는 성공했으나, 왕위를 되찾을 만큼 큰 지지는 얻지 못했으며 다시 프랑스로 돌아가야 했다.

'더 피프틴'은 영국이 자코바이트에 대한 경계를 강화하는 계기가 된 사건이었다. 또 다른 반란이나 봉기를 우려한 영국 정부는 스코틀랜드 내의 군대 요새를 새로 짓거나 강화했으며, 법률을 통해 자코바이트가 많았던 스코틀랜드 동북부 지방에 대한 통제를 더욱 강화했다. 스코틀랜드 동북부 지방은 하일랜드Highland라고 불렸는데, 환경 등의 영향으로 잉글랜드에 가까이 있는 지방과는 좀 다른 문화와 언어를 유지하고 있었다. 이런 독자성이 지속적으로 스튜어트 왕가를 지지할 수 있었던 배경 중 하나였을 것이다.

"영 프리텐더" 또는 "보니 프린스 찰리Bonnie Prince Charlie"라는 별명으로 더 잘 알려진 "올드 프리텐더"의 아들 찰스 에드워드 스튜어트는 영국으로 다시 돌아갈 기회를 노리고 있었다. 당시 프랑스에서는 루이 14세가 죽고 어린 루이 15세가 즉위하면서 영국과 평화를 유지하려 했기에, 우호의 걸림돌처럼 여겨진 스튜어트 가문은 냉대를 받았다.

하지만 1743년 오스트리아 계승 전쟁이 일어나면서 프랑스와 영국 사이는 다시 멀어지고, 이 기회를 이용해 자코바이트는 다시 한 번 프랑스의 도움을 얻는다. 루이 15세는 대규모 군대를 영국으로 보내서 기습

| 올드 프리텐더(왼쪽)와 영 프리텐더(오른쪽).

한다는 계획을 짰는데, 이 작전에 영 프리텐더가 가담한다. 1744년 대규모의 프랑스 군대와 함께 "영 프리텐더"가 영국을 향해 떠났다. 그러나 불행하게도 프랑스 함대는 해협에서 엄청난 폭풍우를 만나 괴멸될 지경에 이르는 바람에 침공을 중도 포기하고 말았다.

그러나 "영 프리텐더"는 포기하지 않았다. 그는 어머니의 보석까지 팔아 가능한 한 많은 돈을 조달했다. 그 돈으로 군대와 병력을 모아 영국으로 돌아갈 생각이었다. 그는 영국 해군의 경계가 삼엄한 해협을 건너 1745년 8월, 간신히 스코틀랜드에 도착할 수 있었다. "영 프리텐더"와 함께 상륙한 인원은 겨우 500명 정도였다.

처음에는 병력이 거의 없었으므로 스코틀랜드에서 지지를 별로 받지 못했지만, 차츰 "영 프리텐더"를 지지하는 부족들이 늘고 세력이 커져갔다. 게다가 영국은 오스트리아 계승 전쟁에 참가하느라 군대 대부분이 유럽 대륙에 있었고 스코틀랜드에는 경험이 부족한 신병들이 배치되어 있었다. 결국 영국군과 자코바이트가 벌인 대규모 전투에서 영국군이 패배하고, 승리가 스코틀랜드 전역에 알려지게 되면서 자코바이트의 군대는 점점 더 불어났다.

자코바이트는 이제 잉글랜드 지방까지 쳐들어가게 되는데, 잉글랜드로 진격하면 잉글랜드에 있는 자코바이트들이 호응하고 프랑스가 도와줄 것이라고 여겼던 것으로 보인다. 그러나 2가지 모두 이루어지지 않았다. 자코바이트 군대는 당황하고 시간을 허비하다가 다시 스코틀랜드로 돌아갔다. 이 사이 영국군은 스코틀랜드로 돌아가는 자코바이트를 쫓아갔다. 스코틀랜드에서도 여러 번의 전투가 벌어졌지만, 1746년

| 컬로든 전투 모습.

4월 컬로든 전투Culloden Battle에서 자코바이트의 군대가 채 1시간도 되지 않아 영국군에 대패함으로써 이번 봉기도 실패로 돌아갔다. 컬로든 전투 이후 작은 전투들이 좀 더 이어졌지만 이미 대세는 기울었으며 이제 "영 프리텐더"는 스코틀랜드에 있을 수 없게 되었다.

영국 정부는 "영 프리텐더"에게 엄청난 현상금을 걸었다. 그러나 그는 스코틀랜드에서 여전히 인기 있는 인물이었으며 엄청난 현상금에도 그를 밀고하려는 사람이 별로 없었다고 한다. 하지만 그는 브리튼섬을 벗어나는 것이 안전했다.

이 시점에서 마음 따뜻하고 용감한 스코틀랜드 여성 플로라 맥도널드Flora McDonald가 등장한다. 맥도널드는 브리튼섬 끝 부분에 위치한 벤베큘라Benbecula섬 사령관의 의붓딸이었다. 그녀는 위험에 빠진 불운한 왕자를 도와주었다. 양아버지에게 자신의 하녀와 선원 6명을 데리고 이

웃 섬으로 놀러 가겠다고 허락을 받고 배를 빌린 것이다. 하녀는 바로 변장한 "영 프리텐더", 선원 6명은 왕자의 지지자들이었다. 이렇게 "영 프리텐더"는 무사히 프랑스로 돌아갔다. 플로라 맥도널드는 왕자가 떠난 뒤 영국군에게 잡혀 "영 프리텐더"의 도주를 도운 죄로 런던탑에 갇혔지만 곧 석방되었다고 한다.

이것이 실질적으로 자코바이트의 마지막 봉기가 되었다. 1745년 봉기의 실패 이후 영국 중앙 정부는 스코틀랜드에서 또 다른 봉기가 일어나는 것을 원천적으로 봉쇄하려 했다. 특히 영국 정부는 전통적으로 인정되던 부족장의 사법권을 완전히 빼앗는다거나 부족의 전통 복장인 킬트_{kilt}를 입지 못하게 하는 등, 스코틀랜드에서 강한 영향을 행사하고 있던 부족 시스템을 완전히 와해시키려 했다.

18세기 중반 이후 자코바이트들의 활동은 실질적으로 사라졌지만, 여러 방면에서 이들은 영국 문화에 영향을 끼쳤다. 스코틀랜드에서는 이 자코바이트의 봉기 시절에 대한 이야기와 노래 들이 많이 남아 있다. 특히 빅토리아 시대에 빅토리아 여왕과 앨버트 공은 스코틀랜드 이야기에 심취

| "영 프리텐더"를 도와준 플로라 맥도널드.

| 빅토리아 여왕의 장녀, 프린세스 로열 빅토리아Princess Royal Victoria의 결혼식 장면을 그린 그림. 여왕 주변에 있는 아들들이 모두 킬트를 입고 있다.

해 있었다. 왕가의 남자들은 자주 스코틀랜드 전통 의상을 입었으며 스코틀랜드의 이야기들이 다시 사람들의 관심을 받게 되었다. 사실 빅토리아 시대에 이렇게 왕가 스스로 스코틀랜드에 관심을 갖게 된 것은 더이상 자코바이트나 스튜어트 가문 사람들이 위협적이지 않았기 때문일 것이다. 실제로 스튜어트 가문의 남성 직계는 "영 프리텐더"의 동생에서 끝났으니 말이다. 명분밖에 없는 이 지위를 적극적으로 주장하는 사람은 없었다.

Chapter 10

낡은 질서를 허물다, 프랑스 대혁명

주요 인물

루이 16세Louis XVI : 재위 1774~1792년. 프랑스의 국왕으로 국가의 재정 상황을 안정시키려 노력했지만 성공하지 못한다. 결국 프랑스 대혁명을 맞닥뜨리고 왕궁에 감금되었으며 단두대에서 생을 마감한다.

마리 앙투아네트Josèphe Jeanne Marie Antoinette : 오스트리아의 여대공이자 루이 16세의 왕비. 혁명 중 왕궁에 감금되었다가 아들과의 근친상간 등 여러 죄목을 들어 처형당했다.

루이-샤를Louis-Charles : 루이 16세와 마리 앙투아네트의 아들. 혁명 이후 감옥에 갇혀 학대당하고 어머니에 대한 거짓 증언을 강요당했다. 결국 10살의 나이로 사망한다.

마리 테레즈Marie Thérèse : 루이 16세와 마리 앙투아네트의 딸. 어머니의 사망 후 외가인 오스트리아로 보내졌다가 다시 프랑스의 왕위 계승자에게 시집오게 된다.

지롱드파Girondins : 부르주아를 중심으로 하는 정치적 파벌. 주로 입헌 군주제를 주장했다.

자코뱅파Jacobins : 농민과 도시 하층민을 중심으로 하는 정치적 파벌. 주로 공화정을 주장했으며 왕의 처형을 주도했다.

루이
16세

삼부회

테니스 코트의
서약

제헌
국민의회

군대 배치,
삼부회 책임자
파면

루이 16세

바스티유
감옥 습격

프랑스
국민들

필니츠 선언

프로이센
국왕,
신성로마제국
황제

전쟁 주장

지롱드파

코블렌츠 선언,
발미 전투

프로이센
중심의
동맹군

프랑스
국민들

공포정치

자코뱅파

틸르리궁 습격,
루이 16세 처형

테미도르 반동

총재 정부

국민 투표

나폴레옹
1세

프랑스는 이미 성립되었을 시기부터 강대국이었다. 워낙 비옥한 땅에 세워졌고, 큰 영토를 가졌으니 주변 국가들보다 시작부터 우위에 있는 것이 당연했을지도 모른다. 하지만 프랑스 각 지역을 다스리던 봉신들의 세력이 강해지면서 프랑스 국왕들이 프랑스 전 지역을 완전히 손에 넣기까지 오랜 시간이 걸렸다. 100년 전쟁 이후 프랑스는 점차 국왕을 중심으로 하는 중앙집권국가로 성장했고, 루이 14세 때 왕권의 강력함이 절정에 이르렀다.

　하지만 강대국의 지위를 유지하는 데는 크나큰 대가가 필요했다. 주변 국가의 분쟁에 장기적으로 개입하게 되면서, 전쟁을 자주 치르려니 군비가 엄청나게 들었던 것이다. 프랑스에서는 세금의 상당 비율을 늘 군비로 사용했다. 전쟁이 격화될 경우에는 그 비율이 엄청나게 올라

절대군주였던 루이 16세.

갔다. 프랑스 국민에게는 큰 부담이었다. 게다가 왕권을 강화하고 유지하기 위한 여러 정책들, 이를테면 거대한 기념비나 건축물을 짓는 사업이나 권위를 과시하는 목적으로 벌이는 호화로운 파티 같은 것들은 군비보다 낮은 비율이긴 했으나 훨씬 더 직접적으로 국민의 불만을 불러일으켰다.

✠ 들끓던 국민의 분노가 폭발하다

전쟁에 오래 개입할수록 프랑스의 재정 상황은 악화되었다. 특히 루이 16세 시절 프랑스가 미국의 독립전쟁에 개입하면서 재정이 돌이킬 수 없는 지경이 되었다. 경쟁 관계였던 영국을 견제하기 위해서였으나, 오히려 프랑스의 상황이 어려워진 것이다. 국민의 삶은 극도로 궁핍해졌다. 정부를 향해 불만을 가진 사람들이 늘어날 수밖에 없었다.

더불어 프랑스가 근세로 나아가면서, 서서히 발달한 자본주의가 봉건 제도와 마찰을 일으키게 된다. 봉건 제도하에서 귀족들은 토지에서 나오는 생산물을 통해 삶을 영위하게 되는데, 중세에는 경제도 토지 중심이었기에 봉건 제도가 잘 유지될 수 있었다. 하지만 자본주의가 발달하면서 경제가 토지 중심에서 벗어나게 되었다. 상업이나 공업으로 경제의 중심이 옮겨가고 토지 생산성이 떨어지니 귀족 세력의 부는 축소되었고 지위를 유지하는 데 위협을 받기 시작했다. 점차 가문의 토지나 혈통보다는 돈이 중심이 되었으며, 귀족 출신이라도 돈이 없다면 지위를 유지할 수 없었다. 반면 귀족 출신이 아니더라도 돈이 있으면 귀족과 같은 생활을 누릴 수 있었다.

이렇게 되자 부를 가지고 새롭게 떠오르는 세력이 생겨났고, 귀족들은 이 신흥 세력을 견제했다. 귀족들은 자신들이 누리고 있던 특권을 빼앗길 것을 우려해 더욱 신분 제도를 강화하려 했다. 특히 루이 16세 때는 몇 세대 이상 귀족이었던 이들만 장교 지위에 오를 수 있도록 법률을 바꾸었다. 프랑스에서 장교 신분은 사실상 귀족이 되는 중간 단계 중 하나였기 때문이다. 장교부터는 궁정 출입이 허용되었는데, 당시 귀족의 중요한 요소 중 하나가 궁정에 출입할 수 있는지의 여부였다. 루이 16세 이전까지는 얼마간의 돈을 내면 장교 지위를 얻을 수 있었지만, 평민 출신의 부유한 인물들이 귀족 신분을 얻게 될까 두려워한 귀족들이 이런 작은 틈마저 근본적으로 막아버린 것이다. 특권을 자신들끼리만 이용하려는 귀족들의 행태에도 국민들의 반감은 늘어갔다.

미국 독립전쟁 이후 프랑스의 재정 상태는 너무나 심각했다. 이를테면 1769년 말에는 이미 다음 해의 예상 순수입까지 모두 연체된 국가 부채와 적자로 다 빠져나가 정부에서 쓸 돈이 한 푼도 없었고, 1770년 초에 정부가 부분적 파산 선언까지 하기도 했다. 이를 개혁해야 한다는 목소리는 커져갔지만 이미 세금을 쥐어짤 곳은 다 짜냈으니 새로운 세수가 필요했다.

결국 특권 계층인 귀족도 세금을 내야 하는 상황이 되었다. 귀족들은 세금을 내지 않으면서도 매우 호화로운 생활을 누리고 있었는데, 누가 보더라도 불평등했다. 귀족들에게서 세금을 거둔다면 근본적으로 해결이 되지는 않더라도 어느 정도 새로운 세수를 마련해 당장의 재정 문제를 타결할 수 있을 것이었다. 하지만 귀족층은 이런 생각에 격렬히 반

| 프랑스 대혁명의 시작을 알린 테니스 코트의 서약.

발하며 지금의 국회와 비슷한 형태의 의결기관이었던 삼부회*를 소집하
자고 요청한다.

그런데 삼부회가 열리면서 정세는 전혀 다른 방향으로 흘러간다.
삼부회에 모인 대표들 중 제3계급과 일부 귀족들이 입헌 제도를 지지하
면서 절대왕권을 반대한 것이다. 그리고 삼부회처럼 국왕이 필요할 때
마다 소집하는 신분제 회의가 아니라, 헌법에 입각한 영국식 의회를 구
성하자고 주장한다. 대부분의 귀족과 성직자 들은 의회를 만드는 것에
반발한다. 자신들의 특권을 내려놓는 것을 원치 않았던 것이다. 이에 자

---

*삼부회는 전근대 시대의 국회와도 같은 것으로, 프랑스에만 존재한 독특한 기관이다. 왕권을 제약하
거나 강화하는 정책을 결정할 때 비정기적으로 열리곤 했다. 이 당시에는 귀족들이 세제를 개편하는 데
반발해서 삼부회를 소집했으며 특권을 지키기 위해 평민을 제약하려 했다. 이에 반발하며 테니스 코트
서약이 이루어지게 된다.

유주의 귀족들과 평민들이 제헌국민의회를 만들어 특권층에 대한 제약을 공식화하는 헌법을 제정하려 하자, 국왕 루이 16세는 회의장을 폐쇄해버렸다. 국민의회에 찬성하는 의원들이 건물 내 테니스 코트에 모여 의장을 선출하고 현재 '테니스 코트의 서약Serment du Jeu de Paume'이라고 불리는 선서를 함으로써 입헌제도에 대한 결의를 드러냈다.

　　루이 16세는 결국 국민의회를 승인하기는 했지만, 여러 정치적 상황이 자신에게 위협이 된다고 생각했다. 그래서 베르사유 주변에 군대를 배치하는 등의 행동을 했다. 또한 재무장관으로 개혁을 추구하던 네케르Jacques Necker까지 파면했다. 국민들은 점점 국왕과 정부가 개혁에

| 바스티유 감옥을 습격하는 시민들.

반대하고 개혁하려는 세력에게 위협을 가한다고 생각했다. 상황은 무력 충돌로까지 번졌으며, 파리 시민들은 정치범을 수감하던 바스티유 감옥을 습격했다. 이것이 바로 프랑스 대혁명이 시작되는 사건이었다.

✤ 왕과 왕비를 사로잡아라!

프랑스 대혁명 초기, 여론은 국왕 부부에게 적대적이지는 않았다. 공화정을 지지하거나 절대왕권을 비판하는 이들은 많았지만 일반 대중들은 국왕의 통치를 부정적으로 받아들이지 않았으며, 통치자에 대한 존경심마저 가지고 있었다. 하지만 혁명이 진행될수록 상황은 점차 변해갔다.

왕비였던 마리 앙투아네트는 혁명 이전부터 공격의 대상이었다. 합스부르크 가문의 상속녀 마리아 테레지아(63쪽 참고)의 막내딸이었던 마리 앙투아네트는 부르봉 가문과의 조약을 원하는 어머니의 뜻에 따라 프랑스로 시집을 갔다. 마리아 테레지아는 오스트리아 계승 전쟁에서 프로이센에게 슐레지엔 지방을 빼앗긴 일을 절대 잊지 않았으며, 프로이센이라는 적을 무찌르고 슐레지엔 지방을 되찾기를 원했다. 그러기 위해 전통적으로 적이었던 프랑스와 손잡기로 한 것이다. 그러나 프랑스와 합스부르크 가문은 오랫동안 적대적인 관계였으므로 마리 앙투아네트는 적국으로 시집을 간 것이나 마찬가지였다. 만약 국가가 평온했다면 외국인 왕비의 존재가 그다지 두드러지지 않았겠지만, 재정이 취약해지고 나라가 혼란해지자 마리 앙투아네트에게도 곱지 않은 시선이 쏟아졌다.

| 마리 앙투아네트 왕비.

혁명 중에 계속 특권의 폐지가 논의되었지만, 여전히 의회에 남아 입헌군주제를 지지하던 많은 이들은 공화정과 같은 극단적인 상황은 원치 않았다. 돌아가는 상황에 불안을 느낀 많은 귀족들이 프랑스를 떠났다. 그러나 국왕 루이 16세와 그의 가족들은 프랑스를 떠날 수 없었다. 그때까지도 프랑스인들에게 국왕은 여전히 크나큰 존재였다.

비록 혁명이 일어나긴 했지만, 이런 변화가 국민들의 경제적 문제까지 해결해주지는 못했다. 기댈 곳 없는 사람들은 국왕 루이 16세를 찾아갔다. 이들은 베르사유로 몰려가 국왕이 파리로 돌아가서 혼란을 수습해야 한다고 요구했다. 그러나 자신들의 뜻이 받아들여지지 않자 베르사유궁전에 난입해 루이 16세와 그 가족들을 포위하고, 포로로 사로잡아 파리로 데리고 갔다.

국왕이 파리로 끌려오고 나서 입헌군주제에 대한 논의는 더욱 활발해졌다. 루이 16세는 국왕으로서의 권리를 어느 정도 보장받았으며 입헌군주제를 지지하는 모습을 보였다. 하지만 막상 헌법을 제정하면서 봉건적 요소를 배제하려 하자 문제가 발생했다. 귀족들은 특권이 없어지는 것에 찬성하지 않았으며, 성직자들은 국가에 대한 충성 맹세를 이념적 문제로 받아들이고 이를 거부했다.

점점 국왕과 가족들을 향한 위협이 감지되자 왕비 마리 앙투아네트는 남편을 설득해 함께 프랑스를 빠져나가려는 시도를 하게 된다. 도피계획이 구체화되자, 국왕 일가는 새벽에 튈르리궁전Palais des Tuileries을 탈출해 마차를 타고 국경으로 달렸으나 불운하게도 국경 근방의 바렌에서 발각되고 말았다. 훗날 '바렌의 도주La fuite à Varennes'라고 알려지게 되는 이 사건은 결국 실패로 돌아가고, 국왕 부부는 다시 잡혀서 파리로 돌아갔다. 이제 국민들은 왕에게 거의 등을 돌렸다.

'바렌의 도주'는 단순히 루이 16세와 마리 앙투아네트가 도주에 실패한 것으로 끝나지 않았다. 이 사건으로 유럽의 여러 군주들은 친척인 프랑스 국왕 부부의 운명을 걱정함과 동시에, 혁명이 유럽 전역으로 퍼져나갈까 두려워하게 되었다. 혁명이 곧 진압되리라 여기고 방관하던 마리 앙투아네트의 오빠 레오폴트 2세Emperor Leopold II도 수심에 잠겼다. 사실 그는 전쟁을 피하고 싶었다. 하지만 바렌의 도주 사건이 일어난 이후 결국 1791년 8월 27일 필니츠 선언Declaration of Pillnitz을 발표한다. 이 선언은 프로이센의 국왕 프리드리히 빌헬름 2세Friedrich Wilhelm II와 신성로마제국의 국왕 레오폴트 2세의 이름으로 발표되었으며, '두 국가가 프랑스에서의 상황을 우려하고 있으며 국왕 부부의 안전을 보장하기를 바란다'는 내용을 담고 있었다. 위협적이기는 했지만 구체적인 선전포고는 아니었다. 하지만 격앙되어 있던 프랑스에서는 이것을 매우 심각한 일로 받아들였다.

필니츠 선언 이후, 프랑스에서는 전쟁을 주장하는 여론이 생겨나기

| 왕실 가족들이 도망치는 장면(위)과 바렌에서 발각되어 잡혀가는 모습(아래).

시작했다. 주로 부르주아 층을 대변하던 지롱드파가 주전파였다. 이들은 외부의 적에게 대항함으로써 국민을 하나로 모으려 했다. 혁명이 점차 격화되고 있었으며 농민과 도시 하층민들의 목소리가 강해지고 있었다. 국왕을 파리로 돌려보내거나 바렌의 도주를 막은 것도 이 계층이었다. 이들은 점차 국왕을 적으로 보고 있었는데, 입헌군주제를 옹호하던 사람들이 보기에 이들은 매우 위험한 존재였다. 그래서 흩어진 계층들을 하나로 모으는 구심점으로 외부의 적을 이용한 것이다. 국왕 주변의 사람들 역시 전쟁에 찬성했다. 왕가와 귀족 계층에게 가지고 있는 적대감을 외국 세력에게 돌리리라고 기대했던 것이다. 하지만 이것은 큰 착각이었다.

✿ 나의 피가 프랑스에 되돌아가지 않기를

1792년 4월 20일, 프랑스는 보헤미아와 헝가리의 국왕에게 선전포고를 했다. 당시 보헤미아와 헝가리의 국왕은 마리 앙투아네트의 조카였던 신성로마제국의 황제 프란츠 2세^{Franz II}였다. 이 선전포고는 프랑스 혁명 전쟁의 시작으로, 이후 나폴레옹 전쟁에 이르는 길고 긴 국제전으로 이어졌다. 또한 이 전쟁은 프랑스의 국왕 루이 16세와 마리 앙투아네트, 그리고 그 자녀들에게 비극을 가져온다.

4월 29일에는 오스트리아령 네덜란드(현재 벨기에와 룩셈부르크 지역)의 통치자인 마리 앙투아네트의 언니와 형부 이름으로 프랑스에 대한 선전포고가 발표되었다. 7월 5일에는 마리 앙투아네트의 조카인 황제 프란츠 2세가 선전포고를 했으며, 이후에는 프로이센의 국왕 프리드리히 빌헬름 2세가 선전포고를 한다. 왕비 마리 앙투아네트에 대한 국민의 적개심은 더욱 불타올랐다. 프랑스의 적들 대부분이 왕비의 친척이었기 때문이다.

프랑스가 먼저 오스트리아령 네덜란드를 향해 진격했으나, 전쟁에서 큰 승리를 거두지는 못했다. 1793년 8월에는 프로이센을 주축으로 하는 동맹군이 프랑스 인근에 모여들었다. 사령관이었던 브라운슈바이크 공작Karl Wilhelm Ferdinand von Braunschweig은 코블렌츠Koblenz에서 선언문을 발표했는데, 여기에는 '동맹군의 목적 중 하나가 프랑스 국왕 부부를 구하는 것'이라는 내용이 포함되어 있었다.

| 신성로마제국의 황제 프란츠 2세.

프랑스는 먼저 전쟁을 시작했지만 눈에 보이는 성과는 없었으며, 도리어 준비되지 않은 상태로 전쟁을 하는 바람에 거듭 패배하고 있었다. 이런 상황은 국민들에게 실망과 분노를 안겨주었다. 게다가 이 전쟁으로 인해 프랑스의 경제적 상황은 더욱 나빠졌다. 인플레이션이 극심했으며 이전에도 먹

| 튈르리궁에서 벌어진 전투.

고살기 힘들었던 사람들이 벼랑 끝까지 몰렸다. 극도로 자극받은 국민
들이 타깃으로 삼은 사람은 바로 국왕 부부였다.

1792년 8월 10일, 성난 군중들은 국왕과 그 가족들이 머물던 튈르
리궁을 향해 몰려갔다. 이전과 달리 국왕에게 직접적으로 위해를 가할
기세였다. 이에 왕당파 귀족들과 국왕의 사병인 스위스 용병대가 맞섰
다. 치열한 충돌이 이어졌는데, 특히 스위스 용병대는 명성에 걸맞게 고
용주를 보호하며 격렬한 전투를 벌였다. 700명이었던 용병대원 중 살아
남은 사람은 200명도 채 되지 않았다고 한다. 루이 16세와 그 가족들은
간신히 도망쳐 목숨은 부지할 수 있었지만 곧 공식적으로 체포되었다.

이 사건으로 정권이 크게 바뀌게 된다. 입헌군주제를 강하게 주장했던 라파예트 후작Marquis de Lafayette은 실각하고 오스트리아로 망명했다. 튈르리궁에서 폭동이 일어난 직후 프랑스를 위협하던 동맹군은 루이 16세를 구하기 위해 서둘러 프랑스 영토로 진입했다. 동맹군은 베르됭Verdun을 쉽게 함락시키고 파리를 향해 진격했으며 1792년 9월 20일, 발미Valmy에서 프랑스 군과 맞닥뜨렸다. 이때 벌어진 전투를 후대에는 '발미 전투Battle of Valmy'라고 부른다. 발미 전투는 프랑스가 공화국으로서 첫 승리를 거둔 곳으로, 매우 중요한 의미를 가진다.

동맹군이 파리 인근에 이르자 정치가들은 심각한 위협을 느꼈고, 발미 전투가 시작된 다음 날인 1792년 9월 21일 공식적으로 프랑스에서 왕정을 폐지했다. 이제 루이 16세는 프랑스의 국왕이 아니라, 그저 루이 카페라는 사람에 불과했다. 그리고 루이 16세의 운명은 비극적 결말을 향해 내달리고 있었다.

한때 사람들이 우러러보던 국왕 루이 16세는, 이제 외국 세력과 내통했다는 죄목으로 재판정에 서게 되었다. 프랑스와 적대하고 있던 동맹군이 선전포고를 하면서 루이 16세를 구하겠다고 했으니, 적대 세력과 국왕은 한편이라는 의미였다. 루이 16세는 모든 상황을 부인했으나 표결 결과는 사형이었다.

1793년 1월 21일, 루이 16세는 단두대 앞에 섰다. 그는 죽기 전 군중들 앞에서 당당하게 자신의 무죄를 주장했으며, 자신의 피가 프랑스에 되돌아가지 않기를 기도하겠다고 말했다. 비록 자신이 통치하던 백성들의 손에 죽음을 당하게 되었지만, 프랑스에 나쁜 일이 일어나는 것은 원치 않았던 것이다. 하지만 루이 16세의 의연한 태도와 연설에 국민의 마음이 돌아설 것을 우려했던 국민방위대 장군은 드럼을 크게 쳐서 그의 말이 들리지 않게 했다고 전해진다. 프랑스 국민들은 루이 16세의 처형을 지켜보며 국왕이 더 이상 우러러보는 존재가 아니라 국민에 의해 심판받을 수 있는 존재라는 사실을 확인했다. 그리고 왕정이 아닌 다른 정치 형태가 존재할 수 있음을 다시 한 번 깨달았다.

✠ 마리 앙투아네트가 처형된 이유

루이 16세가 사망하고 난 뒤, 프랑스 내 권력 투쟁은 걷잡을 수 없이 격화되었다. 입헌군주제를 지지하던 지롱드파는 국왕의 처형을 주도

| 단두대에 오르는 루이 16세.

한 자코뱅파와 결코 타협할 수 없었다. 하지만 지롱드파 역시 권력과 경제적 이익을 위해 전쟁을 주창했으며, 심지어 자신들의 지위가 불안정해지자 이전에 적대시하던 왕당파 귀족 세력과 연합하려는 시도를 하기도 했다. 결국 지롱드파는 자코뱅파에 의해 의회에서 축출되었다. 자코뱅파는 공화정을 정착시키기 위해 급진적 좌파를 받아들이고 공포정치라는 극단적인 방법을 쓰게 되었다.

루이 16세를 처형함으로써 사람들에게 공화정에 대한 인식을 심어줄 수는 있었지만, 경제적 문제는 여전히 해결되지 않았다. 자코뱅파의 지도자들은 강력한 정부의 통제가 필요하다고 여겼다. 공포정치가 사람들에게 용인될 수 있었던 것은 그만큼 상황이 절박해서였을 것이다. 공포정치 아래에서 루이 16세의 가족들도 비극적 운명을 맞게 되었다. 왕비 마리 앙투아네트는 아이들에게서 격리당한 채 감금되었다. 루이 16세의 아들 루이-샤를은 부모와 떨어져 다른 사람이 양육했는데, 왕자였다는 이유로 학대를 받았다. 딸인 마리 테레즈 역시 부모와 떨어져 힘든 시간을 보냈다.

프랑스에서는 여성이 계승권을 갖지 못했기 때문에, 아들 루이는 철저한 감시의 대상이었던 반면 마리 앙투아네트나 딸 마리 테레즈는 지위가 달랐다. 마리 앙투아네트는 더 이상 프랑스의 왕비가 아니었지만 여전히 오스트리아 여대공이었고 신성로마제국의 황제 프란츠 2세의 고모였으니, 좀 더 가치 있는 인질이었다. 하지만 프랑스 내에서 그녀를 향한 여론이 너무 나빴던 데다, 의회는 사람들에게 공포 정치의 본보기를 보여줄 필요가 있었다.

자코뱅파는 마리 앙투아네트를 죽여야겠다고 생각하긴 했는데, 상대적으로 죄명이 약한 것이 문제였다. 공안위원회는 마리 앙투아네트에게 가능성이 있는 죄명은 다 가져다 붙이려고 했던 것 같다. 특히 아들인 루이와 근친상간을 했다는 죄목까지 넣었다. 이때 겨우 8살이었던 루이는 어머니와 근친상간을 했다고 증언했는데, 아마도 학대당한 채 이루어진 증언이었던 것으로 보인다. 마리 앙투아네트는 이 죄목을 듣고 가장 분노했다. 그녀의 호소는 재판정에 있던 많은 여성의 마음을 움직였다. 같은 어머니 입장에서 보아도 어린 아들과의 근친상간이라는 죄목은 부당하다고 인식되었던 것 같다. 공안위원회는 마리 앙투아네트가 도덕적으로 매우 나쁜 여성임을 강조하기 위해서, 그리고 어린아이의 진술은 강요로 손쉽게 얻을 수 있다고 여겼기 때문에 이런 죄목을 넣었겠지만, 다소 억지스러웠던 바람에 왕비에 대한 동정 여론을 자처한 것이나 마찬가지였다.

그러나 마리 앙투아네트가 무죄를 외쳤든, 재판정에서 여성들이 마리 앙투아네트에게 동정심을 표했든 이미 판결은 정해져 있었다. 오스트리아의 여대공이자 프랑스 왕비였던 마리 앙투아네트는 사형을 선고받았으며, 1793년 10월 16일 단두대의 이슬로 사라졌다.

마리 앙투아네트의 아들인 루이는 1795년 학대와 부모의 죽음으로 인한 충격을 이기지 못하고 겨우 10살의 나이에 사망했다. 딸 마리 테레즈는 왕위 계승권이 없는 어린 여성이었으므로 협상을 통해 외가인 오스트리아로 보내졌다. 마리 테레즈는 부모의 죽음을 결코 잊지 않았으며, 부모를 죽인 프랑스 국민들을 용서할 수 없어 평생 괴로워했다고 한다. 하지만 그녀는 후에 사촌인 샤를 10세Charles X의 아들과 결혼해서 프랑스 왕위 계승자의 부인으로 살아가게 되었다. 그리고 자신이 프랑스 국왕의 딸이라는 것을 한순간도 잊지 않았으며 왕족으로서의 의무도 이행했다.

| 단두대를 향해 가는 마리 앙투아네트.

✠ 프랑스, 근대 국가로 나아가다

루이 16세의 두 동생인 프로방스 백작comte de Provence과 아르투아 백작comte d'Artois은 무사히 탈출했다. 이들은 오랜 망명 생활을 했으며, 나폴레옹이 몰락한 뒤 왕정복고가 되면서 프랑스로 돌아올 수 있었다. 형제는 모두 다시 혁명이 일어날 것을 두려워했지만 구체적인 생각은 각자 달랐다. 루이 18세Louis XVIII가 되는 프로방스 백작은 혁명 이후의 상황을 어느 정도 인정하고 자유주의적인 방식을 원했다. 하지만 후에 샤를 10세가 되는 아르투아 백작은 혁명 이전의 상황처럼 군주가 절대적 힘을 갖기를 원했다.

의견은 달랐지만 루이 18세에게는 직계 후계자가 없었으며, 아르투아 백작이 형보다 훨씬 더 정치에 적극적이었으므로 동생의 목소리가 점차 더 커지게 되었다. 샤를 10세가 국왕이 되자, 그는 자유주의를 탄압하고 절대왕정으로 회귀하기 위한 강압 정책을 시도했다. 이것은 결국 1830년 7월 프랑스에 7월 혁명을 불러왔고 샤를 10세와 그 가족은 다시 한 번 프랑스를 떠나야 했다.

프랑스 대혁명은 국왕 부부의 피를 보았지만 여전히 더 많은 피를 원했으며, 더 많은 혼란을 만들어냈다. 많은 이들을 죽음으로 몰아간 공포정치는 테미도르 반동Convention thermidorienne으로 주요 인물들이 처형당하면서 끝을 맺는다. 그러나 이후 등장한 총재 정부는 너무나도 무능력했다. 내부적으로는 여전히 혼란했으며, 외부적으로는 여전히 전쟁 중이었음에도 이 둘 중 어떤 것도 해결할 만한 능력이나 의지가 없었다.

이런 무능력과 혼란은 야망 넘치던 나폴레옹 보나파르트가 정권을 장악할 때까지 이어진다. 1792년 시작된 프랑스 혁명 전쟁은 몇 번의 휴전을 거쳐 나폴레옹 전쟁까지 이어지는데, 이것은 유럽을 재편하는 거대한 국제전이었다. 이후 유럽의 질서는 크게 흔들리며 혁명과 통일 전쟁의 시대로 접어들게 된다.

프랑스 대혁명 이전 시대와 이후 시대는 매우 극명하게 나뉜다. 프랑스의 계급 체제는 물론 경제 체제와 정치 체제까지도 단숨에 바꿔놓았기 때문이다. 구체제는 옛 봉건 시대의 폐해 등이 잔존한 시대로 토지를 매개로 하는 경제 체제를 가지고 있었다면, 혁명 이후에는 공업이나 상업 등이 중심이 되는 체제로 바뀐다. 정치 체제 역시 왕정에서 공화정으로 한순간에 변화했을 뿐 아니라 특권 계층에 대한 개념도 바뀌게 된다. 특권을 가지는 신분제도가 사라진 것은 물론, 법적으로는 모두가 평등한 사회가 된 것이다.

국민들의 생각을 바꾸기 위해 신에게 왕권을 받았다고 여겨지던 국왕을 공개적으로 처형하기까지 했으니, 그 충격과 혼란을 이겨내고 프랑스가 안정되기까지는 상당히 오랜 시간이 걸렸다. 그러나 프랑스 대혁명은 궁극적으로 특권층을 배제하려는 움직임이었으며, 평등 사상을 확립시켰다. 이후 혁명 전쟁과 나폴레옹 전쟁으로 이어지는 유럽의 전쟁을 통해 평등 사상은 유럽 전역으로 확산되었다.

또 다른 황후,
마리 루이즈

　마리 앙투아네트가 처형된 지 17년쯤 후인 1810년 4월, 오스트리아에서 한 여성이 프랑스로 왔다. 결혼식을 치르기 위해서였다. 그녀의 이름은 마리아 루도비카Maria Ludovica von Habsburg-Lothringen로, 오스트리아의 여대공이자 신성로마제국의 황제 프란츠 2세의 큰딸이었다. 그녀가 결혼할 사람은 바로 프랑스의 황제 나폴레옹이었다.

　마리아 루도비카 여대공은 마리 앙투아네트가 죽기 2년 전인 1791년 12월에 태어났다. 그녀는 어린 시절부터 프랑스에 대한 반감을 가지고 있었다. 외할머니 마리아 카롤리나(64쪽 참고) 때문이었다. 마리아 카롤리나는 바로 마리 앙투아네트의 언니였는데, 동생이 죽기 전까지는 혁명에 호의적이었다고 전해진다. 하지만 그녀는 여동생을 죽인 프랑스를 용서할 수 없었으며, 프랑스의 침공으로 자신과 남편 역시 이리저

| 마리아 루도비카와 나폴레옹 1세의 결혼.

리 떠돌아다니는 삶을 살게 되었기 때문에 프랑스를 싫어했다. 하지만 1809년 오스트리아가 프랑스와의 전쟁에서 지는 바람에 프랑스와 평화 협정을 체결하게 되는데, 바로 여기서 마리아 루도비카의 운명이 결정되었다.

나폴레옹은 황제가 되면서 유럽을 경영하기 위한 자신만의 구상을 가지고 있었다. 그중 하나가 가족들을 유럽의 왕가와 통혼시켜 동맹 관계를 유지하겠다는 것이었다. 실제로 그는 자신의 동생이나 의붓아들을 혼인시키며 유럽의 여러 왕가와 연결고리를 만들고 있었다. 그리고 1809년쯤, 나폴레옹은 자신에게 후계자를 낳아주는 것은 물론 동맹까지 만들 수 있을 만한 유럽의 왕녀들을 알아보고 있었다. 그의 첫 번째 후보는 러시아 황제의 여동생들이었다고 한다. 그러나 황제의 어머니인 황태후가 딸들을 나폴레옹과 결혼시키고 싶어 하지 않아 제대로 성사되지 않았다. 이후 나폴레옹은 주변의 제안을 받아들여 오스트리아 여대공을 아내로 맞기로 결정했고, 프란츠 2세의 장녀 마리아 루도비카가 낙점된다.

마리아 루도비카는 이제까지 적으로 여겼던 나폴레옹과 결혼할 처지에 놓이게 되었다. 하지만 그녀는 자신의 운명을 받아들였다. 물론 외할머니 마리아 카롤리나는 이 혼담을 듣고 불같이 화를 냈다. 마리아 카롤리나는 가장 친했던 동생인 마리 앙투아네트가 어떻게 죽었는지 알기에, 프랑스를 증오했고 외손녀를 프랑스로 보낼 수 없다는 생각을 했을 것이다.

나폴레옹은 후계자 문제뿐만 아니라 정치적 관계를 위해 아내인 조제핀 드 보아르네와 이혼하고 이제 프랑스식 이름인 마리 루이즈Marie Louise가 된 마리아 루도비카와 결혼한다. 그리고 마리 루이즈는 나폴레옹이 기다리던 후계자를 낳아준다. 그녀는 나폴레옹의 첫 번째 아내였던 조제핀과는 달리 정치에 적극적으로 참여하지 않고 자선 사업 등을 하며 시간을 보냈다. 마리 루이즈는 항상 마리 앙투아네트의 최후를 잊지 않았으며, 이 때문에 프랑스에서 훨씬 더 조심하면서 살았을 것이다. 하지만 마리 루이즈는 프랑스의 황후라는 지위에 오래 있지 못했다. 1814년 나폴레옹이 몰락한 것이다.

처음에 마리 루이즈는 친정에 가 있었는데, 나폴레옹의 뜻에 따라 아들과 함께 남편이 유배를 가 있던 엘바Elba섬으로 향하려 했다. 그러자 오스트리아 황실에서는 그녀가 나폴레옹에게 돌아가는 것을 막기 위해 나이페르크 백작Adam Albert von Neipperg이라는 한 남자를 소개해주었다. 그는 곧 마리 루이즈와 친분을 쌓았고, 더 나아가 연인 관계가 되었다. 사랑하는 사람이 생긴 마리 루이즈는 이제 나폴레옹과의 관계를 끝내기로 결심했다. 이것은 나폴레옹이 엘바섬을 탈출한 뒤 더 명백해졌는데, 그녀는 나폴레옹을 비난하는 오스트리아 행사에는 참석하지 않았지만 수많은 사람의 간청에도 끝내 남편에게 돌아가지 않았다.

'100일 천하'*가 끝난 뒤 나폴레옹은 세인트헬레나Saint Helena섬으로 유배되었으며, 빈 회의에서는 유럽을 나폴레옹 전쟁 이전의 상태로 돌

---

*나폴레옹이 처음으로 퇴위하고 엘바섬으로 유배된 후, 이 섬에서 탈출해 측근들과 힘을 모아 프랑스로 돌아가서 황위를 되찾았다. 그러나 결국 워털루 전투에서 패배하고 다시 쫓겨나는데, 이 기간이 약 3달 정도 되어 '100일 천하'로 불린다.

리려 했다. 즉 존재만으로도 나폴레옹을 상기시키는 마리 루이즈와 그녀의 아들의 지위가 전쟁 해결에 중요해진 것이다. 사실 마리 루이즈 혼자라면 이 상황에서 벗어나기가 어렵지 않았을 것이다. 그녀 곁에는 사랑하는 다른 사람이 있었으며 남편과의 관계는 진작 끝난 상태였으니 말이다.

| 나폴레옹과 마리 루이즈, 아들 나폴레옹 2세.

　결국 마리 루이즈는 아들과 강제로 떨어지게 되는데, 빈 회의 결과 그녀가 파르마의 여공작Duchess of Parma으로 파르마 공작령을 통치하게 된 것이다. 하지만 그녀의 아들에게는 상속권이 주어지지 않았으므로 오스트리아 황실에 남아야 했다. 결국 나폴레옹 2세는 외할아버지에게 받은 라이히슈타트 공작Duke of Reichstadt 지위를 부여받았으며, 나폴레옹이라는 이름을 지우고 라이히슈타트 공작 프란츠로 살아갔다. 나폴레옹 2세는 어머니에 대해 '상냥하지만 연약한 사람으로, 나폴레옹의 아내라는 지위는 어울리지 않는 인물'이라고 평가하기도 했다.

Chapter 11

브라질,
식민지에서
공화국까지

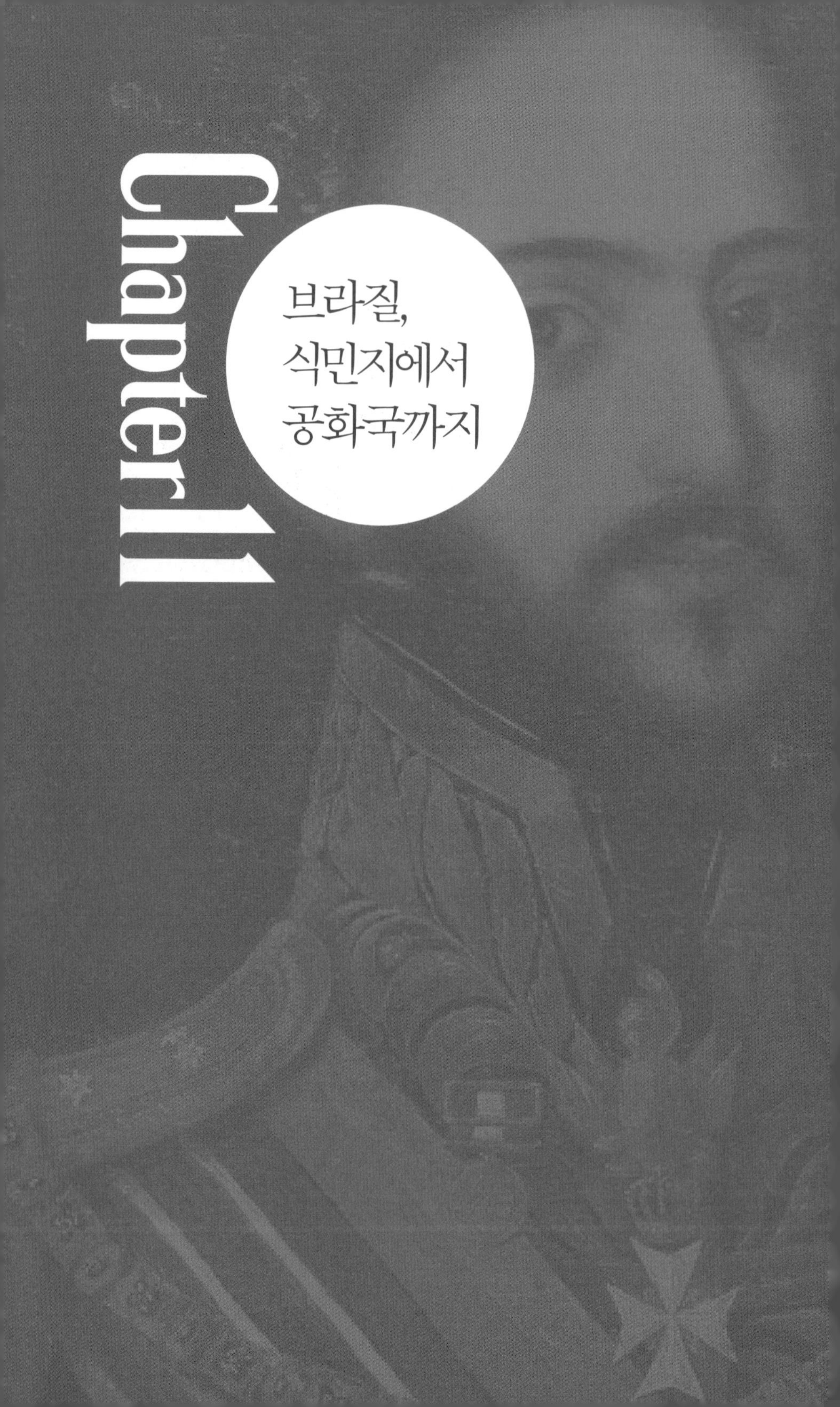

주앙 6세|D. João VI : 포르투갈 재위 1816~1826년. 나폴레옹 전쟁이 일어나자 정부를 포르투갈에서 식민지 브라질로 옮긴다.

페드루 1세|Pedro I : 브라질 재위 1822~1831년. 주앙 6세의 장남으로, 왕가가 복귀할 때 브라질에 남기로 결정했다가 독립한 브라질의 초대 황제가 된다.

페드루 2세|Pedro II : 브라질 재위 1831~1889년. 페드루 1세의 아들. 온화한 성품과 공정한 정책으로 전 국민에게 인기가 있었으나 브라질이 공화국이 되는 것을 막지는 못한다.

마리아 2세|Maria II : 포르투갈 1차 재위 1826~1828년, 2차 재위 1834~1853년. 주앙 6세 사망 당시 이미 브라질의 황제였던 페드루 1세가 마리아에게 포르투갈 왕위를 넘겨준다. 삼촌 미겔 1세에게 왕위를 빼앗겼다가 전쟁을 통해 되찾는다.

미겔 1세|Miguel I : 포르투갈 재위 1828~1834년. 주앙 6세의 또 다른 아들. 조카 마리아 2세를 쫓아내고 왕위를 찬탈하지만, 결국 전쟁에 지고 다시 조카에게 왕위를 돌려준다.

포르투갈

주앙 6세

계승

페드루
4세

아버지의
양위

마리아
2세

왕위 찬탈

미겔 1세

미겔리스타
전쟁

마리아
2세

브라질

페드루
1세

계승

페드루
2세

공화국
성립

1500년 4월, 페드루 알바르스 카브랄^{Pedro Álvares Cabral}이라는 포르투갈인이 유럽인으로서는 처음으로 브라질에 도착했다. 당시 포르투갈은 해외 항로 개척에 열을 올리고 있었으며, 카브랄이 브라질에 도착하기 1년 전에 바스코 다 가마^{Vasco da Gama}가 아프리카의 희망봉을 돌아 인도로 가는 항로를 개척한 참이었다. 카브랄도 사실은 인도를 향해 가고 있었지만 바스코 다 가마와는 다르게 남아메리카 지역까지 다다르게 되었다. 처음에 포르투갈은 카브랄이 발견한 남아메리카 지역 원주민과의 교역에만 중점을 두었는데, 곧 많은 포르투갈인들이 새 대륙으로 이주하기 시작했다. 새로 이주하는 땅이 곧 자신들의 영지가 되었기 때문이다. 많은 이들이 부를 찾아 신대륙으로 향했고, 16세기부터 브라질은 포르투갈의 식민지가 되었다.

| 브라질에 상륙하는 카브랄.

브라질은 오랫동안 포르투갈의 정치적 상황에 영향을 받았다. 브라질 사람들은 본국인 포르투갈 사람들에 비해 차별을 받았는데, 이것은 브라질인들이 가지고 있던 가장 큰 불만 중 하나였다. 그러나 유럽의 정세가 급변하면서 브라질의 지위도 갑자기 바뀌게 된다. 나폴레옹 전쟁이 일어난 것이다.

나폴레옹은 전 유럽을 상대로 전쟁을 했으며, 영국을 제외한 유럽 대부분을 손에 넣거나 동맹으로 삼았다. 영국은 유럽 대륙이 아니라 바다 건너에 있었으며, 제해권*을 장악하고 있었으므로 나폴레옹과의 전쟁을 지속할 수 있었다. 나폴레옹은 영국에게 대륙봉쇄령**으로 맞섰다.

---

*바다를 장악하는 능력. 바다를 통행하고 이용할 수 있는 권한을 의미한다.
**나폴레옹이 영국을 고립시키기 위해 유럽의 다른 나라와 무역을 하지 못하도록 한 칙령. 그러나 사실은 잘 지켜지지 않았고, 북유럽이나 북부 독일 등과 몰래 무역을 했다고 한다.

그러나 포르투갈은 영국과 오랫동안 우호 관계를 유지해왔으며, 국가 간 교역 역시 활발했다. 포르투갈은 봉쇄령에 따랐지만 유럽에서 멀리 떨어져 있던 브라질은 영국과의 교역을 지속했다. 심지어 포르투갈의 영향력 하에 있던 항구들을 이용하기도 했다.

결국 나폴레옹은 포르투갈에 군대를 파견했다. 프랑스 군이 손쉽게 리스본으로 가는 길을 뚫자 위협을 느낀 당시 섭정 동 주앙(후에 주앙 6세)은 수도 리스본을 버리고 브라질로 옮겨 가기로 결정했고, 왕가 사람들 및 측근들을 모두 데리고 서둘러 브라질로 떠나버렸다. 리스본에 남겨진 사람들은 그야말로 경악했다. 아무리 나폴레옹에게 저항하는 것이 무익하다고 하더라도, 결국 왕가가 국민을 버리고 떠난 것이나 마찬가지였기 때문이다.

| 브라질로 떠나는 포르투갈 왕가.

한편 브라질에서는 왕가 사람들을 열렬히 환영했다. 브라질은 이제 식민지가 아니라 포르투갈 군주가 직접 통치하는 지역이 되었고 여러 정책들을 브라질에서 결정하게 되었기 때문이다. 또한 이전까지 금지되었던 대외 무역, 특히 영국과의 무역이 공식적으로 인정되었다. 물론 본국 사람들과 식민지 사람들 사이의 차별은 아직 남아 있었지만, 이런 변화는 브라질인들이 이제 '포르투갈의 식민지 출신'이라는 굴레에서 벗어나려고 노력하기 시작했다는 의미였다.

✠ 브라질, 당당히 입헌군주국으로 서다

주앙 6세는 나폴레옹이 몰락한 뒤에도 여전히 브라질에 남아 있었다. 브라질에 기반을 내렸고, 브라질에서의 상황이 모든 면에서 좋아졌는데 굳이 브라질을 떠나야 할지 망설이고 있었던 것이다. 심지어 주앙 6세는 브라질을 포르투갈과 동등한 지위로 격상시키기까지 했는데, 그러면서 포르투갈에서는 점점 국왕에 대한 불만이 커져갔다. 국왕이 브라질에 남는다는 것은 정치와 경제의 중심이 포르투갈의 수도에서 브라질의 수도로 옮겨 간다는 의미였다. 본국인 포르투갈 입장에서는 심각한 문제였다.

결국 1820년 포르투갈에서는 국왕의 포르투갈 귀환을 촉구하는 자유주의자들의 혁명이 일어났다. 주앙 6세는 왕위를 잃게 될지도 모른다는 걱정에 포르투갈로 돌아가겠다는 결정을 내리고, 후계자인 페드루를 브라질에 남겨두었다.

브라질에서는 이 자유주의 혁명에 영향을 받아, 포르투갈에서 열리는 제헌의회에 브라질 대표를 파견했다. 하지만 포르투갈에서는 브라질을 여전히 식민지로 생각하고 있었으며 브라질 대표를 박대하기까지 했다. 브라질은 심각하게 포르투갈과 더 이상 하나의 나라로 존재할 수 없다고 생각하기 시작했다. 처음에는 그저 웅성거림에 불과했지만, 이 의견은 점차 구체적으로 발전하게 된다.

| 브라질의 황제 페드루 1세.

포르투갈로 돌아간 주앙 6세는 이전에 브라질로 옮겼던 행정 기관들을 다시 포르투갈로 옮겼다. 마지막으로 자신의 후계자인 페드루에게 포르투갈로 돌아오라는 연락을 취했다. 브라질은 다시 이전의 식민지 지위로 떨어질까 두려워하며, 페드루가 포르투갈로 돌아가지 못하도록 막으려 했다. 브라질 국민들은 페드루에게 포르투갈로 돌아가지 말라고 간청했고 수많은 사람들이 페드루가 남기를 원한다는 청원서에 서명했다. 결국 페드루는 포르투갈로 돌아가지 않고 독립된 브라질제국을 성립했으며 스스로 황제 페드루 1세가 되었다. 이렇게 브라질은 포르투갈로부터 독립하게 된다.

브라질은 입헌군주국이 되었지만 내부의 문제가 남아 있었다. 브라질 태생으로 스스로를 브라질인이라고 여겼던 사람들과, 포르투갈에서 이주해 왔거나 스스로 포르투갈인이라고 여기던 사람들 사이에 갈등이 생긴 것이다. 특히 황제 페드루 1세와 그의 측근 관료들 또는 상인들은 대부분 포르투갈에서 온 사람들이었으니 브라질인들과 마찰을 빚을 수밖에 없었다.

여기저기서 중앙 정부에 반대하는 반란이 이어졌고, 때로는 상황이 매우 심각해지기도 했다. 페드루 1세는 반란 세력에 대해 강력한 처벌을 내림으로써 더욱 반란이 심해지는 결과를 만들고 말았다. 결국 브라질의 중앙 정부에 오랫동안 저항했던 여러 지역에서 독립을 위한 전쟁이 일어났다. 이 전쟁은 브라질에 경제적, 사회적 재앙을 초래했다. 전쟁으로 인해 무역이 끊기고 생산량도 감소한 것이다. 또 전쟁을 위해 모집한 병사들이 불만을 품고 도리어 새로운 반란을 일으키는 일이 생기기도 했다.

| 브라질의 독립 선언.

| 페드루 1세의 아내, 마리아 레오폴디나 황후(왼쪽)와
페드루 1세의 정부인 산토스 후작 부인(오른쪽).

이런 문제들로 인해 브라질 내 정치 상황은 악화되었고, 페드루 1세
의 인기도 점차 시들어갔다. 단적인 예가 황후 마리아 레오폴디나Maria
Leopoldina에 대한 여론의 변화였다. 마리아 레오폴디나는 오스트리아 황
제 프란츠 1세의 딸로, 언니가 나폴레옹과 결혼한 마리 루이즈였다. 이
결혼을 위해 빈에서 멀리 브라질까지 온 마리아 레오폴디나는 결국 황
후의 자리까지 올랐다.

그러나 페드루 1세는 그다지 아내에게 충실한 남편은 아니었다.
그는 황제의 신분임에도 하급 장교의 아내였던 도미틸라 데 카스트로
Domitila de Castro에게 한눈에 반해버렸다. 황제는 그녀를 공식 정부로 삼
고 산토스 후작 부인Marchioness of Santos이라는 칭호를 부여한 데 이어, 황

후의 시녀 자리를 주었다. 산토스 후작 부인은 궁정에서 자신의 지위를 강화하려 했으며, 황후를 대놓고 무시하기에 이르렀다. 어처구니없는 점은 황제인 페드루 1세 역시 정부의 편을 들어 황후를 핍박했다는 것이었다.

대중은 황후를 동정했다. 게다가 황후가 아이를 유산한 뒤 사망하자, 브라질인들은 공개적으로 황후의 죽음에 대해 황제를 비난했다. 많은 사람들은 황제가 산토스 후작 부인 앞에서 황후에게 모욕을 주었으며, 모욕을 참을 수 없었던 황후가 명을 거절하자 황제가 화를 내면서 아내를 때렸고 이 때문에 황후가 유산하고 사망했다는 이야기를 믿었다. 페드루 1세에 대한 브라질인들의 불만이 가중되던 시기에 황후까지 죽고 나니, 정치적 상황은 페드루 1세에게 더욱 불리하게 돌아갔다.

게다가 아버지이자 포르투갈의 국왕인 주앙 6세가 죽으면서, 페드루 1세는 포르투갈의 왕위도 이어받는 상황이 된다. 브라질에서는 그가 포르투갈의 국왕이 될 경우 브라질이 다시 포르투갈의 식민지가 될까 봐 우려하고 있었는데, 페드루 1세는 딸인 마리아에게 포르투갈의 왕위를 물려줌으로써 자신이 포르투갈의 국왕이 되지 않는다는 것을 보여주고 우려를 잠재웠다. 하지만 이미 페드루 1세의 브라질 통치는 서서히 저물어가고 있었다.

❋ 완벽한 왕이었던 페드루 2세

1830년 7월 프랑스에서 7월 혁명이 일어나자, 이 여파가 브라질에까지 다다르게 된다. 브라질에서는 황제 페드루 1세에 대한 반감이 더욱 심해지고 있었다. 하지만 포르투갈인이 대부분이었던 황제의 측근들은 이런 상황을 신경 쓰지 않고 페드루 1세를 지지하는 세력을 과시하기 위한 행사를 가지려고 했다. 이것은 도리어 브라질인들을 자극하는 발화점이 되었으며, 상황은 거의 폭동이 일어날 지경에 이른다. 마침내 페드루 1세의 측근들이 마음대로 내각을 개편하려 하자, 불만을 참아왔던 군의 고위 장교들마저 등을 돌려 황제에 대한 반란에 가담했다.

페드루 1세는 겨우 5살이었던 아들 페드루 2세에게 브라질의 황제 자리를 물려주고 브라질을 떠나야 했다. 어린아이가 황위에 앉아 있으

| 페드루 1세의 양위 모습.

니 브라질은 섭정들의 세상이 되었다. 섭정들은 브라질을 입헌군주국으로 만들기 위해 여러 정책을 폈는데, 이 정책들은 매우 실험적 형태에 불과했다. 불안정한 브라질에 이런 실험적인 정책은 도리어 부담으로 작용했다. 원래는 페드루 2세가 18살이 되어 성인으로 인정받으면 그때부터 직접 국가를 통치하기로 되어 있었지만, 섭정기의 혼란 때문에 페드루 2세의 친정이 앞당겨질 수밖에 없었다. 결국 1840년 7월, 14살의 페드루 2세가 브라질의 황제로서 직접 국가를 통치하기 시작한다.

페드루 2세는 브라질 사람들에게 거의 완벽한 조건의 군주였다. 그는 성품이 온화했지만, 자신의 의지를 관철시키는 인물이기도 했다. 큰 키에 잘생긴 외모를 가지고 있었으며 신중하게 행동했다. 브라질인들은 페드루 2세에게 호의적이었다. 아마 마리아 레오폴디나 황후에 대한 기억, 태어나자마자 어머니를 잃은 황제의 모습 때문에 동정심을 느끼기도 했을 것이다. 또한 페드루 2세는 어린 시절부터 혼자 지냈으며, 자신을 키워준 사람들에게 깊은 애정을 가지고 있었지만 잡음이 나는 것을 피하기 위해 그들이 궁정에서 영향력을 행사하는 것을 막았다. 이런 행동 역시 브라질 사람들이 황제에게 매우 호감을 가지게 된 이유 중 하나였다.

페드루 2세가 통치하는 동안 브라질은 많은 변화를 겪었다. 브라질을 근대적 국가의 모습으로 바꾸는 변화였다. 이런 변화가 일어날 때 국민들이 혼란을 겪거나 반발할 수도 있었지만, 그러지 않았던 근본적 이유는 황제 페드루 2세에 대한 국민들의 절대적인 지지였다.

| 1830년대(왼쪽 위), 1850년대(오른쪽 위), 1880년대(아래) 페드루 2세의 모습.

당시 브라질의 가장 큰 변화 중 하나는 노예 제도 폐지였다. 브라질은 이미 식민지일 때부터 오랫동안 노예 제도를 유지해오고 있었다. 면화나 사탕수수 등 노동력이 많이 필요한 작물을 키우고 수출했으며, 넓은 지역의 토지를 몇몇의 대지주가 경영하는 형태였기에 노예를 많이 부릴 수밖에 없었다.

브라질의 노예들은 대부분 아프리카 대륙 출신이었다. 포르투갈은 오랫동안 아프리카 노예무역을 담당했으므로 계속해서 아프리카계 노예들을 데려올 수 있었다. 하지만 19세기에 들어서면서 브라질의 주요 교역국인 영국이 노예 제도를 엄격히 반대했고, 브라질에도 이를 지키도록 요구하기 시작했다. 브라질에서는 노예무역을 통해 노동력을 보충했는데 영국이 강하게 이것을 제재하자 노동력이 부족해졌고, 노예 제도에 대해 근본적인 고민을 하게 되었다. 뿐만 아니라 자유주의가 확산되면서 인권에 대한 생각도 달라졌기에, 브라질에서도 점차 노예 제도를 폐지해야 한다는 여론이 일어났다.

문제는 브라질 경제에서 노예를 이용하는 농업이 차지하는 비중이 여전히 높다는 점이었다. 사탕수수나 목화 재배는 경쟁력을 잃고 점차 사양 산업이 되었지만 커피 재배가 이를 대체했으며, 이전의 농업과 다를 바 없는 방식으로 운영되었다. 많은 사람들은 여전히 노예 제도가 당연하다고 여겼다.

페드루 2세가 친정을 시작할 무렵, 노예 제도 폐지를 위한 기본적 법률이 마련되었다. 이 법률은 제대로 시행되지 않다가 1850년대 갑작스럽게 노예 제도 폐지 운동이 활발해지면서 다시 주목을 받았다. 페드루 2세는 노예제 폐지를 지지하는 인물이었다. 그는 브라질에서 노예를 소유하지 않은 몇 안 되는 사람 중 하나였으며, 노예 제도가 없어져야 한다고 생각했다. 하지만 워낙 신중한 성격이었으므로 노예 제도를 급격하게 폐지할 경우 사회적 혼란이 일어날지도 모른다고 우려했다. 그래서 오랫동안 점진적으로 노예 제도 폐지를 추진했다.

커피 산업이 발전하고 브라질 경제가 성장하기 시작하는 1870년대가 되자, 그는 과감하게 '태내胎內자유법'이라는 법률을 공포한다. 법률이 공포된 이후, 노예 어머니에게서 태어나는 아이들은 더 이상 노예가 아니라는 법률이었다. 이전에 태어난 아이들에 대해서는 국가가 보상을 해주거나 아이가 성인이 될 때까지만 노예로 일하도록 했다. 노예를 이용해 농장을 운영하던 모든 사람들이 당연히 반대했지만, 법률을 느슨하게 적용하면서 당장 큰 혼란이 일어나지는 않았다.

대신 노예 노동력을 대체하기 위한 다른 법률을 제정했다. 도시 빈민에게 토지를 무상으로 부여하던 방식을 변경해 돈을 받고 토지를 부여했으며, 이민자들을 적극적으로 받아들이는 대신 그들이 일정 기간 동안 토지를 소유하지 못하게 함으로써 그 기간 동안 노동력을 활용하게 하는 방법 등을 추진한 것이다. 또 노예 제도 폐지 운동이 활발해지는데, 특히 노예 출신으로 자유민이 된 사람들이 이런 운동에 참여함으로써 노예 제도 폐지에 대한 여론을 확산시키게 된다. 이런 노력에 힘입어 브라질의 노예들은 차츰, 조금씩 감소해갔다.

✱ 국민들이 사랑한 왕

황금기처럼 보였던 1870년대에도 브라질 내부에는 여전히 문제가 있었다. 가톨릭 교회와 정부 간에 갈등이 있었으며, 군인들의 불만 역시 커지고 있었다. 페드루 2세가 통치하는 동안 군인들은 다른 정부 관리들에 비해 차별적 대우를 받았다. 그런데 남아메리카에서 지속적으로 영토 전쟁이 발생하면서 군인들의 중요성이 부각되었고, 상대적으로 중앙 정부 관료들의 행동은 비판의 대상이 되었다. 이런 상황에도 군인들에 대한 중앙 정부 관료들의 차별이 지속되자 군인들은 점점 불만을 품게 되었다.

이런 갈등을 어느 정도 가라앉히고 있었던 것은 황제 페드루 2세의 인품과 대중적인 인기 덕분이었다. 사실 국가 시스템은 누구 하나에 의존해서는 안 되고 중심인물이 없을 경우 그를 대체할 수 있는 인물이 존재해야만 그대로 유지될 수 있는데, 당시 브라질에서 페드루 2세가 사라질 경우 황제가 잠재우고 있던 갈등을 봉합할 만한 다른 인물이 존재하지 않았다. 브라질이 제정을 유지할 수 없었던 결정적 이유였다.

페드루 2세에게는 후계자로 딸인 이자벨Isabel이 있었다. 황후와의 사이에서 4명의 자녀가 태어났지만 아들 둘은 모두 어려서 사망했고 딸 이자벨과 레오폴지나Leopoldina만이 성인으로 성장했다. 페드루 2세는 딸들을 사랑하긴 했지만, 딸들에게 통치 교육을 시키지는 않았다. 아마 브라질이 남성 위주의 사회였으므로, 딸들이 제위에 오를 수 있다고 하더라도 브라질에서 이를 받아들이지 않으리라고 여겼을 것이다. 아니면 후계자가 될 아들이 태어날 것을 기대했을 수도 있다. 어찌되었든 그 결과 이자벨은 페드루 2세의 후계자로서 그다지 두각을 나타내지 못했다. 뿐만 아니라 이자벨의 남편이었던 프랑스 출신의 가스통 도를레앙Gaston d´Orléans은 브라질에서 인기가 없었다. 적어도 황실 내에는 페드루 2세를 대신할 만한 사람이 없었다.

페드루 2세는 점점 건강이 악화되었으며, 치료를 위해 브라질을 떠나 유럽으로 갔다. 한때 종부성사를 받을 정도로 위험한 고비를 맞기도 했다. 황제가 브라질을 떠나면서 억눌려 있던 갈등이 수면 위로 드러나기 시작했다. 페드루 2세가 없는 동안 이자벨이 섭정으로 임명되었지만, 이자벨이든 그 남편이든 이런 갈등을 억누르거나 조정할 만한 능력이 없었다. 특히 여전히 차별을 받고 있던 군인들의 불만은 폭발 직전이었다. 이들은 차별이 체제 자체의 문제라고 여겼기에 공화주의를 활발히 받아들였다. 페드루 2세가 건강을 회복해서 브라질로 돌아왔을 때는 이미 손쓸 수 없을 지경으로 갈등의 골이 깊어져 있었다.

결국 1889년 11월 15일, 군부는 수상을 체포하고 공화정을 선포했다. 페드루 2세는 저항하지 않고 퇴위했으며 가족과 함께 유럽으로 떠났다. 이미 브라질은 더 이상 자신

| 페드루 2세의 딸 이자벨.

이 손쓸 수 없는 상태이며 딸인 이자벨이 제위를 잇는다고 하더라도 원래대로 돌이킬 수 없다는 현실을 알았을 것이다. 그는 모든 것을 받아들이고, 복위 가능성에 대해 명확하게 거부 입장을 밝혔다. 페드루 2세는 1891년 12월 5일 사망했다. 그는 브라질을 그리워했지만 브라질로 돌아가겠다는 이야기는 전혀 하지 않았다. 하지만 마지막으로 자신의 관에 브라질의 흙을 넣어달라고 부탁함으로써 마음을 표현했다.

페드루 2세의 죽음은 브라질에 엄청난 영향을 미쳤다. 공화국 정부는 죽은 황제에게 조의를 표하는 것을 금지했다. 불안정한 공화정을 위협하는 요소가 될 수 있었기 때문이었다. 하지만 국민들은 아랑곳하지 않고 페드루 2세의 죽음을 애도했다. 상점들은 문을 닫았으며 국민들은 상장을 달고 조기를 걸었다. 황제를 떠나게 했던 공화주의자들조차도 황제의 죽음에 죄책감을 느끼며 애도를 보냈다. 그리고 브라질 독립 100주년이 되던 1921년, 브라질인들의 환영을 받으며 페드루 2세 부부의 관이 브라질로 이장되었다.

조카의 왕위를 빼앗은 미겔 1세

1826년 포르투갈의 국왕 주앙 6세가 죽을 당시 후계자가 될 수 있는 아들은 장남 페드루와 둘째 미겔, 2명이었다. 둘 다 아버지가 죽을 때 포르투갈에 있지는 않았다. 섭정으로 브라질에 남은 페드루는 앞에서 본 것처럼 브라질의 황제 페드루 1세가 되었다. 미겔의 경우는 좀 더 복잡했다. 그는 부모와 함께 포르투갈로 돌아오기는 했지만 이후 아버지에게 맞서는 반란에 참가하면서 국외에서 망명 중이었다.

둘은 정치적 성격이 전혀 달랐는데, 페드루는 자유주의를 옹호했던 반면 미겔은 절대왕정을 고수했다. 포르투갈에서는 자유주의자들의 세력이 더 컸으므로 당연히 페드루가 돌아와서 포르투갈의 국왕이 되길 바랐지만, 브라질에서는 페드루를 보내주지 않으려 했고 유럽에 있던 미겔이 왕위 계승을 주장하면서 서둘러 포르투갈로 돌아오고 있었다.

아버지의 뒤를 이어 포르투갈의 왕위를 물려받게 된 페드루는 브라질을 떠날 수가 없었다. 그는 해결책으로 큰딸 마리아 다 글로리아Maria de Gloria에게 포르투갈의 왕위를 주고, 동생인 미겔과 결혼시킴으로써 왕위 계승 분쟁을 막으려 했다. 어린 마리아가 성인으로 성장해서 실제로 결혼식을 치르기 전까지는 미겔이 마리아의 섭정이 되는 조건이었다. 또한 페드루는 미겔에게 입헌군주제를 받아들이라고 요구했다. 미겔은 페드루가 내건 조건들을 받아들이고 포르투갈로 들어왔다.

하지만 미겔은 포르투갈로 돌아오자마자 조카인 마리아 2세를 쫓아내고 스스로 국왕 미겔 1세가 되었다. 그리고 절대왕정을 고수하며 다소 시대에 뒤떨어지는 정책을 행했다. 마리아는 포르투갈을 떠나 유럽의 여러 곳을 떠돌다 간신히 브라질로 돌아갈 수 있었다. 포르투갈 대부분이 미겔 1세의 수중에 들어갔으며 유일하게 아소레스Açores 제도에 있는 섬 하나만이 마리아 2세를 지지했다. 곧 입헌군주제를 지지하는 망명 정부가 이곳에 세워졌으며, 주요 정치가들과 군인들이 속속 도착해 아소레스 제도 전체를 장악하게 된다.

| 조카를 쫓아내고 왕이 된 미겔 1세.

이때 페드루 1세가 포르투갈로 돌아왔다. 페드루 1세는 브라질에서 점차 입지가 좁아지고 있었다. 그가 포르투갈 출신의 측근들만 고용하는 것에 대해 브라질인들의 불만이 심해지고 있었기 때문이다. 결국 브라질에서의 불만과 압박이 심해지자 페드루 1세는 어린 장남에게 황위를 물려준 뒤 딸인 마리아를 비롯한 다른 가족들과 함께 유럽으로 돌아간다.

| 포르투갈의 마리아 2세.

유럽으로 돌아온 페드루 1세는 포르투갈 왕위 계승자에게 부여되는 칭호인 브라간사 공작Duque de Bragança 칭호를 쓰며 딸의 왕위를 되찾아주려 노력했다. 그는 아소레스 제도가 마리아 2세를 지지하는 이들에게 장악되었다는 것을 알게 되고, 아소레스 제도로 가서 딸을 지지하는 자유주의자들로 구성된 군대를 이끌고 포르투갈 본토로 갔다.

포르투갈의 왕위를 두고, 미겔의 지지자들과 마리아 2세를 지지하는 자유주의자들 간의 전쟁이 시작되었다. 페드루 1세는 전쟁에서 직접 참호를 파고 대포를 옮겼으며 위험한 상황을 여러 번 맞닥뜨리기도 했다. 하지만 그는 몸을 사리지 않고 동생의 군대와 싸웠으며, 결국 1834년 5월 미겔 1세는 왕위에서 물러나 망명길에 올랐다. 페드루 1세의 딸인 마리아는 다시 여왕 마리아 2세의 지위를 회복했다. 페드루 1세는 딸의 섭정이 되었지만, 그로부터 4개월 후인 1834년 9월에 사망했다.

Chapter 12

더 이상 누에바
에스파냐가
아니다!
멕시코 혁명

카를로스 3세Carlos III : 에스파냐 재위 1759~1788년. 계몽 군주로 불린다. 에스파냐 왕이 되면서 신대륙 누에바 에스파냐의 행정 체계를 개편한다.

크리오요Criollo : 누에바 에스파냐의 지배층을 이루고 있던 집단. 에스파냐에서 건너간 백인들이 식민지에서 낳은 후손들을 의미한다.

카를로스 4세Carlos IV : 에스파냐 재위 1788~1808년. 나폴레옹 전쟁으로 인해 에스파냐 왕위를 프랑스에게 빼앗긴다.

이달고 신부Miguel Hidalgo : 에스파냐의 통치에 반발을 일으킨 군사 지도자. 1811년 사로잡혀 처형된다.

페르난도 7세Fernando VII : 에스파냐 재위 1808~1808년. 자유주의적 헌법을 폐지함으로써 식민지 내에 강력한 반발을 불러온다.

모렐로스 신부José Maria Morelos : 누에바 에스파냐 내의 반란을 주도하던 인물. 칠판싱고 회의를 열고 멕시코가 자유 국가라고 선언한다. 1815년 붙잡혀 처형된다.

이투르비데Agustín de Iturbide : 멕시코 재위 1822~1822년. 정부군 장군이었다가 반란에 가담해, 멕시코제국이 에스파냐로부터 독립하자 황제가 되지만 재위 10개월 만에 퇴위된다.

나폴레옹 3세Napoleon III : 프랑스 재위 1852~1873년. 멕시코 내정에 간섭하고 막시밀리안을 멕시코 황제로 올린다.

막시밀리아노 1세Maximiliano I : 멕시코 재위 1864~1867년. 오스트리아 대공으로 있다가 나폴레옹 3세의 제안을 수락해서 멕시코의 황제가 되지만, 프랑스 군이 물러난 뒤 체포되어 처형된다.

카를로스
1세

지방
총독들

계몽 군주의
등장

카를로스
3세

계승

카를로스
4세

나폴레옹
전쟁

조제프
보나파르트

반란

입헌군주제
폐지

미겔
이달고 신부

페르난도
7세

반란

모렐로스
신부

칠판싱고 회의

이투르비데
장군

영토 분쟁

미국

외화 부채
상환 중단

프랑스
군 침입

나폴레옹 3세의
제안

공화주의자들의
반란, 황제 총살형

막시
밀리아노
1세

공화정
수립

멕시코는 아메리카 대륙의 중부에 속한 나라다. 우리가 지금 생각하는 멕시코의 개념이 생긴 것은 역설적으로 멕시코가 에스파냐의 식민지였던 시절이다. 콜럼버스가 신대륙을 발견한 후 에스파냐는 신대륙의 일부를 식민지로 삼았다. 이후 에스파냐에서는 원정대를 조직해서 원주민들이 거주하는 지역을 차례로 점령해갔는데, 특히 아즈텍제국^{Azteca}을 멸망시킨 코르테스^{Hernan Cortes}의 정복은 체계적인 식민지 건설의 발판이 되었다. 이후 현재의 멕시코를 중심으로 하는 중부 아메리카 지역과 카리브해 연안이 에스파냐의 중심 식민지가 된다. 반면 남아메리카의 상당 지역은 포르투갈의 식민지가 되었다.

당시 멕시코는 누에바 에스파냐^{Nueva Espana}(새로운 에스파냐)라는 이름으로 불렀다. 유럽 국가들이 신대륙에 개척한 식민지에는 통치하는

HERNANDO·CORTES·

| 에르난 코르테스(오른쪽)와 아즈텍제국
의 멸망(위).

나라의 지명에 새롭다는 의미의 단어 하나만 더해 이름을 붙여주는 경우가 많았다. 대표적인 예가 바로 뉴욕New York이다. 처음 뉴욕 지역에 온 사람들은 네덜란드인이었으며, 이들은 이곳을 '새로운 암스테르담'이라는 의미로 니우 암스테르담Nieuw Amsterdam이라고 불렀다. 이후 영국이 이 지역을 장악하면서 다시 이름이 '새로운 요크'라는 의미의 뉴욕으로 바뀌었다.

누에바 에스파냐는 현재의 멕시코보다 훨씬 더 큰 지역이었다. 누에바 에스파냐의 역사는 2개의 시대로 나뉘는데, 하나는 16세기 에스파냐의 식민지가 된 시기부터 18세기 에스파냐의 카를로스 3세가 개혁을 단행하기 전까지고 다른 하나는 부르봉 왕가가 에스파냐를 통치한 시기, 특히 카를로스 3세의 개혁 이후부터 나폴레옹 전쟁이 일어나기 직전까지다. 이렇게 나뉘는 가장 큰 이유는 부르봉 가문이 에스파냐를 통치하면서 이전 세력이 통치하던 시기와는 전혀 다른 양상을 보여주기 때문이다.

✠ 식민지 독립을 향한 누에바 에스파냐의 의지

카를로스 3세 이전에는 식민지 정책이 식민지의 자치를 보장하는 형식으로 이루어졌다. 이것은 누에바 에스파냐의 독특한 경제 체제 때문이기도 했지만, 에스파냐 본국의 사정 때문이기도 했다. 에스파냐를 성립한 "가톨릭 공동 군주(카스티야의 이사벨과 아라곤의 페르난도 2세)"를 계승한 인물은 그들의 외손자이자 신성로마제국의 황제가 되는 카를 5세Karl V(에스파냐에서는 카를로스 1세Carlos I)였다. 카를 5세가 통치한 영지

| 에스파냐의 카를로스 1세가 되는 신성로마
제국의 카를 5세.

는 할아버지로부터 물려받은 신성로마제국(오스트리아 중심), 아버지로부터 물려받은 부르고뉴 공작령(현재 벨기에, 네덜란드, 룩셈부르크 지역), 어머니로부터 물려받은 에스파냐와 이탈리아의 시칠리아왕국, 마지막으로 당시 막 에스파냐가 식민지로 개척하고 있던 중부 아메리카 지역이었다.

당시의 사회기반시설을 고려할 때 1명의 군주가 이 거대한 지역을 홀로 통치한다는 것은 불가능했다. 결국 각 지역마다 총독을 중심으로 자치를 하게 되었다. 누에바 에스파냐 역시 총독을 중심으로 하는 자치가 강하게 나타난다. 게다가 신대륙은 너무나 멀리 떨어져 있었기에 에스파냐가 직접적으로 영향력을 행사하기가 힘들었으므로 신대륙에 사는 사람들은 오랫동안 자치를 누리게 된다.

그러던 누에바 에스파냐의 상황이 변하게 되는 결정적 계기는 급변한 유럽의 정치 상황이었다. 당시 에스파냐는 합스부르크 가문에서 부르봉 가문으로 왕가가 바뀌었으며, 특히 카를로스 3세는 계몽 군주*로서 중앙집권식 왕권 강화에 힘썼다. 식민지였던 누에바 에스파냐는 아

＊근대적인 정치 체제를 지향하며, 합리적이고 개혁적인 방향의 정치를 추구하는 군주를 의미하는 용어. 누에바 에스파냐는 자치권이 강한 전근대적 행정 시스템을 가지고 있었는데, 계몽 군주가 등장하며 본국과 중앙 정부의 힘이 커지게 된다.

무리 자치를 누린다고 하더라도 본국의 영향을 받을 수밖에 없었고, 따라서 누에바 에스파냐에서의 정책도 비슷한 방향으로 흘러간다. 중앙집권식 정책은 행정 효율을 올리는 데 좋지만 중앙 정부의 권한이 막강해진다는 사실을 의미했다. 오래도록 자치를 누리던 누에바 에스파냐에 가해지는 본국의 간섭이 심해졌다. 누에바 에스파냐에 살던 사람들은 당연히 불만을 가지게 되었다.

　에스파냐 본토 사람에 비해 누에바 에스파냐 사람은 식민 시대 초기부터 어느 정도의 차별을 받고 있었다. 누에바 에스파냐에는 '크리오요'라고 불리는 독특한 계층이 있었는데, 대부분 에스파냐에서 건너간 백인들의 후손이었으며 누에바 에스파냐에서는 지배층에 해당했다. 물론 본토에서 온 사람들이 더 대접받긴 했지만, 크리오요도 나름대로의 권리를 누리고 있었다.

　하지만 카를로스 3세 이후 개혁이 진행되면서, 식민지 출신인 크리오요의 권리를 축소하고 에스파냐 본토 출신의 관리들을 등용하게 된다. 크리오

| 카를로스 3세의 모습.

요를 중심으로 하는 누에바 에스파냐 사람들은 본국과 총독에 반감이 생겼다. 게다가 계몽주의적 개혁사상이 유입되면서 누에바 에스파냐에도 새로운 사상이 퍼졌는데, 대표적인 것이 민족주의였다. 식민지인이라는 이유로 차별을 받고, 또 민족주의를 중심으로 하는 새로운 사상들을 받아들이며 누에바 에스파냐는 독립을 생각하게 되었다.

18세기 말에서 19세기 초로 이어지는 경제적 파탄 역시 크리오요가 본국에 반감을 가지는 원인이 되었다. 에스파냐는 7년 전쟁 동안 영국과 대립하는 프랑스를 지지하는 등, 대외 정책 면에서 영국과의 분쟁을 초래했다. 우수한 해군력을 가진 영국은 카리브해 같은 곳을 장악하고, 에스파냐가 누에바 에스파냐를 비롯한 식민지에서 원활한 무역을 하지 못하도록 막았다. 뿐만 아니라 에스파냐는 식민지의 부를 본국으로 가져갔으며, 전쟁 비용을 식민지에서 충당했다. 식민지 경제는 더욱 더 피폐해졌다. 식민지 사람들은 본국에 더욱 반항적으로 변해갔다. 하지만 정작 누에바 에스파냐가 에스파냐에서 독립해서 멕시코가 된 직접적 원인은 나폴레옹이었다.

✖ 우리는 누에바 에스파냐가 아니라 멕시코다!

18세기 말 프랑스 대혁명이 일어나고, 이어 나폴레옹이 등장하면서 전 유럽에 나폴레옹 전쟁이 일어나게 된다. 에스파냐의 국왕 카를로스 4세는 프랑스에 협력했지만, 나폴레옹은 에스파냐 왕가 사람들을 모두 억류한 뒤 자신의 형인 조제프를 에스파냐의 국왕으로 앉혔다. 하지만 에스파냐 사람들은 조제프를 국왕으로 인정하길 거부했으며, 누에바 에스파냐에서도 마찬가지였다.

누에바 에스파냐에서는 국왕이 부재하는 상황을 해결하기 위한 의회가 구성되었고, 이와 동시에 비정상적으로 자신들을 억압하던 본국 출신의 관료들에게 반발하기 시작했다. 특히 1810년 이달고 신부를 중심으로 하는 세력은 반란을 일으키기까지 한다. 1811년 이달고 신부와 핵심인물들은 사로잡혀 처형되었

| 나폴레옹의 형, 조제프 보나파르트.

지만, 지도자들 중 일부는 탈출해서 저항을 지속했다.

결국 에스파냐에서 입헌군주제가 선포되었고, 식민지였던 누에바 에스파냐에서도 대표가 선출되면서 누에바 에스파냐 사람들은 이제 누에바 에스파냐가 식민지가 아니라 하나의 독립된 지방으로 인정받을 것이라는 사실에 기뻐했다. 그러나 1814년 카를로스 4세의 아들로 에스파냐의 통치자가 된 페르난도 7세가 에스파냐로 돌아와 이 헌법을 폐지해버린다.

이렇게 되면서 누에바 에스파냐에서는 반란이 지속되었다. 반란세력은 모렐로스 신부를 중심으로 세력을 확장해, 결국 에스파냐로부터 독립된 나라를 세울 만한 규모를 형성하기에 이른다. 그리고 마침내

| 누에바 에스파냐 반란 세력의 중심이었던 미겔 이달고 신부(왼쪽)와
모렐로스 신부(오른쪽).

1813년 9월, 칠판싱고Chilpancingo라는 작은 도시에 모여 독립 국가를 세
우기 위한 회의를 진행한다. 이때 열린 회의는 '칠판싱고 회의'라고 불
린다.

　1813년 11월 3일, 칠판싱고 회의에 모인 반란 세력은 정식으로 '멕
시코는 에스파냐로부터 독립된 자유 국가'라고 선언했다. 하지만 그들
은 여전히 에스파냐 총독의 군대와 전투를 하고 있었으며, 1815년에는
지도자였던 모렐로스 신부가 붙잡혀 처형되기도 한다. 이후 총독은 반
란군을 사면해서 지역을 안정시키려 했지만 그리 성공적이지는 않았다.

　혼란이 계속되면서 누에바 에스파냐의 경제적, 정치적 시스템은 붕
괴되었으며 더 이상 에스파냐도 이를 제어할 수 없는 지경에 이르렀다.
결국 총독의 군대에 있었던 이투르비데 장군이 반란을 진압하러 갔다가

도리어 반란군에 합류했으며, 1821년 누에바 에스파냐는 마침내 멕시코제국이라는 이름으로 에스파냐에서 독립했다.

멕시코제국은 시작부터 불안했다. 제국을 세운 중심인물들은 공화국을 원했지만, 이투르비데 장군을 지지하는 사람들은 군대의 힘을 빌려 그를 군주로 내세웠다. 결국 이투르비데가 멕시코제국의 황제 자리에 앉게 되었다. 하지만 그것도 잠시, 그는 10개월 만에 다른 장군에게 쫓겨나고 만다. 이투르비데 장군이 쫓겨난 뒤 멕시코는 공화국이 되었지만 여전히 불안정한 상황이 계속되었다. 군주제를 지지하는 사람들뿐만 아니라 막강한 세력으로 성장하고 있던 미국이 영토를 넓히기 위해 기회를 엿보고 있었기 때문이다.

| 칠판싱고 회의 장면을 그린 그림.

| 잠시나마 황제 자리를 차지했던
이투르비데 장군.

당시 텍사스와 캘리포니아는 멕시코 영토였는데, 텍사스는 멕시코가 독립한 뒤 떨어져 나와 미국과 합병된다. 미국은 캘리포니아도 노리고 있었으므로 멕시코에 캘리포니아를 팔라고 압력을 넣었다. 멕시코가 이를 거부하자 미국은 1846년 5월 전쟁을 선포했고, 순식간에 수도인 멕시코시티까지 점령하며 원래 미국이 원했던 것보다 훨씬 넓은 멕시코의 영토 반 정도를 넘겨받게 된다.

에스파냐로부터 독립하면서 치른 내전의 상처가 끝나기도 전에 미국의 침입이 일어났으니 멕시코는 큰 타격을 입었다. 이는 멕시코 내부의 투쟁으로 이어졌고, 여러 정치 세력들은 패전의 책임을 서로에게 돌리며 권력을 놓고 싸웠다. 하지만 혼란한 경제 상황은 유럽 세력의 개입을 불러왔다. 멕시코는 영국과 프랑스, 에스파냐에 막대한 부채가 있었기 때문이다. 보수주의자들은 부채를 없애고 혼란을 잠재우기 위해 유럽 출신의 군주가 필요하다고 생각했다. 그래서 유럽에 지속적으로 도움을 청하고 있었다.

당시 프랑스의 통치자였던 나폴레옹 3세는 영국의 팽창을 견제하기 위해 라틴아메리카에 관심을 가지고 있었다. 라틴아메리카 지역에 끼어들 명분을 찾고 있는 중이었는데, 마침 좋은 핑계가 있었다. 당시 멕시코 경제 상황이 너무나 나빠서 외채 상환을 중단할 수밖에 없었던 것이

다. 이에 나폴레옹 3세는 영국, 에
스파냐와 회담을 가지고 멕시코의
항구를 봉쇄하기로 합의를 보았
다. 세 나라는 함대를 끌고 멕시코
로 가서 외채 상환 협상을 벌였다.
멕시코에서는 상환 연기가 일시적
인 조치일 뿐이라고 설득했고 영
국과 에스파냐는 이를 받아들였지
만, 프랑스만은 거부하고 멕시코
에 군대를 파견했다.

| 라틴아메리카 지역을 노리고 있었던 나폴
레옹 3세.

✤ 막시밀리아노 황제의 비극적 최후

프랑스 군대가 멕시코 전역을 점령해가는 상황이 되자, 이제 군주
가 될 인물이 필요했다. 프랑스가 선택한 인물은 바로 합스부르크 가문
출신이자 오스트리아 황제의 동생인 막시밀리안 대공Ferdinand Maximilian
Josephvon Österreich이었다. 멕시코 보수주의자들은 오랫동안 유럽의 왕족
이 멕시코의 군주가 되어야 한다고 주장해왔는데, 이들이 접촉했던 사
람들 중에 막시밀리안 대공도 포함되어 있었다. 합스부르크 가문은 부
르봉 가문 이전에 에스파냐를 통치했던 가문으로, 보수주의자들의 눈에
는 독립한 멕시코의 군주로서 매우 적합한 가문이었다. 막시밀리안 대
공은 처음에 이 제안을 거절하지만, 프랑스가 멕시코를 점령하는 것을
보며 마음을 바꾼다.

아마 막시밀리안이 멕시코 황제 지위를 받아들인 가장 큰 이유는 정치적으로 좀 더 중요한 역할을 하고 싶었기 때문일 것이다. 그는 이전에 이탈리아 지방의 총독이었지만 실권은 그의 형인 황제가 가지고 있었다. 그래서 나폴레옹 3세가 다시 한 번 그에게 멕시코 황제 지위를 제안했을 때, 형의 반대에도 그 지위를 수락했을 것이다. 결국 막시밀리안은 1864년 오스트리아에서 자신이 가진 모든 지위와 계승권을 포기하고, 아내와 함께 멕시코로 떠났다. 1864년 4월 10일 멕시코시티에서 대관식을 올린 후, 두 사람은 멕시코의 황제 막시밀리아노 1세와 카를로타 황후로 불리게 된다.

| 황제 막시밀리아노 1세.

막시밀리아노 황제는 즉위 후 여러 가지 일들을 했지만 상황이 따라주지 않았다. 프랑스 군대에 쫓겨 갔던 멕시코의 공화주의자들이 미국의 지원을 받아 점차 세력을 키운 것이다. 반면 비용 등의 문제로 프랑스 군은 점차 멕시코에 주둔한 병력을 축소했으며, 막시밀리아노 황제의 지위는 위태로워졌다. 카를로타 황후는 남편 대신 유럽으로 건너가 자신들의 처지를 호소했지만 아무 소용이 없었다. 아내의 실패를 알고

난 뒤 막시밀리아노는 자진해서 퇴위하려고 했으나 신하들의 반대로 이 조차 실패하고 말았다. 비극적 운명이 그를 향해 다가오고 있었다.

다시 세력을 얻은 멕시코 공화주의자들이 영토를 회복해 나갈수록, 막시밀리아노 황제의 멕시코제국은 점차 영토가 줄어들었다. 결국 1867년 4월 막시밀리아노는 공화주의 세력에 체포되어 법정에 섰다. 변호사들이 체포된 황제의 목숨을 구하기 위해 열띤 변론을 했지만 그가 총살형을 언도받는 것을 막지는 못했다. 전 세계에서 황제의 목숨을 구하기 위한 탄원이 쏟아졌지만, 역시 도움이 되지 않았다.

그는 갑자기 멕시코의 황제가 된 것만큼 급작스럽게 총살형이라는 비극적인 최후를 맞이했다. 1867년 6월 19일 황제의 총살형이 집행되었고, 죽기 직전 그는 자신이 죽음으로써 새로운 조국 멕시코의 불행도 끝나기를 빌며 의연하게 죽음을 맞이했다. 황제가 된 지 겨우 3년 만이었다. 황제의 마지막 모습은 많은 사람들에게 큰 감명을 주었다.

막시밀리안 공이 좋은 의도를 가지고 멕시코의 황제 자리에 앉았을지 몰라도, 멕시코 입장에서 보면 그는 프랑스가 내세운 외국인 군주였을 뿐이다. 결국 프랑스 군이 멕시코에서 철수하자 막시밀리아노 황제의 정부는 무너졌다. 그가 죽은 뒤 멕시코에서는 더 이상 군주정에 대한 이야기가 나오지 않았고, 공화정이 자리를 잡게 된다.

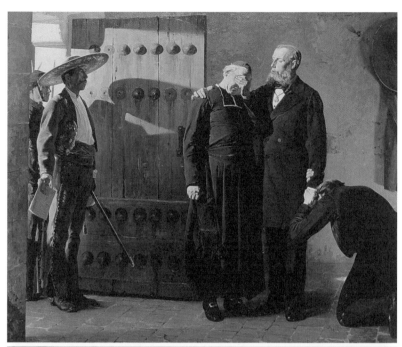

| 처형 직전의 막시밀리아노 황제(위)와 황제의 처형 모습(아래).

막시밀리아노 1세의 강인한 어머니, 조피 대공비

오스트리아의 황제 프란츠 요제프Franz Joseph I와 멕시코의 황제 막시밀리아노의 어머니인 조피 대공비Sophie Friederike von Bayern는 매우 똑똑하고 강인했던 여성으로 알려져 있다. 조피는 바이에른 공국의 공주로 태어나, 당시 여느 공주들처럼 정략결혼을 해야 하는 나이를 맞이했다. 그녀는 오스트리아의 대공이었던 프란츠 카를 대공Franz Karl von Österreich과 결혼을 하게 되었다. 프란츠 카를 대공이 조피가 바라던 왕자님은 아니었지만, 왕가의 결혼은 개인적 취향보다는 정치적 문제에 가까웠으므로 그녀는 결국 대공과의 결혼을 받아들여야 했다.

오스트리아 궁정에서 조피는 오랫동안 행복하지 못했는데, 수년간 자녀가 없어 후계자를 낳아야 한다는 압박이 심했다. 그녀는 겨우 결혼 6년 만에 아들인 프란츠 요제프를 낳았으며 그 뒤를 이어 아이 넷을 더 낳았다. 이 5명 중 4명의 아들이 성인으로 성장했는데, 후계자가 귀한 황실에서 아들을 넷이나 낳았으니 그녀는 아마 매우 높은 대접을 받았을 것이다.

조피는 매우 강인한 성품으로, 아들들에게 강한 영향력을 행사했다고 한다. 특히 장남인 프란츠 요제프 황제는 오직 1가지만 빼고 어머니 말에 모두 복종했다. 그러나 그 1가지가 가장 중요한 것이었으니, 바로 결혼 문제였다.

조피 대공비는 며느릿감을 찾기 위해 여러 곳에 혼처를 알아보았다. 자신의 자매들이 있는 작센이나 프로이센 왕가의 공주들을 며느리로 얻으려 했지만 성공하지 못했고, 대신 여동생인 바이에른 공주 루도비카Ludovika Wilhelmine von Bayern의 딸을 며느리로 맞기로 했다. 그중에서도 얌전하고 책임감 강한 큰딸 헬레네Helene Caroline Therese를 며느릿감으로 점찍었다.

| 막시밀리아노 황제의 어머니였던 조피 대공비.

황제와 헬레네가 맞선을 보러 가는 길에, 헬레네의 바로 손아래 여동생인 엘리자베트Elisabeth Amalie Eugenie(가족들에게는 시시Sisi라는 애칭으로 불렸다)가 따라갔다. 그런데 프란츠 요제프 황제는 자신의 신붓감으로 나온 헬레네가 아니라 그 옆에 따라와서 서 있던 엘리자베트를 보고 한눈에 반해버린다. 그는

처음으로 어머니의 명을 거
역하고, 엘리자베트를 아내
로 맞겠다고 말했다.

조피 대공비는 아들의
주장에 당황하지 않을 수
없었다. 조피가 보기에 엘
리자베트는 황후라는 엄청
난 지위에서 오는 중압감을
감당하기 어려울 것 같았
다. 엘리자베트는 당시 너
무 어렸고 워낙 성격이 자
유분방했기 때문이었다. 하

| 조피 대공비의 큰아들, 프란츠 요제프 황제.

지만 프란츠 요제프 황제가 고집을 꺾지 않아 결국 조피는 엘리자베트
를 며느리로 허락하고 말았다.

그러나 대공비가 엘리자베트를 황훗감으로 완전히 믿은 것은 아니
었다. 예상했던 대로 어린 엘리자베트는 궁정에서 황후로 사는 것을 부
담스러워했을 뿐만 아니라, 엄한 시어머니였던 조피 대공비를 불편해
했다. 결국 엘리자베트는 자주 궁정을 비우고 멀리 여행을 떠났으며, 안
그래도 그녀를 못마땅하게 생각하던 조피 대공비 눈에는 이 상황이 좋
게 보일 리 없었다.

문제는 둘째 아들인 막시밀리안이 결혼하면서 더욱 복잡해진다. 막
시밀리안의 아내인 카를로타 황후(원래 벨기에 출신으로, 이름은 샤를로테

Charlotte다.)는 빅토리아 여왕의 사촌이었을 뿐만 아니라 어머니가 유서 깊은 프랑스 왕가 출신이었다. 막시밀리안은 조피 대공비가 제일 사랑한 아들이었으며, 샤를로테는 엘리자베트와 달리 조피에게 순종적이었고 궁정에 잘 적응했다. 왕족으로서의 의무도 충실히 수행했다. 조피 대공비는 엘리자베트와 샤를로테를 항상 비교했고, 늘 대놓고 샤를로테를 칭찬했다. 이런 상황 속에서 동서 간의 경쟁심도 점점 커져갔다.

샤를로테는 황후에게 질투심을 느꼈다. 엘리자베트 황후는 궁정에 잘 적응하지는 못했지만 전설적인 미모로 수많은 사람들의 사랑을 받고 있었는데, 물론 가장 열성적인 사랑을 보낸 사람은 남편인 프란츠 요제프 황제였다. 비록 시어머니의 사랑을 받고 있었고 궁정에서도 인정을 받았지만, 황후의 미모는 샤를로테보다 뛰어났다. 또 아무리 시어머니가 탐탁지 않게 생각하더라도 엘리자베트는 황제의 아내인 황후였으며 샤를로테는 대공비일 뿐이었다. 이런 지위의 차이 역시 샤를로테가 엘리자베트 황후에게 질투심을 느낀 원인이었을 것이다. 게다가 막시밀리안은 형수이자 이종사촌이었던 엘리자베트 황후와 취미 등이 비슷해서 사이좋게 지냈는데, 이것도 샤를로테가 황후를 질투하게 된 원인 중 하나였을 것이다. 반대로 엘리자베트 황후 역시 자신이 얻지 못한 시

| 엘리자베트 황후의 사진.

어머니의 사랑을 한몸에 받으며 궁정에 쉽게 적응한 샤를로테 대공비에게 묘한 감정을 느꼈을 것이다.

결국 두 여성 사이에는 언제나 미묘한 신경전이 벌어졌다. 막시밀리안이 황제가 되는 것을 승낙한 이유가 아내인 샤를로테의 영향을 받아서라는 이야기까지 있을 정도였다. 동서에 비해 낮은 지위에 있는 것을 견디지 못한 샤를로테가 남

| 카를로타 황후(샤를로테 공주).

편에게 황위를 받아들이라고 했다는 것이었다. 결과적으로 보면 슬픈 결말을 맞이하기는 했지만 말이다.

막시밀리안이 멕시코의 황제가 되고 나서 고난을 겪자, 샤를로테는 유럽으로 가서 지원을 호소했다. 하지만 도움의 손길을 받지 못하고 남편이 총살당하자 큰 충격을 받고 정신적 병을 앓게 된다. 그녀는 현실을 받아들이길 거부했으며 남편이 죽지 않았고 언젠가 자신에게 돌아올 것이라고 믿었다. 샤를로테는 결국 상태가 심각해져 성에 연금당했으며, 그렇게 계속 갇혀 지내다가 사망했다.

막시밀리안의 죽음은 아내인 샤를로테의 삶을 파괴했을 뿐만 아니라 어머니인 조피 대공비의 삶도 파괴했다. 막시밀리안은 조피 대공비

가 가장 사랑한 아들이었으며, 그의 죽음은 조피 대공비에게 엄청난 충격이었기 때문이다. 조피 대공비는 끝내 둘째 아들의 죽음을 극복하지 못했고 공적 생활에서 은퇴한 뒤 조용한 곳에서 지내다 삶을 마감했다.

KAIS. FRANZ JOS.   KAIS. MAX,   KAIS. CHARLOTTE,   ERZ. LUD. VICTOR   ERZ. KARL LUDWIG
KAIS. ELISABETH,   ERZH. SOPHIE,   ERZH. FRANZ KARL
KRONP. RUDOLF, ERZH. GISELA,

| 1861년 오스트리아 황실 가족들. 조피 대공비와 자녀들뿐만 아니라
두 며느리와 손자들까지 나와 있다.

Chapter 13

러시아를
바꾼
피의 일요일

알렉산드르 1세Alexander I : 재위 1801~1825년. 그는 나폴레옹 전쟁의 승리자로 알려져 있다.

니콜라이 1세Nicolai I : 재위 1825~1855년. 철저한 보수주의자. 강력한 독재정치를 펼쳤다.

알렉산드르 2세Alexander II : 재위 1855~1881년. 러시아의 마지막 위대한 차르. 근대 국가로 나아가는 개혁 정책을 펼쳤다. 그러나 정책이 너무 온건하다고 생각한 급진 세력의 폭탄 테러로 인해 죽음을 맞는다.

알렉산드르 3세Alexander III : 재위 1881~1894년. 아버지와는 다르게 옛 통치체제로 귀환하려 했던 황제.

니콜라이 2세Nicolas II : 재위 1894~1917년. 로마노프 왕조의 마지막 황제. 혁명의 거센 파도를 온몸으로 맞고 폐위된 뒤 총살형으로 생을 마감했다.

라스푸틴Grigori Rasputin : 황제와 황후의 측근으로 국정에 막대한 영향력을 행사한 수도사.

가폰 신부Georgii Apollonovich Gapon : '피의 일요일' 사건의 시발점이 되는 시위를 주도한 정부 측 인물이다.

알렉산드르
1세

계승

니콜라이
1세

알렉산드르
2세

급진 세력의
폭탄 테러

데카브리스트의
반란

알렉산드르
3세

계승

니콜라이
2세

제1차
세계대전

의회 두마

피의
일요일 사건

라스푸틴

암살

니콜라이
2세

2월 혁명

임시 정부
수립

10월 혁명

볼셰비키
정권

1905년 1월의 어느 일요일, 수많은 도시 노동자들이 얼어붙은 러시아의 거리로 쏟아져 나왔다. 자신들의 황제이자 어버이였던 차르Tsar에게 열악한 노동 환경에 대해 탄원하기 위해서였다. 이를 주도한 인물은 가폰 신부로, 노동자들이 사회주의에 물드는 것을 막고 정부를 옹호하는 운동을 펼치던 인물이었다.

이날 가폰 신부를 중심으로 한 노동자들은 교회로 가는 대신, 차르의 초상화를 손에 들고 겨울궁전으로 향하고 있었다. 그들은 차르가 자애롭게 이 문제를 해결해줄 것이라 믿고 있었다. 그러나 사실 당시 차르인 니콜라이 2세와 그 가족들은 다른 지역에 머무르고 있었다. 이들이 겨울궁전에 도착했더라도 바라던 바는 이루어질 수 없었던 것이다.

평화로웠던 행진은 끔찍한 비극으로 향했다. 비폭력시위를 표방했지만 너무 많은 사람들이 몰리면서 정부가 시위를 통제하는 데 실패하고 말았다. 저지선이 뚫리자 정부는 결국 시위대에게 발포했고, 수많은 사람들이 목숨을 잃었다. 이것이 바로 '피의 일요일'이라고 불리는 사건이다.

| 노동자들의 시위를 주도한 가폰 신부.

이 사건은 러시아에서 매우 중요한 의미를 가진다. 이전까지는 대부분의 러시아 국민들이 정교회의 보호자인 차르에 대해 절대적인 충성심을 가지고 있었으며, 절대왕권 시대의 많은 군주들에게 기대하는 것처럼 차르가 어버이처럼 자신들의 고난을 해결해줄 것이라 믿고 있었다. 하지만 피의 일요일 이후 대중의 기대는 무너졌다. 아무리 총을 쏜 것이 차르의 명이 아니었다고 하더라도, 차르의 군대가 차르를 믿고 의지하던 사람들을 살해했으니 그 자체로 크나큰 충격이었다. 도시 노동자들을 중심으로 차르에 대한 신뢰는 점차 사라져갔으며, 굳건할 것 같았던 러시아 황실은 15년 후 철저하게 몰락한다.

✳ 개혁의 목소리가 높아지다

러시아가 근대 국가가 된 것은 표트르 대제의 개혁 이후부터다.* 이

---

*표트르 대제는 러시아가 서유럽식 사회와 행정 시스템으로 바뀌어야 한다고 생각했고, 이를 위해 국민들도 서유럽식으로 살아야 한다고 생각했다. 즉 지금까지의 러시아에서 탈피해, 서유럽에서 유행하던 계몽주의 등을 받아들이고자 했다.

개혁으로 러시아는 강대국의 반열에 들게 되었으며, 특히 나폴레옹 전쟁 이후에는 전 유럽에 러시아가 강대국이라는 확고한 인식을 심어주었다. 하지만 이 시점에는 프랑스 대혁명의 이념이 유럽 전역으로 퍼져나가고 있었다.

나폴레옹 전쟁 이후 수많은 러시아 귀족들은 서유럽으로 향했다. 이들은 서유럽에서 다양한 사상을 접했고, 러시아에도 변화가 필요하다는 생각을 하게 된다. 이런 생각을 품은 귀족들의 세력은 조금씩 커져갔다. 그러다가 러시아의 알렉산드르 1세의 사망 후 황위 계승 문제가 복잡해지자, 이들 세력은 러시아에서도 혁명을 시도했다.

알렉산드르 1세에게는 아들이 없었고, 대신 동생들이 있었다. 그는

| 러시아 개혁의 불씨가 된 '피의 일요일' 사건을 그린 역사화.

자신의 후계자로 둘째 동생인 니콜라이 대공을 선택했다. 니콜라이 대공은 철저한 보수주의자로, 새로운 사상에 물든 러시아 군인들과 귀족들에게는 인기가 없는 인물이었다. 변화를 지지하던 많은 귀족들, 특히 군인들은 니콜라이를 후계자로 선택한 알렉산드르 1세의 유언장을 지지하지 않았다.

니콜라이 1세의 즉위식 날, 이들은 광장에 모여 새로운 차르는 절대군주제가 아닌 입헌주의를 따라야 한다고 주장했다. 이것이 바로 '데카브리스트Dekabrist의 반란'이라고 불리는 사건이다. 처음에는 니콜라이 1세가 교섭하려는 모습을 보이는 듯했지만, 결국 그는 광장에 모인 이들에게 대포를 쏘면서 유혈진압을 함으로써 독재 정치를 선택했다. 차르의 권한은 더욱 강화되었지만, 이런 독재 정치 시스템은 러시아 정도로 큰 규모의 나라에 어울리지 않았다. 점점 개혁의 필요성이 커져갔다.

니콜라이 1세의 아들이었던 알렉산드르 2세는 러시아의 마지막 위대한 차르라고 불릴 만한 인물이었다. 니콜라이 1세가 강압적인 독재 정치로 귀족들을 억제한 결과 알렉산드르 2세 때에 와서는 귀족들의 반란이

| 알렉산드르 1세의 동생 니콜라이 1세.

잠잠해졌고, 학문이나 경제 등 모든 분야에서 번영했다. 이런 시대에 발맞추어 알렉산드르 2세는 농노를 해방하는 등 여러 개혁 정책을 추구했다. 이런 정책들 덕분에 러시아는 근대 국가로 나아가고 있었지만, 한편 내부의 혼란은 가중되었다. 그의 정책들은 정작 개혁을 바라는 세력에게는 너무나 느리게 진행되었기 때문이다. 급진적 개혁을 원하던 사람들은 점점 불만이 쌓여갔다. 게다가 알렉산드르 2세의 통치 후반기에는 국내 상황이 불안해지면서 그나마 진행되고 있던 정책들마저 중단하거나 연기했었기에, 급진적 세력들의 불만은 더욱 커졌다.

결국 급진 세력들의 테러가 점점 심해졌고, 차르와 그 가족의 생명까지 위협하는 수준이 되었다. 알렉산드르 2세는 개혁 정책을 계속 진행해야만 사회의 혼란이 줄어들 수 있다는 사실을 깨달았다. 하지만 때는 이미 늦었다. 개혁에 대한 기대가 컸던 만큼 그것을 중단한 것에 대한 실망감도 너무나 컸기에, 알렉산드르 2세는 급진 세력의 폭탄 테러로 죽음을 맞는다.

알렉산드르 2세의 죽음은 그의 후계자인 알렉산드르 3세의 정책에 큰 영향을 미쳤다. 이미 황태자 시절부터 아버지와는 정치적 의견이 다른 보수주의자였던 알렉산드르 3세는, 아버지의 죽음에 관련된 사람들 모두를 처벌했을 뿐만 아니라 입헌군주제를 시행하려던 아버지의 시도와는 전혀 다르게 러시아 전역을 감시하는 비밀경찰을 강화하는 등 옛 통치 체제로 귀환했다.

| 알렉산드르 2세에게 가해진 폭탄 테러.

✱ 구체제와 신체제 사이의 혼란

알렉산드르 3세의 뒤를 이어 황제가 된 사람이 니콜라이 2세다. 젊고 미숙한 황제가 상황을 잘 헤쳐 나갈 수 있을지 걱정하는 이들이 많았지만, 니콜라이 2세 즉위 초기의 러시아는 여전히 강력한 국가였으며 국민 대다수가 차르에게 절대적인 지지를 보내고 있었다.

그러나 니콜라이 2세의 통치가 계속될수록 러시아 내의 혼란은 더욱 가중되었다. 경제적으로는 근대적 국가를 향해 나아가고 있었지만, 사회적·정치적 체제는 여전히 구시대적이었다. 국민들의 불만이 커지고 러시아 전역에서 폭동과 반란이 일어났다. 게다가 러일전쟁까지 패배하자, 러시아 사람들은 국가에 대해 한층 더 강한 위기감과 불만을 가지게 되었다. 1905년 피의 일요일 이후, 러시아에서는 군주제에 대한 불신이 강하게 확산되었으며 시위와 폭동도 격화되었다.

결국 1905년 10월, 황제 니콜라이 2세는 의회인 두마^{Duma}를 설치하고 두마에서 내리는 결정에 따를 것이며, 입헌군주제를 시행하겠다는 선언을 한다. 이후 러시아에서는 혁명을 막고 사회를 안정되게 만들려는 여러 개혁 정책이 발표된다. 하지만 대부분 가시적인 효과를 내는 해

| 의회 두마 개회 선언.

결책이라기보다는 오랜 시간이 걸리는 정책들이었다. 국민들의 피부에 와 닿는 효과가 일어나지 않았으므로 사람들은 여전히 국가에 대해 불만이 많았다. 무력을 동반하는 파업이나 시위가 잦아졌고, 정부도 이를 더 강경하게 진압했다. 러시아 사회는 더욱 더 혼란스러워졌다.

니콜라이 2세는 초기에 군주로서 미숙한 인물로 평가를 받았는데, 그의 치세가 지속되어도 이러한 비판은 사라지지 않았다. 그는 아버지 알렉산드르 3세만큼 확고한 보수주의 정책을 펴지도 않았고, 할아버지인 알렉산드르 2세처럼 확고한 개혁 정책을 펴지도 않았다. 니콜라이 2세는 러시아를 개혁해야 할 시점을 제대로 파악하지 못했다. 그는 혁명이 일어나기 직전이 되어서야 개혁 정책을 하나 둘 내놓곤 했는데, 대부분 일단 혁명을 막기 위한 미봉책이었다. 니콜라이 2세가 지지하고 있던 온건한 개혁 정책은 러시아의 불만을 잠재우기에는 역부족이었다.

비록 이렇게 사회적 불만이 쌓여가고 있었지만 여전히 러시아의 상당수 국민들은 차르를 신뢰했다. 니콜라이 2세가 조금 더 버틸 수만 있었다면 온건한 개혁 정책의 효과가 나타나면서 나라가 바뀌었을 수도 있다. 하지만 결국 러시아는 외부적 문제로 인해 파국을 맞게 되는데, 바로 제1차 세계대전이었다.

| 니콜라이 2세의 사진.

✶ 2월 혁명을 불러온 제1차 세계대전

제1차 세계대전이 시작되면서, 러시아는 영국, 프랑스 등과 함께 독일과 전쟁을 시작한다. 러시아는 오랜 강대국이었으니 이런 전쟁이야말로 국가의 힘을 과시할 수 있는 기회였을 뿐 아니라, 외부 적을 상대하면서 국내의 위기 상황을 극복할 수 있는 기회이기도 했다. 전쟁 초기에 많은 국민들이 러시아를 구하기 위해 전쟁터로 갔으며 나머지 사람들도 후방에서 전쟁을 지원하는 데 최선을 다했다. 국가가 위기에 닥치자 국민들이 정부를 중심으로 단합하는 모습도 보여주었으며, 전쟁으로 인해 여러 산업이 활성화되기도 했다.

그러나 곧 러시아에는 단합으로 극복되지 않는 내부 문제가 드러난다. 대규모 장기전에 대한 대비 없이 전쟁에 뛰어들었던 것이다. 물자가 턱없이 부족했으며, 훈련되지 않은 병사들은 전투에서 큰 힘이 되지 않았다. 게다가 독일-오스트리아가 교착 상태였던 서부 전선보다 동부 전선에 더 집중하면서 러시아는 큰 타격을 입게 된다.

니콜라이 2세도 전쟁에서 큰 실수를 저지른다. 자신이 직접 러시아의 총사령관으로 전장에 나간 것이다. 이 배후에는 라스푸틴이라는 수도사가 있었는데, 그는 황제와 황후의 신임을 받고 있던 인물이었다. 혈우병을 앓던 황태자 알렉세이Alexei Nikolaevich가 라스푸틴을 만난 후 병세가 완화되는 모습을 보이자 황후가 그를 성자로 믿기 시작했다. 니콜라이 2세 주변에는 신뢰할 만한 사람들이 별로 없었으며, 이 때문에 황후가 신뢰하는 라스푸틴이 황제에게 매우 큰 영향력을 행사하게 되었다. 라스푸틴은 황제와 황후의 두터운 신임을 등에 업고 전횡을 일삼았는

| 니콜라이 2세의 황후 알렉산드라(왼쪽), 그녀가 맹신했던 수도사 라스푸틴(오른쪽).

데, 이에 대해서 불만을 토로하는 이들이 많았지만 황후의 영향을 많이 받던 황제는 이런 이야기를 듣지 않으려 했다.

라스푸틴은 니콜라이 2세에게 '차르가 직접 총사령관이 된다면 승리를 얻을 수 있다'고 이야기했다고 한다. 그리고 니콜라이 2세는 자신이 총사령관일 때 러시아가 전쟁에서 승리를 거둔다면, 국가 전체가 자신을 중심으로 단결할 것이며 혼란한 상황을 헤쳐 나갈 수 있을 것이라 여겼다. 하지만 이것은 매우 큰 실책이었다. 당시 러시아 총사령관은 차르의 오촌이자 니콜라이 1세의 손자였던 니콜라이 니콜라예비치 대공Grand Duke Nikolay Nikolayevich으로, 군에서 신뢰받는 사령관이었다. 그를 전쟁 중에 해임하자 군 내부에서는 점점 불만이 커져갔다.

니콜라이 2세는 전장으로 떠나며 아내인 황후를 섭정으로 임명했다. 이것 역시 상황을 더욱 악화시키는 일이었는데, 황후는 의무에 충실한 인물이었지만 정치적으로 매우 고지식했으며 자신의 주변 인물, 특히 라스푸틴을 맹신했다. 라스푸틴은 황후 앞에서는 성자처럼 행동했기 때문에, 그녀는 라스푸틴이 전횡을 휘두르는지도 모르고 내버려두었으며 그가 엄청난 권력자가 되었다는 사실에 눈과 귀를 닫았다. 결국 니콜라이 2세의 사촌 드미트리 파블로비치 대공Grand Duke Dmitri Pavlovich과 니콜라이 2세의 조카사위 펠릭스 유스포프 공Prince Felix Felixovich Yusupov 이 중심이 되어 라스푸틴을 암살하기에 이른다.

전장에서 돌아온 부상병들은 러시아 군대가 얼마나 열악한지, 러시아가 왜 패배할 수밖에 없었는지에 대해 이야기했다. 점차 사람들은 이 상황을 차르가 만들었다고 비난하기 시작했다. 차르가 러시아를 전장으로 밀어 넣은 장본인이고, 차르가 총사령관이 아닌가? 라스푸틴의 전횡으로 인한 불만, 연이은 패전과 지속되는 전쟁으로 인한 경제적 문제 때문에 러시아 내부는 점점 들끓기 시작한다.

그러던 1917년 2월, 수도에서 시위가 일어난다. 시위는 곧 종전을 요구하는 정치적 선언으로 발전했으며 파업까지 시행되면서 점차 규모가 커졌다. 니콜라이 2세는 시위를 진압하라는 명령을 내렸으며, 의회마저 해산하라고 지시했다. 그러나 수도를 지키던 군인들은 장교들의 명령을 거부하고 시위대에 동참했다. 군인들이 합류하자 시위대는 곧 정부 주요 시설을 장악했다. 니콜라이 2세의 정부는 해산되고 임시 정부가 구성되었다. 황제는 퇴위하라는 압력을 받았으며, 3월 2일 니콜라이 2세는 황제의 자리를 동생 미하일 알렉산드로비치 대공에게 내주었

| 니콜라이 2세와 황실 가족들.

다. 하지만 미하일 대공은 '국민이 원하지 않는다면 차르가 되지 않겠다'고 선언했다. 결국 이 2월의 혁명으로 러시아에서는 군주제가 막을 내린다.

이후 황실 가족들의 상황은 복잡해졌다. 황제의 가족들은 연금되었다. 황제의 어머니인 황태후와 황제의 누이들은 수도에서 멀리 떨어진 흑해 연안에서 머물고 있었으며, 주변에는 차르의 충성스러운 군대가 호위하고 있었다. 군 지위에서 밀려나게 된 일부 황족들 역시 황태후 주변에 머물렀다. 그 외의 황족들은 간신히 떠날 수 있었던 일부를 제외하고는 대부분 황제처럼 억류되어 있었다.

✠ 누구를 위한 혁명인가

혁명으로 임시 정부가 수립되었지만 러시아 상황은 나아지지 않았다. 전쟁은 여전히 지속되었고 식량난 등 경제 문제 역시 그대로였다. 또한 황제가 물러났음에도 그의 뒤를 잇는 확고한 정치 지도자가 없었기에 정치 상황도 불안했다. 결국 1917년 10월 볼셰비키Bolshevik가 정권을 잡는 10월 혁명이 일어나면서, 러시아는 급진적 좌파인 볼셰비키의 영향을 받는 나라가 되었다. 볼셰비키는 전쟁을 끝내기 위해 많은 것을 양보한 채 독일과 단독 강화 조약을 맺었다. 그리고 다른 세력을 숙청하면서 독재 체제를 구축했다.

비록 혁명으로 인해 군주제가 붕괴되었지만, 사실 이 혁명은 도시 노동자들과 지식인들을 중심으로 일어난 것이었다. 드넓은 러시아 곳곳에는 여전히 차르를 지지하는 사람이 많았다. 또 볼셰비키는 정권을 잡기 위해 자신과 뜻을 같이하지 않은 다른 이들을 숙청하면서 반발을 샀는데, 결국 1918년에는 반反 볼셰비키를 표방하는 사람들이 '백군the Whites'이라는 이름의 군대를 조직해 볼셰비키 정부에 대한 무장투쟁을 시작했다. 이에 볼셰비키 정부는 백군과 맞서기 위해 '적군the Reds'을 창설했다. 이렇게 벌어진 내전은 1922년까지 이어지게 된다.

내전 중에 볼셰비키는 위험이 될 만한 이들을 마구잡이로 살해했

| 러시아 내전 당시 백군들의 모습.

다. 특히 러시아에 남아 있던 황실 가족들 상당수를 숙청했는데, 그들이 혹시 백군의 중심인물이 될 수도 있었기 때문이다. 억류되어 있던 니콜라이 2세와 가족들은 1918년 4월 예카테린부르크Yekaterinburg로 보내졌다. 그리고 7월 17일 니콜라이 2세와 알렉산드라 황후, 다섯 아이들을 비롯해 시종들과 의사까지 모두 11명이 총살당했다.

그다음 날에는 다른 곳에 갇혀 있던 황실 가족 18명이 처형되었다. 여기에는 황후의 언니이자 모스크바에서 명망 있는 인물이었던 엘리자베타 표도로브나 대공비Grand Duchess Elizabeth Feodorovna도 포함되어 있었다. 또한 니콜라이 2세의 숙부 등 연금 상태로 남아 있던 황실 가족들도 모조리 총살당했다. 볼셰비키의 영향력이 닿지 않는 곳으로 피해 있던 다른 황실 가족들은 간신히 도망칠 수 있었는데, 이를테면 황태후는 조카인 영국의 조지 5세George V가 보낸 군함을 타고 간신히 러시아를 떠나 몸을 피신했다.

적군과 백군 간의 내전은 오래도록 지속되었지만 1922년 마지막 전투를 끝으로 적군이 승리를 거두면서 러시아는 이전과는 전혀 다른 사상을 가진 공산주의 국가가 된다. 하지만 레닌Vladimir Lenin* 등이 꿈꾸었던 이상적 공산주의가 아니었다. 도리어 그들이 그렇게나 혁명으로 바꾸려 했던 차르의 국가와 매우 닮아 있었다. 특히 일당 독재 체제를 근간으로 하기에 제정 러시아와 크게 유사했으며, 권력을 위해 자유를 억압했던 정황조차도 닮아 있었다.

---

*러시아의 혁명가이자 정치가로, 볼셰비키 혁명의 중심인물이자 마르크스주의자다.

니콜라이 2세는 위대한 군주로 평가받았던 표트르 대제나 예카테리나 2세, 알렉산드르 2세에 비해서는 능력이 떨어지는 군주였다. 그의 선조들이 나라의 위기를 극복하기 위한 정책들을 먼저 펼쳤던 것에 비해, 니콜라이 2세는 미봉책만을 제시하는 데 급급했다는 인상을 준다. 게다가 군주의 강인함을 강조했던 증조할아버지 니콜라이 1세나, 정치적으로 강력한 보수 정책을 폈던 아버지 알렉산드르 3세같이 강력한 차르의 모습도 보여주지 못했다.

하지만 니콜라이 2세 개인의 무능만으로는 당시 러시아 상황을 설명할 수 없다. 많은 혁명이 그렇듯, 러시아 역시 수많은 문제점이 점차 쌓여가고 있었다. 니콜라이 2세가 해결할 수 있는 범위를 넘어서는 것이기도 했다. 물론 이 문제를 해결할 수 있었다면 니콜라이 2세는 러시아의 위대한 군주로 기억되고 러시아 황실도 지속되었을지 모른다.

그는 러시아에서 처음으로 입헌군주제를 도입했으며 의회 정치를 시작한 인물이다. 하지만 이런 변화가 시작된 시기가 이미 늦었다는 것이 문제였다. 러시아 전기 작가인 에드바르드 라진스키Edvard Radzinsky는 《알렉산드르 2세: 마지막 위대한 차르Alexander II: The Last Great Tsar》에서 알렉산드르 2세가 입헌군주제를 위한 헌법을 만들었으나 승인하기 직전 테러로 사망한 사건이 러시아 황실 가족의 운명을 결정했다고 이야기한 바 있다.

황실 가족을 사칭한
사람들이 있었다고?

1918년 7월 니콜라이 2세와 그 가족들이 사형을 당했다는 끔찍한 소식이 영국까지 퍼져나갔다. 영국에 살던 빅토리아 여왕의 외손녀이자 알렉산드르 황후의 언니, 헤센의 빅토리아Viktoria von Hessen-Darmstadt는 동생 가족의 죽음에 매우 큰 충격을 받았다. 오랫동안 연락이 되지 않는 또 다른 동생인 옐리자베타 표도로브나 대공비Elisabeth von Hessen-Darmstadt에 대한 걱정도 커졌다. 빅토리아는 옐리자베타가 죽었다는 소식이 들리지 않았으니 상황이 어느 정도 괜찮을 것이라고 애써 위로하기는 했지만, 실제로는 그렇지 않았다. 옐리자베타 대공비 역시 알렉산드르 황후가 죽은 다음 날 볼셰비키에 의해 살해당하고 말았던 것이다.

동생들의 죽음이 확인되자, 빅토리아는 매우 큰 충격에 빠졌다. 그녀는 아무 이야기도 남기지 않았지만, 동생들의 죽음을 잊기 위해 매일

고된 정원 일을 했다고 한다. 그리고 동생들의 죽음에 대한 언급을 회피하면서 이 사실을 잊으려 했다.

그러나 빅토리아는 자신의 의무를 소홀히 하지 않았다. 먼저 그녀는 옐리자베타 대공비의 시신을 예루살렘에 묻기로 결정했다. 오래전 옐리자베타 대공비가 예루살렘에 있는 마리아 막달레나 성당Church of Mary Magdalene에 방문하고 나서 여기에 큰 감명을 받아, 자신이 죽고 나면 이곳에 묻히고 싶다고 이야기했던 것이다. 당시 옐리자베타 대공비는 러시아에서 죽었지만 그 시신은 베이징에 있는 외국인 묘역에 있었다. 가장 큰 이유는 볼셰비키에 의해 묘가 훼손될 수 있었기 때문이었다.

또한 빅토리아는 자신이 학살에서 살아남은 황실 가족이라고 주장하는 사람들에게 늘 관심을 가졌다. 물론 대부분은 가짜였다. 하지만 그녀는 혹시나 하는 마음에 황실 가족을 사칭하는 인물들이 나타나면 어김없이 관심을 가지곤 했다. 그래서 자신의 조카라고 주장하는 안나 앤더슨Anna Anderson과의 소송에 더욱 적극적으로 관여했던 것으로 보인다.

안나 앤더슨은 1920년

| 옐리자베타 대공비와 알렉산드라 황후.

베를린에서 기억상실 상태인 채로 발견되었는데, 후에 니콜라이 2세의 딸들 중 하나라는 소문이 퍼지기 시작했다. 많은 러시아 망명객이 이 여성을 만나보고 차르의 막내딸인 아나스타샤 여대공Grand Duchess Anastasia Nikolaevna과 닮았다고 증언한다. 점차 안나 앤더슨의 이야기가 황실 가족의 친구들, 친척들에게까지 퍼져나갔다. 그러나 이 여성을 만나본 황실 가족과 친척 대부분은 아나스타샤가 아니라고 판단했고, 빅토리아 역시 자신의 조카가 아니라고 이야기했다.

그런데 황실 친척 중 일부나 러시아 귀족 출신 망명객들이 그녀가 황제의 딸이라고 믿으면서, 점차 안나 앤더슨의 지지자가 늘어났다. 결국 그녀는 자신이 아나스타샤라고 주장하면서 소송을 제기했다. 황제의 국외 재산 모두가 자신의 소유라는 것이었다. 아나스타샤의 외삼촌 에른스트 루트비히Ernst Ludwig는 일관되게 그녀가 자신의 조카가 아니라고 주장했으며, 빅토리아도 같은 의견이었다. 당시에는 귓바퀴를 보고 본인임을 판단하는 방법이 일반적이었는데, 빅토리아는 안나 앤더슨의 귓바퀴가 아나스타샤의 그것과는 전혀 닮지 않았다고 주장했다. 하지만 안나 앤더슨은 당시 극비로 이루어졌던 황실의 상황을 알고 있기도 했다. 이를테면 에른스트 루트비히가 전쟁 중 러시아를 극비리에 방문했었다는 등

| 본인이 아나스타샤 여대공이라고 주장했던 안나 앤더슨.

의 이야기였다. 안나 앤더슨과 황실 사이에서 벌어진 진실 공방은 오랫동안 이어졌으며, 빅토리아는 이 문제의 결론을 보지 못하고 사망했다.

빅토리아가 죽은 뒤에도 빅토리아의 자녀들이 안나 앤더슨과의 소송에 열성을 다했다. 이들은 어머니의 주장을 그대로 이어받았는데, 결국 독일 법원은 이 문제에 대해서 안나 앤더슨이 황제의 딸임을 증명하지는 못했지만, 또 아니라는 것 역시 입증되지 않았다고 판결을 내리면서 소송 자체를 무효로 선언했다. 그러나 안나 앤더슨은 죽을 때까지 자신이 아나스타샤라고 주장했다고 한다.

안나 앤더슨 사건 외에도, 황실 가족으로 추정되는 시신이 발견되었을 때 그 신원을 확인하는 데도 빅토리아의 후손들이 도움을 주곤 했다. 1990년대 러시아에서는 니콜라이 2세와 그 가족들의 시신으로 추정되는 유해들이 발굴되었다. 이들이 황실 가족인지 아닌지를 확인해야 했는데, 당시에는 최신 기술이었던 DNA검사까지 동원되었다.

동원된 검사법 중 하나는 mtDNA를 검사하는 방법으로, 같은 모계 조상을 가진 사람들은 같은 mtDNA를 가진다는 원리를 응용한 것이었다. 만약 발견된 유해들이 니콜라이 2세와 그 가족들이라면, 황후와 그 딸들로 추정되는 유해의 mtDNA를 같은 모계 조상을 가진 사람의 mtDNA와 비교해 신원을 확인할 수 있다는 것이다. 이 검사를 위해 mtDNA를 제공한 사람이 바로 빅토리아의 외손자이자 영국 엘리자베스 여왕의 남편 필립 공이었다.

PART 4

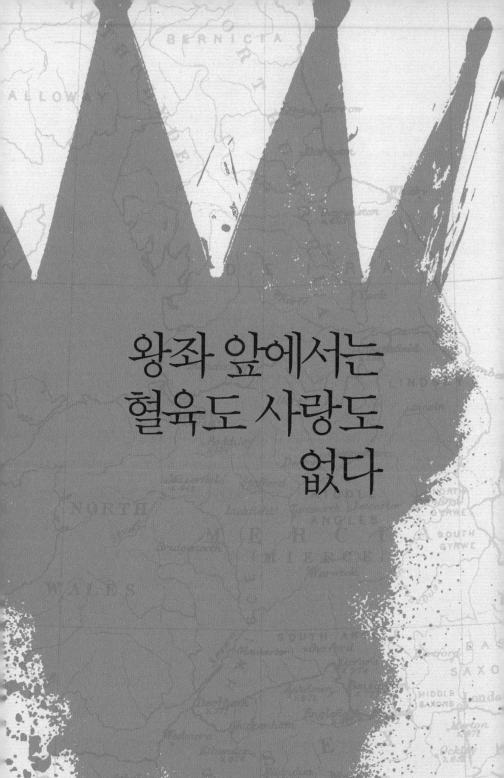

왕좌 앞에서는
혈육도 사랑도
없다

Chapter 14

러시아를
장악한
4명의 여제들

표도르 3세Feodor III : 재위 1676~1682년. 러시아를 서유럽식 국가로 개혁하려고 했던 황제. 의지가 강했으나 건강이 좋지 않아 실질적인 개혁에는 실패했다.

표트르 1세Pyotr I : 재위 1682~1725년. 러시아를 개혁한 황제로, 누나인 소피야를 몰아내고 황위를 얻었다.

소피야 알렉세예브나Sofia Alekseyevna : 표트르 대제와 이반 5세의 누나. 폭동을 일으켜 섭정 자리를 차지한다.

예카테리나 1세Yekaterina I : 재위 1725~1727년. 표트르 대제의 아내이자 러시아의 첫 여제. 신하들에 의해 추대되었지만 정치에 대한 관심이나 영향력이 거의 없었다.

멘시코프Aleksandr Menshikov : 예카테리나 1세를 표트르 1세에게 소개했던 귀족. 예카테리나가 황위에 오르자 실질적인 권력을 행사한다.

표트르 2세Pyotr II : 재위 1727~1730년. 겨우 12살로 즉위해 신하들에게 휘둘린 황제.

알렉세이 돌고루코프Alexei Dolgorukov : 표트르 2세의 주변 인물로, 어린 황제 옆에서 실질적인 권력을 행사했다.

안나 여제Anna Ivanovna : 재위 1730~1740년. 정치를 잘 모를 것이라는 귀족들의 예상을 뒤엎고 강력한 전제군주로서 러시아를 통치했다.

옐리자베타 여제Yelisaveta Petrovna : 재위 1741~1761년. 표트르 대제의 딸. 쿠데타로 안나를 몰아내고 통치자가 되었다.

예카테리나 2세Yekaterina II : 재위 1762~1796년. 표트르 3세Pyotr III의 아내, 쿠데타로 남편을 몰아내고 여제가 되었다. 제국을 확대하고 학문과 예술을 발전시켜 후대에는 대제로 불린다.

권력의 이동

표도르
3세

표트르
1세

계승

이반 5세

폭동을 통한
공동 통치

섭정

소피야
알렉세
예브나

실각

표트르
1세

귀족들의
추대

예카테리나
1세

정치적 무지

멘시코프

계승

표트르
2세

나이가 어려 제대로
통치하지 못함

돌고루
코프

귀족들의
추대

안나 여제

계승

이반 6세

쿠데타

옐리자베타
여제

계승

표트르
3세

쿠데타

예카테리나
2세

러시아는 바이킹에 의해 개척된 나라로 알려져 있다. 하지만 춥고 광활한 지역에 세워진 러시아는 쉽게 통합되지 못했다. 러시아가 활발한 통합을 시도한 시점은 아이러니하게도 몽골로부터 침입을 받은 이후였다. 몽골의 침입으로 러시아에서 기존의 강자였던 키예프Kiev 대공국이 몰락하고, 대신 모스크바Moskva 대공국이 중심 세력으로 떠올랐다. 이것이 러시아라는 나라가 확립되는 계기다.

하지만 러시아는 오랫동안 서유럽과는 다른 세상이기도 했다. 몽골의 영향을 받았을 뿐만 아니라, 가톨릭이 지배적이었던 서유럽과는 달리 정교회를 받아들였기 때문이다. 모스크바 대공은 러시아의 통치자라는 의미로 '차르'라는 칭호를 사용했으며, 17세기부터는 로마노프 가문이 차르로서 러시아를 통치하게 된다.

| 개혁 의지는 있었으나 불행하게도 몸이 약해 일찍 사망한 표도르 3세.

로마노프 가문에서 처음으로 나온 차르인 미하일 Mikhail Romanov의 손자 표트르 대제는 앞에서 본 것처럼 러시아를 서유럽식 나라로 개혁하려 한다. 그러나 사실 이전에도 이런 시도들은 있었다. 표트르의 이복형이었던 표도르 3세는 군제를 개편하는 등의 개혁을 단행하기도 했다. 표도르 3세는 서유럽식 군주였으며 자신의 나라를 개혁할 만한 인물이었다. 그는 국왕으로서 모든 것을 갖추었고 실제로 개혁을 수행하겠다는 의지가 강했지만, 불행하게도 건강이 좋지 않았다. 표도르 3세는 겨우 20살에 병으로 사망했으며 결국 러시아를 서유럽식으로 개조한 인물은 표트르 1세였다.

1689년, 17살의 표트르 1세는 결혼을 통해 성인으로 인정받는다. 그는 이미 10살 때 귀족들에 의해 차르로 선출되었지만, 누나인 소피야 알렉세예브나와 그녀의 외가 사람들이 모스크바에서 폭동을 일으켰다. 이후 표트르를 차르로 선출한 핵심 인물들이 처형되거나 유배를 가는 등 피비린내 나는 상황이 벌어졌다. 표트르는 이복형인 이반 5세Ivan V와 함께 공동 차르로 즉위하게 되었다. 이반은 통치 능력이 부족하다고 알려져 있었다. 어린 표트르와 무능력한 이반이 즉위하면서, 야심가였던 누나 소피야가 섭정으로 지목되었다. 사실 이전의 상황은 소피야가 섭정으로 러시아를 통치하기 위해 꾸민 수단 중 하나였다.

소피야는 친동생인 이반 5세와 함께 크렘린궁에서 지냈으며, 점차 표트르는 권력에서 밀려나 어머니와 동생과 함께 모스크바 외곽에서 지내야 했다. 그러나 시간은 표트르의 편이었다. 소피야가 섭정이 된 가장 큰 이유는 동생들이 미성년이었기 때문인데, 성년이 되면 소피야도 더 이상 섭정으로 활동할 명분이 없어진다. 그러나 소피야의 친동생 이반은 건강이 매우 나빴고, 국가를 통치할 능력도 없었으므로 만약 이반만이 차르였다면 소피야가 자신이 원하는 만큼 섭정 자리를 유지할 수 있었을 것이다. 하지만 원래 귀족들이 추대한 인물은 표트르였다. 표트르

| 1862년 표트르 1세가 단독 차르로 선출되자 소피야와 친척들이 반기를 든 사건인 모스크바의 폭동 모습.

| 무능력한 동생 이반 5세(왼쪽)를 이용한 누나 소피야(오른쪽).

는 매우 똑똑했고 야심도 많았다. 그가 성년이 되는 날이 다가올수록 소피야의 지위는 위태로워졌다.

소피야는 통치자로서 자신의 지위를 유지하고자 했고, 스스로 러시아의 통치자인 차리나Tsarina가 되고자 했다. 하지만 결국 소피야의 시도는 실패했다. 표트르는 누나인 소피야를 실각시켰다. 섭정이지만 러시아에서 처음으로 여성으로서 통치 행위를 했던 소피야는 강제로 수녀원에 갇혀 생을 마감했다. 그러나 소피야가 죽고 나서 20년 정도가 지나, 러시아에서는 여제들이 등장하기 시작했고 거의 반세기 이상 여제들의 시대가 이어진다.

✠ 정치에 관심이 없었던 예카테리나 1세

표트르 대제의 개혁 정책을 통해 러시아는 스웨덴을 물리치고 유럽의 강자로 부상했다. 당시 스웨덴 국왕이었던 카를 12세^{Karl XII}는 매우 뛰어난 군인으로 알려져 있었으며 스웨덴 군대 역시 최강이었는데, 표트르 대제가 이런 스웨덴 군을 꺾음으로써 러시아는 그토록 원하던 발틱해 연안의 항구를 손에 넣게 되었고 세력을 과시할 수 있게 되었다.

그러나 그의 가정사는 그리 행복하지 못했다. 표트르는 17살에 러시아 귀족 여성과 정략결혼을 하고 아들 알렉세이^{Alexei Petrovich}를 얻었다. 하지만 결국 아내와 이혼하고, 자신의 정부였던 여성과 재혼한다. 그녀가 바로 여제가 되는 예카테리나 알렉세예브나다.

표트르는 아들 알렉세이와 정치적으로 대립 관계에 있었다. 그는 아들을 항상 못마땅하게 여겼는데, 심지어 나중에는 아들을 처형하기까지 한다. 두 번째 아내인 예카테리나가 후계자가 될 아들들을 다시 낳아주었기 때문이다. 하지만 예카테리나의 아들들은 모두 오래 살지 못했다. 결국 표트르가 사망할 당시에는 후계자가 될 만한 인물이 없었다. 그나마 10살이었던 손자 표트르^{Pyotr Alekseyevich}와 공동통치자로 선포되었던 아내 예카테리나 정도가 있었는데, 표트르가 이룩한 제국을 맡기기에는 두 사람 모두 부족했다. 표트르는 임종 직전까지도 자신의 제국을 물려줄 인물을 결정하지 못했으며 그의 마지막 말은 "Give Everything(이 모든 것을 줄)…"*이었다고 전해진다.

표트르 대제가 죽고 나자, 귀족들은 공동 통치자였던 예카테리나를 지지했다. 예카테리나가 외국인이며 여자였고 후계자가 될 아들도 없

---

*Edvard Radzinsky, trans. Antonina Bouis, 《Alexander II: The Last Great Tsar》(Free Press, 2005), 4.

었으니 자신들의 뜻대로 움직여줄 것이라고 생각했기 때문이다. 실제로 예카테리나는 여제로 즉위했지만 실권이 없었으며 정치에 관심도 없었다. 러시아는 핵심 권력을 가진 귀족들에 의해 통치되었으며 그 중심에는 예카테리나를 표트르에게 소개해주었던 표트르의 친구 멘시코프가 있었다.

| 표트르 1세의 정부였다가 여제 자리에까지 오른 예카테리나 1세.

예카테리나의 삶은 동화 속 신데렐라 이야기와 매우 비슷하다. 그녀는 지금의 리투아니아 지방에서 평민으로 태어났으며 삶에 대한 기록도 자세히 남아 있지 않다. 10대에 부모를 잃고 어느 군인과 결혼했던 것으로 알려져 있는데, 전쟁터로 나간 남편이 그녀에게 돌아오지 않았다고 한다. 그러다가 예카테리나가 살던 곳에 러시아 군이 오면서 그녀를 러시아로 끌고 간다. 아름답고 온순했던 그녀를 눈여겨 본 사람들이 많아지면서 곧 멘시코프 공의 집으로 가게 되었고, 그는 친구 표트르에게 그녀를 소개했다. 표트르는 그녀에게 빠져들었고 결국 그녀를 황후 자리에까지 올려주었다. 그가 죽고 나자 예카테리나는 러시아의 통치자 지위에까지 오르게 된 것이다.

예카테리나 1세는 문맹이었으며 간신히 자신의 이름만 서명할 수 있을 정도였다. 그녀는 남편인 표트르가 만들고자 했던 교육 기관을 완성하는 등의 일을 하긴 했지만, 다른 정치적 문제에 대해서는 관심이 없었다. 오로지 파티와 호화로운 생활에만 집중할 뿐이었다. 나머지 모든 것은 권력자인 멘시코프가 해결했다. 예카테리나는 후계자 문제에조차도 관심이 없었는데, 멘시코프의 뜻대로 표트르의 손자인 표트르 알렉세예비치를 후계자로 선택했다. 그는 나중에 자신의 딸과 표트르 알렉세예비치를 결혼시켜 권력을 계속 유지하고 싶었기 때문이다.

1727년 예카테리나 1세가 사망하고, 표트르 알렉세예비치가 황제 표트르 2세로 즉위했다. 그는 겨우 12살이었으며 권력은 여전히 신하들의 손에 있었다. 하지만 권력의 중심은 멘시코프에게서 표트르 2세의 주변 인물인 알렉세이 돌고루코프에게로 옮겨가게 된다. 표트르 2세는 어린 나이에 과도하게 음주를 즐기기 시작했으며 이것 때문에 건강에 치명적인 영향을 받는다. 돌고루코프는 자신의 딸을 표트르 2세와 결혼시켜 권력을 유지하려고 했다.

그러나 황제는 돌고루코프의 딸과 약혼까지만 하고, 결혼을 하지 못했다. 천연두에 걸려 결혼식 당일에 사망하고 만 것이다. 황제의 갑작스러운

| 12살에 황제가 된 **표트르 2세**.

죽음은 당시 권력자였던 돌고루코프에게 치명적인 타격을 안겼다. 돌고루코프는 자신의 권력을 유지하려고 죽어가는 황제에게 약혼녀인 딸을 후계자로 지명하라고 종용하기까지 했지만, 귀족들의 지지를 받지 못해 결국 실패한다.

✤ 나에게 절대복종하라, 안나 여제

표트르 2세의 죽음으로 로마노프 가문의 남성 직계가 단절되었다. 러시아는 다시 한 번 후계자를 찾아야 했다. 귀족들은 여성 후계자를 고려하기 시작했는데, 당시 로마노프 가문의 여성 후손으로는 표트르 대제의 두 딸들과 이반 5세의 세 딸들이 있었다. 그러나 표트르 대제의 딸들은 그들의 부모가 결혼하기 전에 태어났다는 이유로 후계자 명단에

| 표트르 2세의 약혼녀였던 예카테리나 돌고루코프.

서 제외되었다. 아마 표트르 대제의 딸들이었으니 일부러 경계를 하기도 했을 것이다. 귀족들은 이반 5세의 딸인 안나 이바노브나를 적당한 인물로 선택했다. 귀족들은 안나에게 정치에 관여하지 말 것을 조건으로 제위를 제안했고, 그녀는 이를 수락한다.

1730년 제위에 오른

안나는 이반 5세의 둘째 딸로, 표트르 대제 시절 정치적 이유로 쿠를란트 공작Herzogtum Kurland과 결혼했지만 식을 치르자마자 과부가 되고 말았다. 그러나 안나는 러시아로 돌아오지 않았다. 러시아 귀족들은 안나가 예카테리나 1세처럼 정치에 별 관심이 없거나, 적어도 자신들의 뜻을 따를 것이라고 생각했다.

| 이전의 여제와는 달랐던 안나 여제.

하지만 안나는 예카테리나 1세와 달랐다. 그녀는 남편인 쿠를란트 공작이 죽은 뒤 쿠를란트 공작령의 통치에 지속적으로 관여해온 바 있었다. 그러니 러시아에서 얻은 권력을 포기할 리가 없었다. 제위에 오른 안나는 귀족들과 합의했던 모든 사항을 파기하고 절대군주로 군림한다. 자신에 반대한 모든 사람들을 탄압했으며 신하들에게 절대복종을 요구했다. 많은 이들이 시베리아 등으로 유배를 가거나 나라에서 추방당했고 심지어 처형당하기도 했다.

절대복종에 대한 안나의 집착은 신하들에게 기이한 행동을 요구하는 방식으로 나타나기도 했는데, 아마 그중 최고는 얼음 궁전 이야기일 것이다. 안나 여제는 자신의 뜻에 반대되는 행동을 했던 귀족에게 궁전의 하녀와 결혼하라고 명을 내렸으며, 그들의 결혼을 축하하는 의미로

안나 여제와 어릿광대들(위), 얼음 궁전 이야기를 표현한 그림(아래).

얼음 궁전을 지어주었다. 얼음 궁전의 모든 물건은 얼음으로 만들어져 있었으며 모두가 볼 수 있게 투명했다. 여제는 귀족과 그의 아내에게 첫 날밤을 이곳에서 지내라고 명했다. 혹독하게 추운 날이었기에 얼음 침대에서 밤을 지내는 것은 무리였지만, 안나는 얼어 죽지 않으려면 신혼 부부가 딱 붙어 지내면 된다고 말했다고 전해진다.

안나는 이런 식으로 주변의 귀족들을 자신의 어릿광대로 만들었으며 화려한 파티에서 우스운 행동을 하도록 명령하기도 했다. 자신은 귀족들의 권위를 인정하지 않으며, 귀족들은 단지 어릿광대 정도밖에 되지 않는다고 생각한다는 사실을 드러낸 것이다. 신하들은 이렇게 절대 권력을 휘두르던 안나 여제에게 복종할 수밖에 없었다.

그러나 안나도 나이가 들어가면서 후계자 문제를 고민하기 시작한다. 그녀는 정치적으로 가장 강력한 라이벌이라고 생각하고 있던 사촌 엘리자베타 페트로브나를 견제했다. 누가 뭐래도 엘리자베타는 안나의 숙부이자 러시아의 위대한 황제, 표트르 대제의 딸이었다. 세월이 흘렀지만 많은 이들이 여전히 표트르 대제를 기억하고 있었으니 안나에게도 부담이 되었을 것이다. 안나는 제위를 숙부의 후손이 아니라 아버지의 후손으로 채우려 했다. 하지만 이반 5세의 후손들 중 살아남은 인물은 안나 여제와 그녀의 조카인 안나 레오폴도브나Anna Leopoldovna밖에 없었다. 안나는 조카를 유럽의 왕족과 결혼시키고, 그녀가 아들을 낳자 그 아이를 후계자로 지목했다.

✽ 평생 쿠데타를 두려워한 옐리자베타 여제

마침내 1740년 10월에 안나 여제가 사망하고, 여제의 유언대로 태어난 지 2달 된 안나 레오폴도브나의 아들 이반이 이반 6세Ivan VI로 즉위한다. 안나 여제는 유언장에 미리 이반 6세의 섭정을 맡을 인물을 지정해두었는데, 어린 황제의 어머니 안나 레오폴도브나는 이 섭정을 축출하고 스스로 섭정 지위에 올랐다.

어린 황제가 즉위하고 나서도 러시아 정치는 여전히 안정되지 못했다. 당시 러시아에서는 섭정에 대한 불만이 많았다. 이런 기류를 포착한 사람이 있었으니, 바로 표트르 대제의 딸이었던 옐리자베타다. 옐리자베타는 황실 근위대의 주요 인물들과 친분이 있었는데, 이들은 그녀가 러시아를 발전시킨 대제의 딸임을 잊지 않았다고 한다. 그리고 기다림 끝에 옐리자베타는 드디어 기회를 잡게 된다.

1741년 11월의 어느 밤, 옐리자베타는 아버지가 창설했던 황실 근위대에 가서 자신의 계획을 이야기한다. 근위대는 옐리자베타의 계획에 동조했으며, 어린 황제가 있는 겨울 궁전을 향해 나아갔다. 근위대는 궁전의 수비병을 제압하고 황제와 그 부모를 구금했다. 옐리자베타는 아이와 부모를 수도에서 떨어진 성으로 유배를 보냈으며, 스스로 러시아의 제위에 올라 옐리자베타 여제가 되었다.

옐리자베타 여제는 안나 여제처럼 신하들을 강하게 억압했다. 그녀는 자신이 어떻게 여제가 되었는지 너무나도 잘 알고 있었다. 아버지의 이름을 통해 근위대를 장악했으니 근위대의 대접을 소홀히 할 수 없었고, 자연히 러시아에서는 근위대의 권력이 점차 커지게 된다.

엘리자베타는 아버지 표트르 대
제를 닮아 강인했지만 매우 아름다운
여성이기도 했는데, 그녀의 아름다움
에 대해서는 여러 이야기가 전해져
내려온다. 특히 그녀의 조카며느리였
던 예카테리나는 어느 가장무도회에
대해 이야기하기도 했다. 엘리자베
타 여제가 어느 날 가장무도회를 열
면서 남자는 여자로, 여자는 남자로
의상을 바꿔 입으라는 명령을 내렸
다. 당시 무도회에 참석한 여성들은
모두 작달막한 남자의 모습으로 나타
났는데, 오직 1명의 여성만이 남다르
게 키가 크고 늘씬한 남성의 모습으
로 나타나 눈에 띄었다. 바로 엘리자
베타 여제 본인이었다.

| 엘리자베타 여제(위)가 남장한 모습(아
래).

　　엘리자베타의 정책 노선은 매우 적극적이었는데, 개혁을 추진했던
아버지 표트르 대제를 닮아 획기적인 계획을 추진하기도 했다. 하지만
무조건적인 개혁은 아니었다. 상황이 여의치 않을 경우 현명하게 계획
을 중단하는 모습을 보여주기도 했다. 특히 대외 정책 면에서는 독일 내
강자로 부상하던 프로이센을 경계하고 있었다. 엘리자베타는 프로이센
을 러시아의 적으로 보았으며, 합스부르크 가문 및 프랑스와 함께 프로

| 옐리자베타 여제의 말년 모습.

이센을 압박했다. 여성을 하찮게 보았던 프로이센의 프리드리히 대왕은 자신을 압박하는 3명의 여성들, 즉 마리아 테레지아와 마담 드 퐁파두르 Marquise de Pompadour, 옐리자베타 여제에 대해 비아냥대곤 했지만 이들은 프로이센을 위기로 몰아갔다. 그 중심에는 개혁으로 더욱 강력해진 러시아 군이 있었다.

내부적으로는 개혁을 추진하고, 대외적으로는 강함을 널리 알렸던 옐리자베타 여제는 스스로 쿠데타를 통해 여제가 되었기에 다른 쿠데타가 또 일어날 것을 두려워했다. 이 때문에 제위에 오른 뒤 1번도 같은 방에서 잠을 자지 않았으며, 매일 밤 가면무도회 등을 열어 사람들을 묶어놓았다고 한다.

옐리자베타 여제는 평생 미혼이었는데, 젊은 시절 혼담이 깨지고 부모가 죽은 뒤로는 혼담이 성사되지 않았다. 특히 사촌인 안나 여제가 옐리자베타를 경계하는 바람에 자신의 지위에 맞는 남편감을 구할 수 없었다. 그렇다고 평민과 결혼할 수도 없었다. 그녀의 재산과 황위 계승권을 지키기 위해서는 낮은 신분의 남자와 결혼할 수 없었기 때문이다. 결국 옐리자베타는 결혼을 포기하고 마음에 드는 남자들과 함께 지냈다. 옐리자베타가 사랑한 남자들은 모두 정치에 관심이 별로 없었고 잘생겼으며 다정했다고 한다.

옐리자베타는 결혼을 포기함으로써 공식 후계자를 얻을 수는 없었지만, 후계자를 결정하는 것이 얼마나 중요한지도 잘 알고 있었다. 아버지 표트르 대제가 사망한 뒤 벌어진 혼란스러운 상황이 모두 후계자를 정하지 않은 데서 비롯되었기 때문이다. 그래서 옐리자베타는 일찌감치

| 표트르 3세.

자신의 유일한 조카인 언니의 아들을 후계자로 정해두었다.

독일 출신이었던 그는 황위계승자로서 러시아에 왔으며, 정교회로 개종하면서 표트르 표도로비치Pyotr Fyodorovich라는 이름으로 알려진다. 또 엘리자베타 여제는 조카의 신붓감으로 독일에 있는 작은 공국의 공녀를 선택했다. 그녀는 남편과 함께 정교회로 개종하면서, 예카테리나 알렉세예브나라는 이름을 얻는다.

엘리자베타 여제는 1762년 1월 사망한다. 여제가 죽기 직전 러시아군은 프로이센을 장악하고 베를린까지 점령한 상황이었으며, 프리드리히 대왕은 절망에 빠져 자결을 결심할 정도였다. 하지만 운명은 프로이센의 편이었다. 엘리자베타가 죽고 나자 러시아는 아무 조건 없이 프로이센과 평화 조약을 체결했다. 새로 황제가 된 표트르 3세가 프리드리히 대왕을 매우 동경했기 때문이다.

✤ 남편을 축출하고 황제가 된 예카테리나 여제

1762년 제위에 오른 표트르 3세는 러시아인이라기보다는 독일인에 더 가까웠다. 독일 가문 출신이었던 그는 독일을 마음의 고향으로 여겼다. 러시아인들은 그의 이런 행동에 불만을 품었다. 표트르 3세는 매우 유약한 인물이었다고 알려져 있는데, 아마 러시아의 전통적 정치 방식을 이해하려 하지 않았을 가능성이 크다. 귀족들의 세력도 억누르지 않았고, 시베리아로 유배를 간 수많은 사람들을 조건 없이 석방했다. 표트르의 측근조차도 그의 자

| 황태자비 시절의 예카테리나 2세.

비로움이 독이 될 것을 걱정했다고 전해진다.

표트르의 정책은 러시아인들에게 매우 인기가 없었는데, 특히 근위대는 큰 반감을 가졌다. 프로이센과의 전쟁에서 거의 다 이겨놓았는데 표트르 3세가 갑자기 전쟁을 끝내버렸으니, 이에 반발하지 않는 군인은 없었을 것이다. 게다가 표트르 3세가 근위대를 개혁하려 하면서 기존 근위대를 해산하고 독일에서 근위대를 데려올 것이라는 소문이 돌자, 위기감을 느낀 근위대는 표트르 3세를 제거할 궁리를 한다. 그들이 선택한 새 인물은 표트르 3세의 황후이자 최대 정적, 예카테리나였다.

예카테리나는 남편인 표트르 3세와 모든 점에서 맞지 않았다. 그녀의 남편은 독일인으로 남기를 선택했지만 예카테리나는 러시아에 완전히 매료되었다. 하지만 그녀가 러시아에 대해서 더 깊이 이해하게 된 것

은 궁정에서 어려움을 겪으면서였다. 예카테리나는 남편인 표트르 3세를 그다지 좋아하지 않았다. 도저히 남편을 이해할 수 없었던 것이다.

그들 사이에서는 결혼 후에도 꽤 오랫동안 후계자가 태어나지 않았는데, 옐리자베타 여제는 이 점을 매우 우려하곤 했다. 예카테리나를 표트르와 결혼시킨 가장 큰 이유가 후계자였기 때문이다. 옐리자베타는 든든한 후계자가 있어야 혼란이 최소화된다는 사실을 잘 알고 있었으므로, 자신의 후계자인 표트르에게서도 빨리 아들이 태어나기를 바랐다. 예카테리나는 끊임없는 압력을 받았고, 결국 결혼한 지 8년 만에 아들인 파벨 페트로비치Pavel Petrovich를 낳았다. 기다리던 후계자를 얻은 옐리자베타 여제는 자신이 직접 교육을 시키겠다며 예카테리나에게서 파벨을 빼앗아 갔다.

예카테리나는 점점 고립되어갔다. 이 때문에 그녀는 러시아어를 배웠으며, 러시아인의 삶을 이해하고 스스로 러시아인이 되려 했다. 자신이 독일인임을 잊지 않던 표트르 3세에 대비되는 모습이었다. 그녀의 주변에는 점차 표트르 3세에 불만을 품은 사람들이 모여들었다. 부부 간 불화는 이미 오래된 이야기였고 두 사람은 각자 연인을 만들었다. 옐리자베타 여제가 '내가 죽기 전에 조카 부부가 화해하기를 바란다'고 할 정도였다.

표트르 3세가 즉위한 뒤 이어진 친 독일 정책 때문에 예카테리나와 표트르 3세 사이는 돌이킬 수 없을 정도로 멀어졌다. 이제 부부는 서로 정적이 되었다. 표트르 3세는 아내를 제거하고 자신의 정부와 결혼하고 싶어 했는데, 기회를 노리고 있던 차에 예카테리나가 임신했다는 사실을 알게 되었다. 표트르 3세는 예카테리나가 아이를 낳은 직후에 들이 닥쳐 불륜을 저질렀다는 이유로 그녀를 추방하겠다는 계획을 세웠지만, 예카테리나의 행동이 더 빨랐다. 그녀는 표트르 3세가 병정놀이나 불구 경 같은 것을 좋아하니 아이를 낳을 때 그의 집에 불을 내라고 지시했다. 그리고 표트르 3세가 불구경에 빠진 틈을 타 아이를 빼돌렸고, 곧 자신 을 찾아온 남편 앞에서 아무 일도 없었다는 듯 행동했다. 표트르 3세는 예카테리나를 쫓아낼 구실을 잡을 수 없었다.

남편의 공격을 막아냈으니 이제 그녀가 공격할 차례였다. 예카테리 나는 자신의 연인이었던 그리고리 오를로프Grigory Orlov와 그의 형제들, 주변 인물들과 함께 남편에 대항하는 쿠데타를 일으키기로 했다. 쿠데

| 예카테리나 2세는 남편에 대항해 쿠데타를 일으켜 여제가 되었다.

타 당일 그리고리의 동생이 예카테리나를 데리러 오자, 그녀는 연대장의 복장을 하고 상트페테르부르크로 가 근위대 앞에 섰다. 근위대는 자신들을 알아주는 예카테리나에게 충성을 맹세했다.

쿠데타는 성공했으며, 표트르 3세는 체포되어 아내의 손에 감금되었다. 표트르는 아내에게 순종하는 모습을 보였지만 예카테리나와 그녀의 주변 인물들은 옛 황제를 살려두지 않았다. 예카테리나는 자신의 정적을 완벽하게 제거했고, 여제로서 자신의 지위를 공고히 했다.

예카테리나는 러시아의 오래된 법률을 개혁해 새로운 정부를 구성하는 것을 시도했다. 또한 러시아를 완전한 서유럽식 국가로 만들려 했다. 뿐만 아니라 문화, 예술, 교육 사업에도 힘을 썼으며 활발한 대외 사업을 했다. 그녀는 투르크와의 전쟁을 승리로 이끌었고, 폴란드 분할 등에도 관여했다. 물론 늘 성공적이지는 않았다. 특히 그녀가 정통성이 약하다는 점을 문제 삼아 반란이 종종 일어났으며, 후에 푸가초프Yemelyan Pugachev가 일으킨 반란의 경우 매우 큰 규모로 오래 지속되었다.

예카테리나가 통치하는 동안 러시아는 매우 큰 발전을 이루었다. 영토가 확장되었고 인구가 늘어났으며 산업이 발전했고 재정이 매우 튼튼해졌다. 그녀는 표트르 1세 이후 러시아를 재편하고 러시아의 영화를 다시 구현한 황제였다. 그래서 표트르 1세가 표트르 대제로 불렸던 것과 마찬가지로 "예카테리나 대제"로 불리게 된다.

옐리자베타 여제는 위대한 아버지의 이름과 그의 개혁 정책을 이어받아, 어머니 예카테리나 1세와 달리 스스로 국가를 통치했다. 여제들의 시대는 '대제'라는 칭호를 얻게 되는 예카테리나 2세에서 절정에 이른다. 예카테리나 2세는 로마노프 가문 출신이 아니었던 예카테리나 1세와 같은 처지였으며, 쿠데타를 통해 정권을 장악했던 엘리자베타 여제와도 같은 처지였다. 그렇기 때문에 더욱 러시아에서 그녀가 통치자로서 인정받을 수 있었을 것이다.

| 어머니의 사례를 보고 더 이상 여성이 러시아 황위를 계승하지 못하게 법을 바꾼 파벨 1세.

여제들의 시대는 예카테리나 2세에서 막을 내린다. 예카테리나 2세의 아들 파벨은 아버지에게 호의적이었으므로, 어머니가 아버지를 살해하고 제위에 오른 것을 용납할 수 없었다. 1769년 11월 예카테리나 2세가 뇌졸중으로 사망하자, 그녀의 아들인 파벨 페트로비치는 러시아의 황제 파벨 1세로 즉위했다. 예카테리나의 우려대로 그는 아버지 표트르의 권위를 다시 세우는 데 주력했다. 그리고 더 이상 러시아에서 여제들이 나올 수 없도록, 여성에게 황위 계승권이 인정되지 않는다는 계승법을 확립했다.

알렉산드르 1세는
정말 죽음을 가장했을까?

1825년 겨울, 러시아 황실에 충격적인 소식이 전해졌다. 건강하던 황제가 갑자기 사망했다는 소식이었다. 당시 황제였던 알렉산드르 1세는 병약한 황후의 요양을 위해 황궁을 떠나 있었다. 모두들 황후가 얼마 살지 못할 것이라 여길 정도였다. 그런데 뜻밖에도 병약한 황후가 아니라 황제가 갑작스럽게 사망했다는 소식이 들려온 것이다.

그런데 동시에 또 다른 소문도 돌았다. 사실 황제가 죽지 않았으며, 황위에서 물러나기 위해 죽음을 가장했다는 것이었다. 게다가 황제의 관이 닫힌 채 황궁에 도착하자, 이 소문은 더욱 신빙성을 얻고 퍼져나간다. 오직 가족들만 황제의 시신을 확인했으며 대중에는 공개되지 않았다. 황제의 시신이 너무 급속히 부패했다는 이유였다. 그러나 황제의 시신을 본 몇몇 사람들이 생전 모습과 너무 달랐다고 언급하면서 소문을 더 부채질했다.

이런 소문이 퍼질 수 있
었던 것은 황제가 이전에 보
였던 행동들 때문이었다. 알
렉산드르 1세는 나이가 들면
서 신비주의에 몰입했는데,
항상 자신이 아버지의 죽음
에 책임이 있다고 여겼으며
정치에 부담을 느껴 황위에
서 물러나고 싶다고 자주 이
야기하기도 했다.

왜 아버지의 죽음에 죄
책감을 느낀다고 했을까?
알렉산드르 1세의 할머니와

| 죽음에 의혹이 있었던 알렉산드르 1세의 생전 모
습.

아버지 간 마찰 때문이었다. 할머니인 예카테리나 2세는 남편인 표트르
3세를 죽이고 제위에 올랐다. 그리고 아버지인 파벨 1세는 예카테리나
2세와 사이가 좋지 않았다. 예카테리나 2세는 두 손자들인 알렉산드르
와 콘스탄틴을 자신의 손으로 키웠는데, 손자들이 자라면서 자신의 뜻
을 따르지 않는 아들 파벨보다는 손자 알렉산드르에게 황위를 물려주려
고까지 했다.

파벨 1세가 즉위한 뒤 상황은 더 복잡해진다. 파벨 1세는 어머니를
지지했던 귀족 세력과 마찰을 빚었다. 특히 아버지 표트르 3세를 복권

시키면서 더욱 갈등이 깊어진다. 예카테리나 2세를 지지했던 이들은 표트르 3세를 죽인 세력들이기도 했으니, 파벨이 이들 모두를 숙청하려 했던 것이다. 파벨이 자신의 적이라고 생각되는 인물들에게 가한 가혹한 처벌을 보고 파벨의 측근 인물들까지 그에게 등을 돌릴 정도였다. 결국 일부 귀족들이 음모를 꾸며 파벨 1세를 살해하고 말았다.

파벨 1세가 죽은 뒤, 아들 알렉산드르 파블로비치 대공이 러시아의 황제로 즉위했다. 알렉산드르 1세는 아버지의 죽음에 직접적으로 관여하지는 않았지만, 아버지를 죽이려는 음모를 알면서도 아무런 행동을 취하지 않았다고 한다. 그래서 자신이 아버지의 죽음에 간접적으로 책임이 있다고 여겼던 것 같다.

알렉산드르 1세는 이후 나폴레옹을 물리친 유럽의 영웅이 되었지

| 나폴레옹 전쟁 당시, 파리로 개선하는 러시아 군.

만, 나이가 들수록 아버지의 죽음에 대한 책임감을 더욱 크게 느꼈다. 그럴수록 자신이 황위에 있다는 사실을 버거워했고, 황위를 누군가에게 주어버리고 자유롭게 살기를 바랐다. 하지만 당장 황위를 물려줄 만한 아들이 없었다. 바로 밑의 동생인 콘스탄틴 대공은 그와 정치적으로 가장 잘 맞는 인물이었지

| 표도르 쿠즈미치는 정말 알렉산드르 1세였을까?

만 황위를 잇는 것을 거부했다. 결국 알렉산드르 1세는 또 다른 동생 니콜라이를 황위 계승자로 삼을 수밖에 없었다. 이런 상황이니 황제가 죽었다는 소식이 돌자마자 황제가 속죄를 위해 지위를 버리고 은거했다는 소문이 동시에 돌았던 것으로 보인다.

알렉산드르 1세가 무성한 소문 속에 죽은 지 11년이 지나고, 시베리아에서 한 은자가 나타난다. 그는 표도르 쿠즈미치Fyodor Kuzmich라는 이름의 수도사였다. 소작농 출신이라고 알려져 있었지만, 특이하게도 궁정 예법은 물론 여러 외국어를 할 줄 알았다. 또한 황제의 군대가 유럽에 있을 때의 상황을 이상하게도 잘 알고 있었다. 이 수도사에 대한 소문이 퍼져나갈수록 러시아 사람들은 죽었다고 알려진 황제 알렉산드르 1세를 떠올렸다.

Chapter 15

아버지와
아들이 대립한
인도 무굴제국

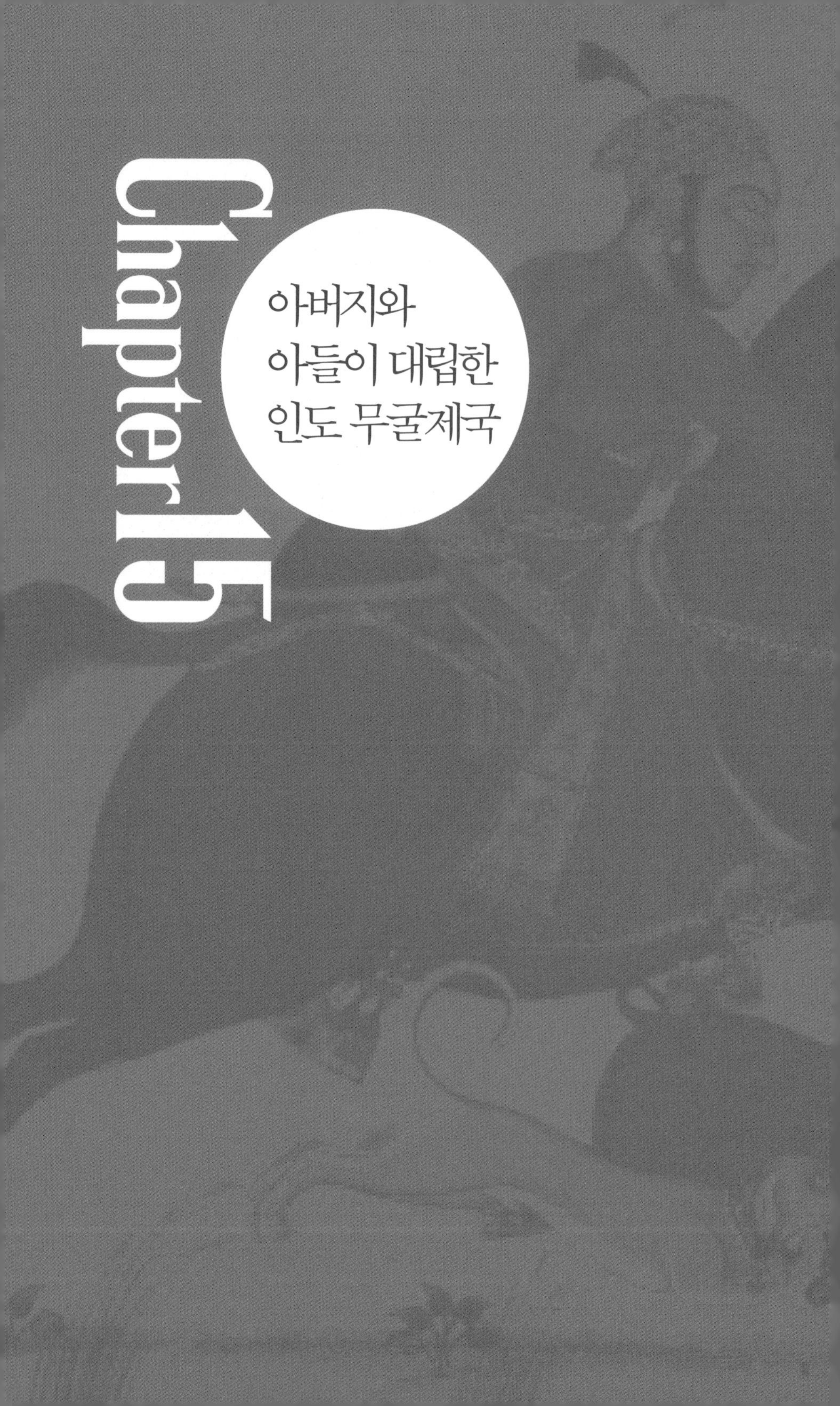

바부르Babur : 재위 1526～1530년. 무굴제국의 초대 황제.

후마윤Humayun : 재위 1530～1556년. 바부르의 장남.

아크바르Akbar : 재위 1556～1605년. 13살의 어린 나이로 즉위했지만 무굴제국의 전성기를 이끈 황제다.

자한기르Jahangir : 재위 1605～1627년. 아들의 반란을 진압하고 아들을 감옥에 가둔다.

누르자한Nur Jahan : 자한기르가 가장 사랑한 아내로, 황제를 등에 업고 막강한 권력을 행사했다.

쿠스로Khusrau : 자한기르의 장남. 아크바르의 총애를 얻고 아버지와 황위 계승 경쟁을 벌였으나 실패한다. 아버지가 즉위한 후 감옥에 보내져 평생 풀려나지 못했다.

샤자한Shah Jahan : 재위 1627～1658년. 자한기르에게 총애받는 아들이었지만, 누르자한과의 관계가 틀어지면서 아버지와 사이가 멀어진다.

뭄타즈마할Mumtaz Mahal : 샤자한이 가장 사랑한 아내. 길고 긴 고생 끝에 황후 자리에 오른다. 샤자한이 뭄타즈마할을 위해 지은 무덤이 바로 타지마할 Taj Mahal이다.

권력의 이동

바부르

계승

후마윤

계승

아크바르

계승

자한기르

쿠람의
반역 실패

마하
바트칸

쿠데타 실패

누르자한

계승 전쟁

샤자한

한때 인도의 대부분을 장악하고 막대한 부와 권력을 유지했던 무굴제국Mughul은 현재의 우즈베키스탄 지역에 있던 작은 왕국에서 출발했다. 무굴제국의 첫 황제였던 바부르는 칭기즈칸의 후손이자, 중앙아시아에서 거대한 제국을 형성했던 티무르Timur의 후손이었다. 바부르는 자신이 광대한 영토를 지배한 왕가들의 피를 이어받았다는 사실을 잊지 않았고, 특히 티무르제국의 재건을 원했다. 그러나 여기서 성공은 하지 못했고 대신 북인도로 눈을 돌려, 델리를 함락시키고 북인도를 장악하는 데 성공한다.

바부르는 장남인 후마윤을 매우 아꼈고 그에게 자신이 이룩한 제국을 물려주었다. 그리고 죽으면서 아들에게 '동생들에게 권력을 나눠주고 해치지 말라'는 유언을 남겼다고 한다. 후마윤은 아버지의 유언을 잘 지켰다. 동생들에게 봉신 자격으로 영지를 분배해준 것이다. 하지만 후마윤 자신에게는 곧 시련이 닥친다.

그는 아버지나 조상들처럼 전사이긴 했지만 느슨한 삶을 즐겼다. 그러나 이런 생활은 제국을 통치하는 데 절대적 위협이었다. 특히 인도의 위대한 국왕 중 하나로 평가받는 셰르 샤Sher Shah와 대전했다가 패배한 뒤 그는 모든 것을 잃고 간신히 페르시아로 망명했는데, 동생들은 형의 도움 요청을 모두 거절하고 자신들의 이익만을 챙겼다.

후마윤이 재기할 기반을 다지고 있는 동안, 무굴제국이 통치하던

| 무굴제국의 첫 황제 바부르와 그의 아들 후마윤.

인도 지역의 대부분을 장악한 셰르 샤는 행정을 개편하고 도로 등을 건설했으며 상업을 활성화했다. 또 나라를 안정시키기 위해 라자스탄 Rajasthan 지방에 거주하던 사나운 민족인 라지푸트Rajput족과의 평화를 추구했으며 라지푸트족 출신의 여성을 아내로 맞기도 했다. 셰르 샤의 정책은 후에 무굴제국에서 그대로 계승되는데, 특히 라지푸트족 여성을 아내로 맞는 정책의 경우 아크바르가 그대로 이어갔다.

✱ 고생한 아버지 아래 방탕한 아들들

셰르 샤가 죽은 뒤 후마윤은 다시 인도로 돌아와 델리를 되찾았다. 하지만 그 직후 사고로 사망하고 말았다. 후마윤의 아들 아크바르가 겨우 13살의 나이로 뒤를 이었다. 아크바르라는 이름은 대제라는 뜻을 품고 있는데, 실제로 그가 매우 뛰어난 인물이기도 했다. 아크바르는 전사 가문의 후손답게 신체적 능력이 매우 뛰어났으며, 승마나 전투 기술에도 능했다. 하지만 책을 좋아했던 할아버지나 아버지와 달리 문맹이었다고 알려져 있다. 아크바르는 이런 약점을 극복하기 위해 다른 사람들이 말하는 것이나 책을 읽어주는 것을 들으며 지식을 얻었다.

아크바르 치세 초기에는 미성년이었던 황제를 대신해 후마윤의 장군 중 하나였던 바이람칸Bairam Khan이 나라를 이끌어갔다. 바이람칸은 여러 전투를 승리로 이끌면서 나라를 안정화하는 데 기여했다. 그러면서 자연스럽게 권력자로 부상했는데, 특히 아크바르의 사촌인 무굴의 공주와 결혼함으로써 권력이 정점에 이르게 된다. 또 아크바르는 자신의 유모였던 마함앙가Maham Anga의 영향도 받았다. 무굴제국에서 황제

| 후마윤의 아들 아크바르.

의 유모는 매우 대접받는 지위였다. 특히 유모의 자녀들은 황제의 젖형제로 매우 가까운 사이였다. 마함앙가의 아들은 이런 지위를 이용해 전횡을 일삼았다.

아크바르는 성장하면서 점차 주변의 권력자들을 돌아보게 되었다. 바이람칸과 마함앙가는 둘 다 자신의 치세 초기에 도움을 준 인물이었지만 그들의 권력은 지나치게 강해지고 있었다. 아크바르는 이를 경계하기 시작했고 결국 바이람칸에게 메카로 순례 여행을 떠나라고 명령했다. 또한 권력을 남용하던 마함앙가의 아들을 처형한 뒤, 마함앙가 역시 권력에서 물러나게 했다.

이후 아크바르는 라지푸트족을 거의 복속시켰으며, 데칸Deccan 지역까지 나아가려 했다. 또 제국 내 행정을 개편했으며 상업을 발전시키고 예술을 후원하는 등 무굴제국의 화려한 전성기를 이끌어나가는 발판을 마련했다. 특히 라지푸트족과의 결혼 정책을 추진했는데, 자신의 하렘에 수많은 라지푸트 공주들을 맞이했으며 그중 처음으로 결혼했던 미리암 우즈 자마니Mariam-uz-Zamani를 라지푸트족 아내들 중 가장 높은 지위로 올렸다. 자신의 사촌들이자 무슬림 아내들과 같은 지위를 누리게 한 것이다. 그러나 아크바르는 자신과 끝까지 타협하지 않는 라지푸트족은 군사적으로 강하게 제압해 자신의 능력을 보여주었다.

아크바르는 여러 아내에게서 여러 자녀를 얻었다. 그는 장남 살림 Salim을 후계자로 생각하고 있었지만, 어려서부터 권력은 오직 황제 한 사람만이 행사해야 하고 아무리 아들이라도 권력을 나누어주어서는 안 된다고 생각했다. 그 결과 아크바르의 아들들은 교육을 잘 받았지만 나이가 들수록 아버지의 견제를 받았다.

문제는 어린 시절 방랑하는 아버지와 함께 고생했던 아크바르 자신과는 달리, 아들들은 델리의 궁정에서 평생 평화롭고 호화스럽게 사는 바람에 점차 술과 향락에 탐닉하게 되고 말았다. 아크바르는 어린 시절에 즉위해 평생 제국을 통치하는 데 열심이었기에 이런 즐거움을 멀리하게 되었지만, 아들들은 달랐다. 아크바르의 아들들은 황자이니 다른 무슬림에게 금지된 술 같은 것들을 즐길 수 있었다.

아크바르는 아들들을 사랑했지만, 점차 향락적으로 변해가는 그들의 모습을 보고 적잖이 실망했다. 결국 그는 아들 대신 손자들에게 더 사랑과 관심을 표현했다. 그러나 사실 아크바르의 아들들이 향락에 빠진 것은 그가 아들들에게 권한이 큰 지위를 부여하지 않음으로써 성인이 된 후에도 실질적인 활동을 할 수 없게 만들었기 때문이었다. 할 일이 없으니 술과 놀이에 정신없이 빠져들 수밖에 없었다.

아크바르가 데칸 지역을 공격하고 있던 당시, 살림이 반란을 일으켰다. 아크바르는 아들과의 평화를 위해 자신이 총애하는 신하를 보내 협상하려 했지만, 살림은 그 신하를 암살하고 말았다. 격분한 아크바르는 아들과 적대 상태가 되었다. 그러나 아크바르의 다른 아들들이 건강상의 이유로 하나 둘 죽어가고 살림 외에는 후계자가 없는 상황에 이르자, 결국 황실 여성들의 중재로 아크바르와 살림은 화해를 했다. 하지만 완전한 화해는 아니었다. 여전히 아크바르는 살림을 못마땅하게 여겼으며, 차라리 살림의 아들들인 쿠스로나 쿠람Khurram을 더 총애했다. 특히 온순한 장손 쿠스로를 총애했으며 심지어 아들과 손자 간 황위 경쟁을 부추기기도 했다. 하지만 1605년 10월 아크바르가 사망하고 살림이 무굴제국의 4대 황제, 자한기르로 즉위한다.

✤ 아들이 나의 가장 큰 경쟁자

자한기르의 가장 큰 정적은 아이러니하게도 자신의 장남인 쿠스로였다. 쿠스로는 아크바르가 살아 있을 때 황위 계승자로 지목된 인물 중 하나였기 때문이다. 게다가 아크바르의 강력한 신하였던 만싱Man Singh은 쿠스로의 장인으로, 자한기르와는 사촌지간이었음에도 사위인 쿠스로를 지지했다. 결국 쿠스로가 반란을 일으켰으나 자한기르는 이를 진압하고 아들을 감

| 미리암 우즈 자마니에게서 자한기르가 탄생할 때의 모습.

옥에 가두었다. 자한기르는 이제 셋째 아들 쿠람을 후계자로 여겼다. 둘째 아들보다도 쿠람에게 우선적으로 봉토를 수여하기도 했다. 그는 쿠람을 총애했지만 쿠람이 사랑하는 여인과 결혼하는 것은 쉽게 허락하지 않았다.

쿠람은 14살에 아르주만드 바누Arjumand Banu라는 여성과 약혼했다. 그녀는 아크바르에 의해 중용된 대신이었던 페르시아 출신 기야스베그Ghiyas Beg의 손녀였다. 전해지는 이야기에 따르면 쿠람은 어린 시절 우연한 기회에 아르주만드의 얼굴을 보게 되었는데, 그때 첫눈에 반해 평생 그녀만을 사랑했다고 한다. 하지만 기야스베그의 아들이 쿠스로의 반란에 연루되면서 그 역시 자한기르의 총애를 잃었고, 이 결혼은 연기되고 만다. 그러나 자한기르는 곧 마음을 바꿀 수밖에 없었는데, 그가 기야스베그의 딸과 사랑에 빠져버렸기 때문이다.

기야스베그에게는 메룬니사Mehr-un-Nissa라는 딸이 있었다. 기야스베그의 가족들은 페르시아에서 사막을 거쳐 무굴제국의 궁정으로 망명했다. 전해지는 이야기에 따르면 그가 무굴로 가는 도중 강도를 당해 가족들을 데리고 가기가 어렵겠다고 판단하고 갓 태어난 딸을 버리려 했는데, 이때 우연히 도움을 받고 가문의 운이 바뀌었다고 한다. 이 딸이 바로 메룬니사다.

메룬니사는 아크바르의 명으로 어느 장군과 결혼했지만 남편이 곧 복잡한 정치 문제로 살해당하고 만다. 이후 그녀는 자한기르의 명으로 딸과 함께 아그라로 돌아왔고 황태후 아래에서 시녀로 일을 했다. 그러다 1611년, 갑자기 메룬니사의 신분이 상승된다. 황제 자한기르가 그녀

| 아들 쿠람을 맞아들이는 자한기르.

와 사랑에 빠져 그녀를 정식 아내로 맞아들인 것이다.

　종종 자한기르가 메룬니사가 첫 번째 결혼을 하기 전부터 사랑해왔다고 오해하는 사람들도 있다. 내려오는 전설 중 하나에서는 자한기르가 메룬니사를 연모해서 그녀의 남편을 죽였다고 이야기하기도 한다. 하지만 자한기르는 아마도 1611년이 되어서야 메룬니사를 알게 되었을 가능성이 더 크다.

　자한기르는 사랑하는 메룬니사에게 '세상의 빛'이라는 의미로 누르자한이라는 이름을 준다. 자한기르는 누르자한을 열렬히 사랑했으며 누르자한의 가족들은 다시 황제의 총애를 되찾았다. 재산을 거의 빼앗겼던 기야스베그는 다시 엄청난 재산을 하사받게 된다. 누르자한의 조카 아르주만드 비누는 약혼자인 쿠람과 정식으로 결혼할 수 있게 되었고, 이제 뭄타즈마할이라는 이름으로 알려지게 된다.

　뭄타즈마할은 지속적으로 아이를 낳았고, 자한기르는 쿠람의 아이들이 탄생할 때마다 매우 기뻐했다. 상황이 이러하니 누르자한과 뭄타즈마할의 친정 가문은 권세가 점점 높아졌을 것이다. 하지만 언제나 권력은 가족 간에라도 불화를 불러온다. 무굴제국의 궁정에서도 예외 없이 균열이 발생했다.

| 자한기르가 열렬히 사랑했던 여인 누르자한.

✤ 아버지에게 반역을 일으키다

자한기르는 젊은 시절부터 향락에 빠져 사는 바람에 알코올 중독이었다. 나이가 들어갈수록 그가 의식을 잃는 경우가 점점 많아졌는데, 이렇게 되자 자한기르의 곁에 있던 누르자한과 그녀의 아버지, 오빠가 권력의 핵심에 있게 되었다. 특히 누르자한은 엄격한 이슬람화 정책을 펼쳤으며 제국의 대부분을 이루는 무슬림 세력의 지지를 받게 되었다. 누르자한은 궁정에서 세력을 모았고, 결국 점차 병들고 지쳐가는 황제 자한기르에게 영향력을 행사해 무굴제국 최고의 권력자로 자리 잡는다.

그러는 동안 자한기르의 후계자인 쿠람은 아내인 뭄타즈마할과 인도 이곳저곳을 돌아다녔다. 쿠람은 선조들처럼 전사였으며, 아버지를 대신해 여러 전장을 다녔다. 당대 무굴제국에서는 아내들이 전장에 따라가지 않는 것이 관례였다. 하지만 쿠람은 뭄타즈마할을 너무나 사랑했으며 그녀와 한시라도 떨어지기를 원치 않았으므로, 그녀를 전장에까지 데려갔다. 뭄타즈마할 역시 남편의 뜻을 적극적으로 따랐으며 임신 중에도 남편과 함께 수많은 지역을 다녔다. 이렇게 다니는 중에도 아이를 여럿 낳았다고 한다.

| 쿠람의 부인 뭄타즈마할.

쿠람은 이전부터 아버지의 총애를 한몸에 받는 아들이었으며, 후계자로서도 입지가 단단했다. 또

한 그가 데칸 지역을 장악함으로써 아크바르 시대부터 이어진 염원을 이루게 되었다. 하지만 데칸에서의 승리를 마지막으로 아들과 아버지 사이는 벌어진다.

누르자한은 자한기르가 점차 병약해지자 자신의 지위를 걱정하게 되었는데, 쿠람보다 좀 더 자신의 뜻에 잘 따르는 사람을 찾아야 한다고 생각했다. 그래서 쿠람의 동생이자 자한기르의 막내아들인 샤르야 Shahryar에게 접근했다. 그녀는 의붓아들인 샤르야를 자신과 첫 번째 남편 사이에서 태어난 딸과 결혼시킨다. 누르자한이 조카사위인 쿠람을 제치고 그의 동생인 샤르야가 황위를 물려받게 하려 한다는 의심이 생겨났다. 게다가 언제나 가족 간 중재자 역할을 하던 기야스베그가 1622년 사망하면서, 쿠람과 누르자한 사이는 완전히 틀어진다.

쿠람은 아버지인 자한기르가 더 이상 자신을 신뢰하지 않고 샤르야를 후계자 지위에 올렸다는 사실을 알게 되었다. 결국 1622년, 쿠람은 아버지에게 반란을 일으켰지만 실패로 돌아가고 만다. 쿠람은 가족과 함께 우선 라자스탄 지방으로 피신했으며 자신에게 우호적인 메와르Mewar 지역에 잠시 몸을 의탁했다. 자한기르는 자신 역시 아버지 아크바르에게 반역을 일으켰다는 사실을 잊은 것처럼 행동했다. 무굴제국의 황족들은 반역을 일으키더라도 죽이지 않는 관습이 있었는데, 자한기르는 쿠람을 생포하지 못한다면 죽여도 된

| 쿠람의 동생 샤르야.

다는 명을 내렸을 정도였다.

쿠람과 그의 가족들은 자한기르의 추격을 피해 이곳저곳으로 도망쳐야 했다. 이런 유랑은 특히 어린아이들에게는 견디기 어려운 일이었다. 쿠람은 이때 아들 둘을 잃었다. 결국 병들고 지친 쿠람은 1625년 아버지인 자한기르에게 용서를 구했다. 자한기르는 장남 쿠스로를 평생 용서하지 않고 감금했던 것과는 달리, 쿠람에게 꽤 너그러운 모습을 보여주었다. 그러나 누르자한이 원하던 바는 아니었다. 아마 누르자한의 오빠이자 쿠람의 장인이었던 아사프칸Asaf Khan이 사위를 위해 황제에게 간청했을 것이다.

자한기르는 아들에게 용서를 베풀었지만 대신 쿠람의 아들들을 인질로 보내게 했으며, 쿠람의 세력하에 있던 요새들을 내놓으라고 명령했다. 쿠람은 아버지의 조건을 받아들였는데, 적대적인 세력들로 가득 찬 궁정으로 아이들을 보내기는 매우 힘들었을 것이다. 아버지의 용서를 받기는 했지만, 쿠람은 황위에 대해서는 더 이상 기대할 수 없었다.

✽ "내 경쟁자들을 모두 은밀히 죽이시오!"

쿠람의 군대를 토벌하는 데 가장 큰 공을 세운 인물은 자한기르의 친구인 마하바트칸Mahabat Khan이었다. 그는 쿠람을 물리친 뒤 자한기르의 궁정에서 총애받는 신하이자 권력자로 부상했다. 마하바트칸은 자한기르의 둘째 아들인 파르베즈Parviz를 지지했으므로 누르자한은 그를 경계하고 있었다. 누르자한은 마하바트칸을 수도와 떨어진 지역의 지사로 보내도록 자한기르를 설득했다. 이에 마하바트칸은 누르자한이 자신을 의심하고 있다고 여겼으며 직접 황제와 이야기하겠다고 나섰다.

1626년, 마하바트칸은 자한기르가 머물고 있던 지역 근처까지 군대를 끌고 왔다. 황제는 마하바트칸에게 군대를 물리고 무장하지 않은 사람을 보내라고 명했다. 황제에게 간 사람들 중에는 갓 결혼한 마하바트칸의 사위도 있었는데, 그가 황제 쪽으로 오자 병사들은 그를 체포하고 황제의 명 없이 결혼했다는 이유로 매질을 했다. 자한기르는 이에 동조하듯 마하바트칸의 사위에게 내려졌던 결혼 선물들을 모두 빼앗았다.

마하바트칸은 이런 상황을 보고, 자한기르는 아니라고 하더라도 누르자한과 그녀의 오빠인 아사프칸은 자신에게 적의를 품고 있다고 생각했다. 결국 마하바트칸은 자신의 휘하에 있던 라지푸트족 군대를 동원해 반란을 일으킨다. 아마도 황제에게 자신의 처지를 하소연하고 싶을 뿐이었을지도 모른다. 하지만 그는 모욕을 참지 못하고 황제와 그 가족들을 사로잡았으며, 마하바트칸의 병사들은 황제의 병사들을 무참히 살해했다.

마하바트칸은 순간적인 감정으로 반란을 일으켜 황제와 그 가족을 사로잡기는 했으나, 그 뒤에 어떻게 할지는 생각해본 적이 없었다. 이 상황을 수습할 의지도 없었다. 누르자한은 마하바트칸을 물리칠 기회를 엿보았다. 그녀는 마하바트칸이 계획 없이 쿠데타를 일으켰다는 사실을 알고 있었으며, 적절히 위협하는 것만으로도 그가 도망갈 것이라고 예상했다. 1626년 11월, 누르자한은 음모를 꾸며서 마하바트칸과 그의 부대가 도망치도록 만드는 데는 성공했다. 하지만 누르자한의 진짜 적은 다른 곳에 있었다.

쿠람은 남부 지역의 지사로 가 있었다. 마하바트칸이 황제를 붙잡았을 때의 기묘한 일들을 소문으로 듣고 있었다. 그는 황제를 구하겠다는 명목으로 군대를 일으켰는데, 누르자한이 마하바트칸은 도망쳤고 이제 올 필요가 없다고 이야기하자 순순히 군대를 돌렸다. 아마도 자신의 아들들이 여전히 인질로 있다는 사실을 깨달았을 것이다. 누르자한은 다시 황제와 함께 실권을 장악하기는 했지만 황제의 가장 강력한 장군 중 하나인 마하바트칸을 적으로 돌리고 말았다. 마하바트칸은 누르자한이 자신을 절대 용서하지 않으리라는 것을 알았으며, 그럴 바에는 차라리 누르자한의 적이었던 쿠람과 연합하기로 결정했다.

1627년 10월 자한기르가 사망하고, 남편을 잃은 누르자한은 서둘러 대신들을 소집했다. 하지만 자한기르가 죽음과 동시에 누르자한의 권력도 이미 사라진 상태였다. 누르자한의 오빠 아사프칸은 사위인 쿠람 편에 섰다. 그는

| 누르자한의 오빠, 아사프칸.

누르자한의 사위 샤르야가 황위를 주장하면서 쿠람보다 빨리 도달할 것을 두려워했다. 그래서 쿠스로의 장남 다와르바크시Dawar Bakhsh를 부추겨 일단 황제로 세웠다. 샤르야가 와서 황제의 권력과 군대를 장악하지 못하도록 한 것이다. 또 아사프칸은 동생 누르자한을 감시하고 샤르야와 접촉하지 못하도록 했다. 샤르야는 자신이 황제라고 주장하며 군대를 모아 아사프칸의 군대에 대항했으나, 결과는 뻔했다. 샤르야의 군대는 전투 경험이 없었던 반면 아사프칸의 군대는 늘 전장에 있어왔기 때문이다.

아사프칸은 사위에게 황제가 죽었으니 이제 군대를 데리고 진격하라고 귀띔했다. 쿠람은 가족들과 군대를 데리고 황위를 얻기 위해 수도로 진격했다. 그리고 아그라에 거의 다 왔을 때, 쿠람은 자신의 경쟁자인 이복동생과 조카들 모두를 죽이라고 장인에게 은밀히 편지를 보냈다. 아사프칸은 쿠람의 명령을 충실히 이행했다.

자한기르의 아들 쿠람은 1627년 2월 14일 황제 샤자한으로 즉위했다. 그는 이제 무굴제국의 다섯 번째 황제가 되었다. 그의 가장 사랑하는 여성이자 고난의 시기에도 그의 곁을 지켰던 아내 뭄타즈마할은 황후가 되었다.

저항의 상징,
라지푸트족

　무굴제국의 아크바르 대제는 라자스탄 지방에 있던 대부분의 나라들을 정복했다. 하지만 라자스탄 지방에 살고 있던 라지푸트인들은 쉽게 무굴제국 휘하에 들어가지 않으려 했으며, 이에 아크바르는 여러 가지 통합 정책을 폈다. 아크바르는 자신에게 복속된 나라의 군주들은 황제를 반드시 알현하게 했고 아들들을 무굴제국의 궁정으로 보내게 하기도 했으며, 라자스탄 출신 여성들을 아내로 맞이하기도 했다.

　아크바르의 후계자였던 자한기르는 어머니가 라자스탄 지방에 있는 나라 아메르Amer의 공주였으며. 자한기르의 아들이자 후계자가 되는 샤자한 역시 어머니가 라자스탄 지방의 나라 조드푸르Jodhpur의 공주였다. 이렇게 라지푸트 사람들은 무굴제국의 황제 밑에서 일을 하거나 황제의 최측근으로 활동하게 되었다. 가장 대표적인 인물이 아크바르의 처조카로 아메르의 군주가 되는 만싱이었다.

　만싱은 아크바르 시절에도 여전히 저항하는 라자스탄 지방을 평정하기 위한 전투에서 사령관으로 큰 공을 세운 인물이었다. 하지만 라지푸트인들이 최고의 전사라고 추앙하는 인물은 바로 만싱과 대적했던 프라탑싱Pratap Singh이다. 프라탑싱은 라자스탄 지방에서 강력한 국가로 알

| 사냥하고 있는 프라탑싱.

려진 메와르의 군주였다. 메와르는 외부 세력에 매우 강하게 저항하는 나라로 알려져 있었는데, 이 저항의 상징이 바로 조할Jauhal과 샤카saka라는 풍습이다.

조할과 샤카는 특히 수도이자 거대한 요새 치토르가르가 함락당할 위기에 처했을 때 이루어지는 풍습이었다. 위기 상황이 되면 주로 지배층 여성들이 이후 겪을 수모를 피하기 위해 죽음을 선택했는데, 조할은 장작불에 스스로 몸을 내던지는 행위를 말한다. 그리고 아내, 어머니, 누이, 딸을 잃은 남자들은 시신이 타고 남은 재를 얼굴에 바르고 성문을 모두 개방한 뒤 적을 향해 돌진했다. 이것이 샤카다. 메와르가 얼마나 치열하게 적에게 대항하는가를 보여주는 단적인 예다.

조할은 메와르에서 총 3번 일어났는데, 3번 모두 수도인 치토르가르가 함락당할 때였다. 이 중 가장 유명한 이야기는 치토르가르의 첫 번째 함락과 관계가 있다. 바로 14세기 메와르의 왕비 파드미니Padmini에 대한 이야기다.

13세기 말에서 14세기 초, 북인도 델리의 술탄 왕조가 침입해 치토르가르를 공격했다. 그런데 전해지는 이야기에 따르면 사실 델리의 술탄이 치토르가르를 공격한 것은 아름다운 파드미니 때문이었다고 한다. 술탄은 파드미니를 보고자 했으나, 라지푸트족 풍습에 따라 파드미니는 외간 남자에게 얼굴을 보여주지 않았다. 하지만 술탄은 정원의 거울을 통해서 결국 파드미니의 얼굴을 보고 말았고, 너무나도 아름다운 파드미니의 모습에 넋이 나가 결국 그녀를 차지하기 위해 전쟁까지 일으켰다는 것이다. 하지만 성이 함락되기 직전 파드미니는 다른 여성들과 함

께 조할을 택했으며, 술탄은 아무
것도 얻지 못한 채 돌아갔다고 한
다. 현재도 치토르가르에 가면 술
탄이 파드미니의 얼굴을 보았다는
왕궁 정원이 남아 있다.

두 번째와 세 번째 조할 의식
은 모두 16세기에 일어났는데, 재
미있는 사실은 두 번째 조할 의식
이 일어났을 때 치토르가르에 원
군으로 온 사람이 바로 아크바르
의 아버지 후마윤이었다는 것이다.
그러나 후마윤이 치토르가르에 왔
을 때는 이미 성이 함락당한 뒤였
다. 아크바르의 치토르가르 점령은
1568년 일어났다. 전통대로 성이
함락되기 직전, 여성들은 불에 몸
을 내던졌고 남자들은 9개의 성문
을 모두 열고 싸우다 죽었다고 한
다. 이런 강력한 저항에 아크바르
역시 강력하게 대응했는데, 치토
르가르를 함락시킨 후 남아 있던
사람들을 모두 학살했다고 한다.

| 아름다운 파드미니(위)와 치토르가르에서
일어난 조할(아래).

치토르가르에 있는 파드미니의 궁전.

Chapter 16

형제를 몰살한
오스만제국의
술탄들

오스만 1세|Osman I : 재위 1299~1324년. 오스만제국의 건국자.

무라드 1세|Murad I : 재위 1362~1389년. 처음으로 술탄 칭호를 받았으며 제국의 형태를 확립한다.

메흐메드 2세|Mehmed II : 1차 재위 1444~1446년, 2차 재위 1451~1481년. 콘스탄티노플을 함락시키고 경쟁자였던 형제들을 공식적으로 처형했다.

셀림 1세|Selim I : 재위 1512~1520년. 강력한 세력으로 아버지를 쫓아내고 황위에 오른다.

술레이만 1세|Suleiman I : 재위 1520~1566년. 영토를 크게 확장하고 문학, 건축, 예술, 법률 등에서 큰 성과를 이룩해 '대제'로 불린다. 아내인 휘렘|Hürrem이 막강한 영향력을 행사했다.

메흐메드 3세|Mehmed III : 재위 1595~1603년. 즉위 후 19명의 동생을 모두 죽인다.

아흐메드 1세|Ahmed I : 재위 1603~1617년. 전통과는 달리 동생을 죽이지 않고 감금했다. 그의 시대 이후 처음으로 형제 상속이 나타나기 시작했으며 상속자가 형제들을 죽이는 풍습이 사라져갔다.

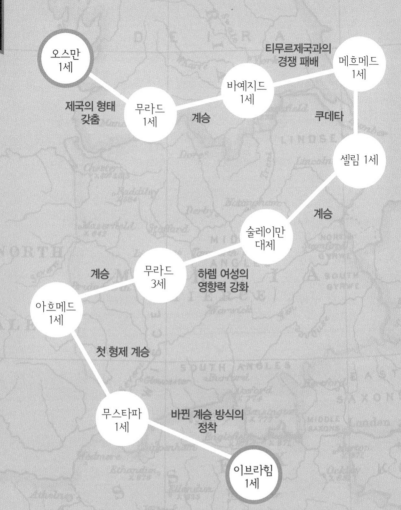

권력의 이동

오스만 1세

제국의 형태 갖춤

무라드 1세

계승

바예지드 1세

티무르제국과의 경쟁 패배

메흐메드 1세

쿠데타

셀림 1세

계승

술레이만 대제

하렘 여성의 영향력 강화

무라드 3세

계승

아흐메드 1세

첫 형제 계승

무스타파 1세

바뀐 계승 방식의 정착

이브라힘 1세

오스만제국은 현재의 터키 지방을 중심으로 성립되었던 나라다. 13세기 비잔티움제국이 쇠퇴하면서, 중앙아시아를 거점으로 하는 튀르크인들은 소아시아에 영향력을 행사하기 시작했다. 특히 아나톨리아 Anatolia 지방(현재의 앙카라 지방)에 들어온 튀르크인들은 이슬람교를 받아들이고 작은 단위의 군사 공동체들을 형성했다. 그리고 점차 주변을 장악하면서 작은 군주국으로까지 발전했다. 이런 세력들이 오스만제국의 토대가 되었다.

13세기 말, 오스만제국의 창시자 오스만 1세는 비잔티움제국을 막기 위해 셀주크제국Seljuk Empire으로부터 접경 지역의 통치권을 위임받았다. 이것이 오스만제국의 시작이었다. 오스만이 다스리던 지역은 비잔티움제국과 맞닿아 있어 이교도인 기독교에 대한 투쟁심이 높았다.

| 오스만제국을 성립한 오스만 1세.

그래서 비잔티움제국으로 영토를 확장하는 것이 정당하다고 여겼다.

14세기 중반까지 오스만제국은 아직 '제국'이라기보다는 군주 중심의 강력한 군사 집단이 이끌어가는 왕국 수준에 불과했다. 당시 군주는 군사적 업적을 바탕으로 신뢰를 얻었기에 강인한 전사여야 했다. 군주의 권위는 절대적이었으며 이것은 이후 제국이 되어서도 마찬가지였다.

오스만제국을 실질적인 제국으로 만든 인물은 무라드 1세다. 그는 오스만 왕조에서 처음으로 술탄 칭호를 받은 인물로, 이교도에 대한 성전聖戰을 추진해 큰 성과를 이룩했다. 무라드 1세는 군사적 재능뿐만 아니라 행정적 재능까지 가지고 있었는데, 그는 행정 조직을 개편해 체제의 효율성을 올리기도 했다.

하지만 그의 가장 큰 업적은 오스만제국 최정예병인 예니체리Janissary를 만든 것이다. 예니체리는 오스만제국의 강대함을 보여줄 뿐만 아니라 정복한 영토의 경영 방식을 결정하기도 했다. 예니체리는 세금을 거둘 뿐, 정복된 영토는 그 지역 주민들이 자치로 운영했다. 세금만 내면 자치가 인정되었지만 세금을 내지 않으면 예니체리의 응징을 받았다. 그래서 오스만제국이 영토를 넓히더라도 행정 조직을 새로 편성할 필요 없이 수익을 얻을 수 있었던 것이다.

무라드 1세의 아들인 바예지드 1세Bayezid I는 아버지의 확장 정책을 이어받아 기독교도에 대한 공격을 강화했다. 그는 콘스탄티노플을 공격했으며, 비잔티움제국을 돕기 위한 서유럽의 기사단들을 헝가리에서 무찌르기도 했다. 하지만 바예지드 1세의 확장 정책은 동쪽에서 위협을 받았다. 당시 중앙아시아에서 티무르가 부상하면서 티무르제국과 오스만제국이 부딪힐 수밖에 없었던 것이다.

| 무라드 1세(왼쪽)와 그가 만든 예니체리(오른쪽). 예니체리는 20세기 초의 모습이다.

| 티무르에게 붙잡힌 바예지드 1세.

그리고 승리한 쪽은 티무르였다. 티무르는 바예지드 1세를 포로로 잡아 성장해가던 오스만제국에 위기를 안겨주었다. 바예지드 1세는 포로로 잡힌 다음 해에 티무르의 감옥에서 사망했으며, 오스만제국에는 한동안 술탄의 존재가 없었다. 바예지드 1세의 아들들은 제위를 두고 서로 다투었는데, 그중 넷째 아들이었던 메흐메드 1세Mehmed I가 술탄이 되었다. 메흐메드 1세는 오스만제국의 혼란을 수습했으며, 그의 손자 메흐메드 2세는 콘스탄티노플을 함락시키고 비잔티움제국을 멸망시켰다.

✠ 동생도 어차피 나의 경쟁자일 뿐…

메흐메드 1세는 물론, 후대에도 오스만제국에서는 제위를 둘러싸고 형제간의 다툼이 지속되었다. 오스만제국의 상속 제도가 명확하지 않았기 때문이다. 모든 아들은 아버지의 지위를 상속받을 권리를 가지고 있었으며, 이들 중 가장 강한 인물이 결국 상속을 받는 형태였다. 아버지가 살아 있을 때 권력을 장악하고 물려받는 경우에는 문제가 되지 않았지만, 이렇게 바예지드 1세처럼 술탄이 포로가 되거나 유약한 경우 그 술탄의 형제들은 반란이나 음모를 통해 호시탐탐 제위를 노렸다. 게다가 술탄의 형제들 역시 가문의 전통대로 뛰어난 군인이었으므로 운 좋게 후계자가 된다고 하더라도 형제들의 존재를 무시할 수는 없었다.

술탄은 무슬림으로 정식 부인을 4명까지 둘 수 있었다. 하지만 하렘에 노예로 끌려온 여성들도 많았다. 술탄의 정식 아내는 아니었지만 그녀들이 낳은 아들은 술탄의 아들로 인정받았으며, 다른 형제들과 똑같이 아버지의 지위를 상속받을 권리를 가졌다. 이것은 하렘 여성들의 삶에 중요한 영향을 미치게 되는데, 워낙 계승 전쟁이 치열하다 보니 술탄들은 어머니 1명에게서 아들 1명만 필요하다고 여기게 된 것이다. 오스만제국에서는 어머니가 아들의 가장 큰 지지자이자 조언자였는데, 만약 아들이 둘이라면 지지가 나뉠 것이기 때문이었다. 결국 술탄들은 1명의

| 형제 살해를 공식화한 메흐메드 2세.

여성에게서 단 1명의 아들만을 얻었다.

새 술탄은 즉위하자마자 자신의 경쟁자들을 제거했다. 메흐메드 2세는 공식적으로 자신의 형제들을 처형하기도 했다. 오스만제국이 성장할수록 형제간의 제위 다툼은 더욱 치열해졌다. 메흐메드 2세의 손자 셀림 1세는 아버지인 바예지드 2세Bayezid II가 황위를 형에게 물려주려 하자 아버지에 대항해 반란을 일으켜 황위를 빼앗기도 했다. 바예지드 2세는 양위한 뒤 순례를 떠났다가 돌아오지 못했다. 바예지드 2세뿐만 아니라 셀림 1세에게 맞서 황위 계승권을 주장할 수 있는 사람 대부분이 죽음을 맞이했다. 그 결과 셀림 1세가 즉위했을 때는 계승자가 오직 1명, 자신의 아들인 술레이만밖에 없었다. 셀림 1세의 이런 무자비한 행동 덕분에 적어도 그의 아들 술레이만은 왕위 계승을 둘러싼 내분 없이 제위에 올랐다.

술레이만 1세는 술레이만 대제로 불리기도 하는데, 당시 오스만제국은 최고의 전성기를 구가하고 있었다. 하지만 그의 시대 이후 술탄의 하렘에는 다시 한 번 변화가 일어난다. 이전에는 술탄들이 1명의 여성에게서 1명의 아들만 얻곤 했는데, 술레이만 대제의 하렘에서는 전혀 다른 일이 벌어졌던 것이다.

술레이만 1세는 자신의 하렘에 있던 여인들 중 1명을 너무나도 사랑했다. 이 여인은 이슬람교에서는 휘렘이라는 이름으로, 서양에서는 록셀라나Roxelana라는 이름으로 알려져 있다. 술레이만은 사랑에 푹 빠져 그녀가 노예 출신임에도 불구하고 정식으로 결혼하기까지 했다. 하렘의 여성들 대부분은 술탄과 결혼한 사이가 아니었다. 정식 결혼한 사이가 아니더라도 아들들의 지위에는 변함이 없었으니 굳이 결혼할 필요가 없었다. 그런데 특별히 술레이만이 휘렘과 결혼을 했다는 것은 그녀가 술탄에게 강력한 영향력을 행사하고 있다는 사실을 의미했다.

메흐메드 2세가 형제 살해를 공식화하긴 했지만, 처음에는 이것이 엄격하게 지켜지지는 않았다. 아무리 치열한 경쟁 상대라도 결국에는 자신의 형제였기 때문이다. 형제를 죽인다는 것은 어느 시대, 어느 나라에서나 비난받을 만한 일이니 술탄은 자신의 형제들을 죽이는 데 부담을 느낄 수밖에 없었다. 하지만 경쟁이 격화되면

| 술레이만 대제(위)와 휘렘(아래)

서 점점 모두가 엄격하게 경쟁자를 제거하기 시작했다. 황자들 중 누군가가 술탄이 되고 나서도 여전히 반란을 일으키기도 했다.

게다가 오스만제국은 행정 조직이 느슨했기 때문에 지방을 다스리던 총독의 힘이 지나치게 강력했다. 총독들은 중앙의 힘이 조금이라도

약해지면 가차 없이 반란을 일으켰으며 황자들은 이런 세력들과 쉽게 손을 잡을 수 있었다. 또 황자들이 지방으로 파견되어 그 지방을 다스리는 경우도 많았는데, 그러면 그 지방에 대한 전권을 위임받기 때문에 자신이 술탄이 되지 못했을 경우 역시 손쉽게 반란을 일으킬 수 있었다. 셀림 1세의 경우가 대표적이다.

✽ 19명의 동생을 모두 살해한 왕이 있다?

술레이만 대제의 아들 셀림 2세Selim II가 사망했을 때, 그에게는 아들 5명이 있었다. 그중 장남 무라드 3세Murad III가 술탄이 되었다. 그는 술탄이 되자마자 4명의 남동생 모두를 살해했다. 아마도 어머니 누르바누 술탄Nurbanu Sultan의 조언이었을 것이다. 누르바누 술탄은 셀림 2세가 가장 총애한 여성으로, 매우 아름답고 총명했다고 한다. 그녀의 강력한 영향력은 아들인 무라드 3세가 술탄이 되는 데 큰 역할을 담당했다.

누르바누 술탄은 하렘에서 가장 지위가 높은 여성인 술탄의 모후에게 주어지는 '발리데 술탄Valide Sultan' 자리에 올랐다. 그녀 이후 하렘의 여성들은 정치에 더욱 깊이 관여했다. 특히 발리데 술탄이 되면 최고의 지위를 누릴 수 있었으므로 각자 자신의 아들을 술탄으로 만들기 위한 경쟁이 치열해질 수밖에 없었다. 이렇다 보니 무라드 3세의 아들이었던 메흐메드 3세는 1595년 아버지의 뒤를 이어 술탄이 된 뒤 19명이나 되는 동생들을 같은 날 모두 처형했다. 당시 궁전에는 비명과 울부짖는 소리가 엄청났으며, 어린아이들마저 죽이는 처참한 광경에 모두 경악했다고 한다.

하지만 메흐메드 3세의 아들이었던 아흐메드 1세는 즉위한 뒤 아버지나 할아버지와는 달리 동생인 무스타파Mustafa를 죽이지 않고 하렘에 있는 자신의 방에 가둬두었다. 죽이는 대신 힘을 얻지 못하게 유폐시키는 것으로 마무리하려 했던 것이다. 하지만 아흐메드 1세가 아직 아들이 미성년일 때 일찍 사망함으로써, 오스만제국의 계승에 복잡한 상황을 만들고 말았다. 성인인 술탄의 동생과 미성년인 술탄의 아들이 함께 살아 있는 상황이 된 것이다. 군대를 중심으로 하는 신하들은 성년인 아흐메드 1세의 동생 무스타파를 술탄으로 선택했다.

무스타파 1세의 즉위는 오스만제국의 계승 방식에 근본적 변화를 가져왔다. 먼저 철저히 부자 상속을 유지하던 오스만제국의 계승에서 처음으로 형제 상속이 나타난 것이다. 이후 계승법은 장자 상속 제도가 아닌 연장자 상속 제도로 바뀌게 되었고, 술탄의 형제들은 비록 '금빛 감옥'이라는 뜻의 카페스Kafes에 유폐되긴 했지만 새 술탄이 즉위한 뒤에도 죽음을 맞지는 않을 수 있었다. 그리고 술탄이 후계자 없이 사망하거나 후계자가 너무 어리면 이제 사람들이 술탄의 형제

| 19명의 동생들을 모두 죽인 메흐메드 3세.

들을 술탄으로 추대하게 되었다. 무스타파 1세를 거치면서 근본적으로 변화한 계승 방식은 아흐메드 1세의 손자였던 술탄 이브라힘Ibrahim 이후의 시대에 완전히 정착하게 되었으며, 이후 오스만 제국의 궁정에서 형제 살해라는 비극은 사라지게 된다.

이브라힘부터 이후의 술탄들은 군대를 완전히 장악하지 못했다. 이것은 오스만제국의 술탄들이 강력한 전사로서 군대를 장악하고 제국을 운영했던 것과는 다른 상황이었다. 정치적 혼란이 커지며 술탄은 점차 상징적 존재로 남았다. 또한 술탄의 계승은 주변 상황에 더욱 많이 영향을 받게 되었다. 군대를 통솔하던 이들이 제국을 실질적으로 통치했으며, 이들은 술탄을 지위에서 끌어내리거나 술탄의 동생을 새로 옹립하기도 했다. 이런 외부적 요인으로 인해 결국 오스만제국의 오랜 부자 상속제도는 연장자 상속제로 바뀌어 정착되었다. 그리고 가혹한 경쟁 체제가 아니라 술탄이 죽고 난 뒤에 자신이 가장 연장자라면 그의 뒤를 이을 수 있는 기회가 생기게 된다. 형제 살해의 비극은 막을 내렸지만 이런 변화가 도리어 술탄의 권위를 약해지게 한 것이다.

| 형이 즉위했을 때 살아남은 무스타파 1세.

하렘 속
프랑스 왕녀의 진실

오스만제국의 하렘 이야기를 따라가다 보면 몇몇 여성들의 이야기가 눈에 띈다. 그중 가장 눈길을 끄는 이야기는 술탄 압둘 하미드 1세 Abdul Hamid I의 아내이자 마흐무드 2세Mahmud II의 어머니 낙쉬딜 술탄 Nakşidil Sultan에 대한 것이다. 낙쉬딜의 이야기가 유독 흥미를 끄는 이유는 그녀가 나폴레옹의 부인 조제핀 드 보아르네의 친척일 수도 있다는 소문이 전해져오기 때문이다.

조제핀 드 보아르네는 사촌인

| 술탄 압둘 하미드 1세.

에메 뒤비크 드 리베리Aimée du Buc de Rivéry라는 여성과 함께 성장했다고 알려져 있는데, 이 여성이 바로 낙쉬딜 술탄이라는 이야기가 있다. 마흐무드 2세가 즉위 초기에 친 프랑스 정책을 폈다가, 이후 반 프랑스 정책으로 돌아선 것이 이 때문이라는 것이다. 에메가 프랑스인이니 처음에는 프랑스에 호의적이었다가, 나폴레옹이 조제핀과 이혼한 데 격분해 반 프랑스파로 돌아섰다는 스토리다.

실제로 낙쉬딜 술탄이 죽었을 때 오스만제국에 있던 프랑스 대사의 장모는 죽은 발리데 술탄이 미국 출신의 프랑스인이라고 이야기하기도 했다. 외국인이 기록을 남길 정도라면 오스만제국 내에서도 발리데 술탄이 프랑스인이라는 이야기가 퍼져 있었을 것이다.

그러나 다양한 경로로 확인해보면 낙쉬딜 술탄은 에메 뒤비크 드 리베리와 관련이 없을 가능성이 더 크다. 이를테면 낙쉬딜 술탄이 압둘하미드 1세의 하렘에 있었다고 확실시되는 시기에 에메 뒤비크 드 리베리는 프랑스로 돌아와 있었다는 증거가 있기 때문이다. 그런데도 이 이야기는 19세기에 매우 구체적이고 지속적으로 언급되는데, 여기에는 복잡한 정치적 상황이 가미되어 있었다.

사실 오스만제국에서는 프랑스 왕녀가 하렘에 들어가서 술탄을 낳았다는 이야기가 오래도록 전해져왔다. 간단히 말하자면 프랑스 왕녀가 배를 타고 가다가 해적에게 납치되어 오스만제국 술탄의 하렘으

Aimée du Buc de Rivery,
mère présumée de Mahmoud II

| 에메 뒤비크 드 리베리.

로 들어갔다가 술탄의 총애를 받아 아들을 낳았다는 것이다. 17세기부터 기록되기 시작한 이 이야기는 오스만제국의 다양한 사료에 등장하는데, 주로 메흐메드 2세의 어머니나 바예지드 2세의 어머니가 프랑스 왕녀라고 주장하고 있다.

오스만제국에서는 이 전설이 오래도록 진실로 받아들여졌다. 하지만 프랑스 측에서는 프랑스 왕녀가 하렘에 납치되었다는 사실이 없다고 매우 반발했다. 교황에게서 특별한 칭호를 받은 3명의 가톨릭 군주 중 하나인 프랑스 국왕의 후손이 이슬람교로 개종했다는 이야기를 도저히 받아들일 수 없었던 것이다.

15세기 무렵부터 퍼져나갔다고 추정되는 프랑스 왕녀의 전설은, 아마도 오랫동안 오스만제국이 프랑스를 다른 기독교 국가들보다 우대했던 것에 대한 정치적 해석이었을 가능성이 크다. 사실 합스부르크 가문이 오스만제국의 가장 강력한 적 중 하나였기 때문에 그들을 견제하기 위한 수단이었던 것이다. 프랑스는 합스부르크 가문의 적이었으며, 적의 적은 동지이니 말이다. 하지만 이교도들을 똑같이 대하지 않고 한 나라를 더 우대하는 것이 어딘가 이상하게 보이니, 이를 설명하기 위해 술탄의 어머니가 프랑스 출신이라는 이야기가 덧붙여졌던 것으로 추정된다.

오스만제국에서는 술탄의 부계는 너무나도 분명했지만 모계는 매우 불분명한 경우가 많았다. 술탄의 어머니들은 술탄이 정식으로 결혼하지 않은 하렘의 여성들인 경우가 많았으며, 이들은 이슬람교로 개종할 경우 원래의 이름을 전혀 알 수 없었다. 또한 하렘은 외부 사람, 특히 남성들의 접근을 매우 엄격하게 금하고 있었으므로 하렘에 있는 여성에 대한 정보를 알아내기가 매우 어려웠다. 또한 하렘에 있던 여성들은 밖으로 나가더라도 절대 하렘 내의 이야기를 하지 말라고 철저히 교육받았기에 더욱 정보가 부족했다. 그래서 술탄의 모계에 대한 과장이나 윤색이 가능했을 것이고, 결국 프랑스 왕녀의 전설까지 생겨났던 것으로 보인다.

부
록

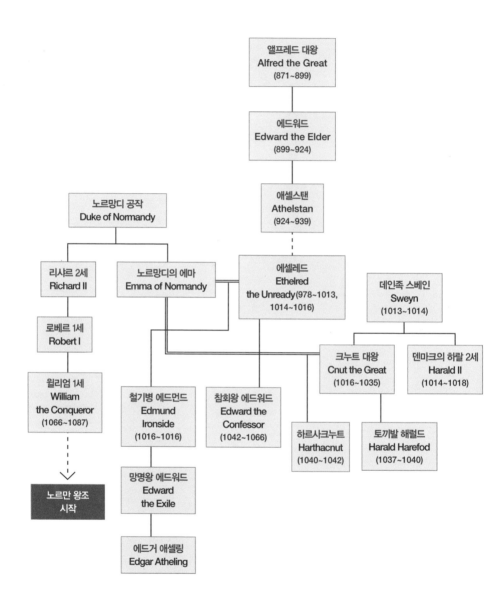

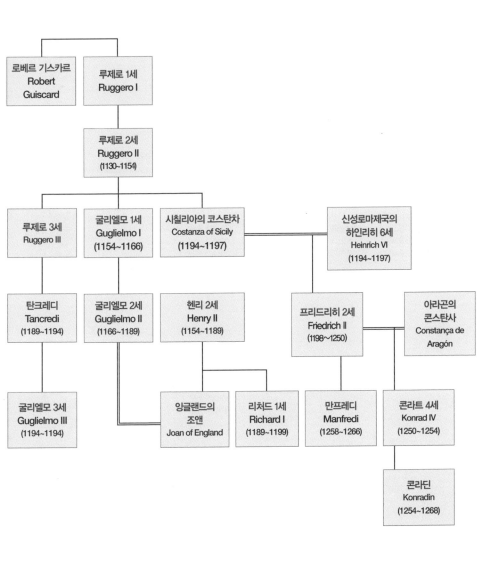

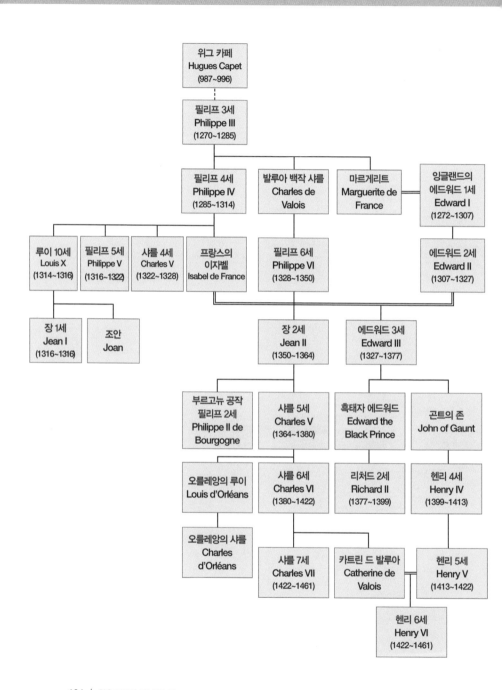

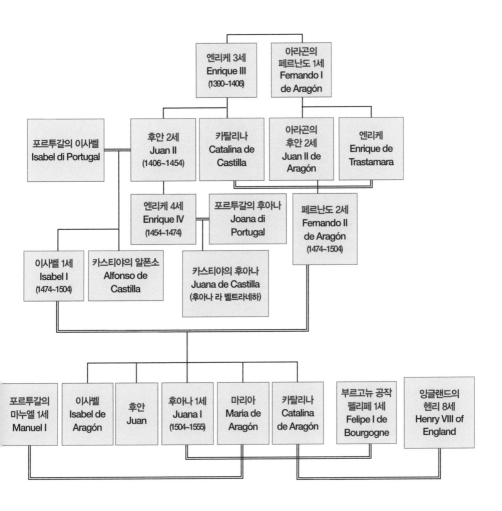

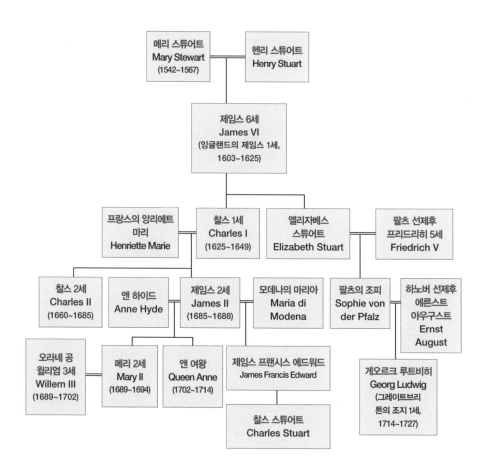

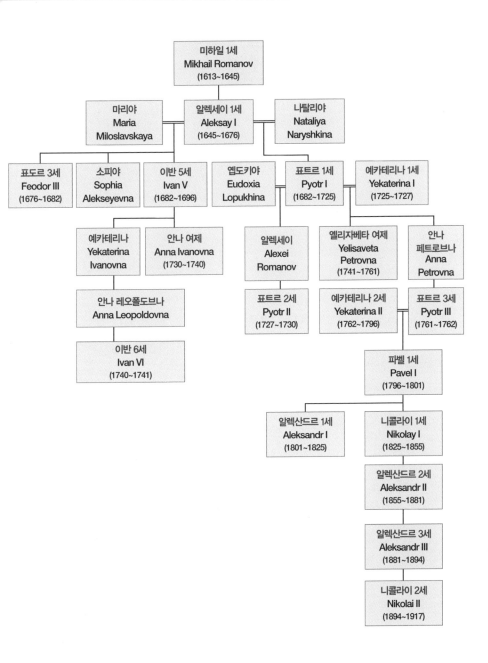

참고문헌

나종일 · 송규범, 《영국의 역사(상)》(한울아카데미, 2005).

니콜라스 V. 랴자놉스키 · 마크 D. 스타인버그, 조호연 옮김, 《러시아의 역사(상)》(까치, 2011).

다닐로프 코술리나, 문명식 엮고 옮김, 《러시아 역사》(신아사, 2009).

다이애나 프레스턴 · 마이클 프레스턴, 안수철 옮김, 《시간의 뺨에 맺힌 눈물 한 방울: 타지마할과 무굴제국 이야기》(탐구사, 2016).

도널드 쿼터트, 이은정 옮김, 《오스만 제국사: 적응과 변화의 긴 여정, 1700~1922 – 서울대학교 중앙유라시아연구소 교양 총서 01》(사계절, 2008).

멕시코대학원COLMEX 엮음, 김창민 옮김, 《멕시코의 역사-트랜스라틴 총서 08》(그린비, 2011).

발레리 베린스탱, 변지현 옮김, 《무굴 제국: 인도이슬람왕조-시공디스커버리총서 081》(시공사, 1998).

보리스 파우스투, 최해성 옮김, 《브라질의 역사: 식민화에서 민주화까지, 커피의 땅 브라질의 역사를 읽는다-트랜스라틴 총서 09》(그린비, 2012).

알베르 소불, 양영란 옮김, 《프랑스 대혁명》(두레, 2016).

앙드레 클로, 배영란 이주영 옮김, 《술레이만 시대의 오스만 제국》(W미디어, 2016).

움베르토 에코, 윤종태 옮김, 《중세 2: 1000~1200, 성당, 기사, 도시의 시대》(시공사, 2015).

움베르토 에코, 윤종태 옮김, 《중세 3: 1200~1400, 성, 상인, 시인의 시대》(시공사, 2016).

최갑수 · 임승휘, 《프랑스 구체제의 권력구조와 사회》(한성대학교출판부, 2009).

케네스 O. 모건, 영국사학회 옮김, 《옥스퍼드 영국사》(한울아카데미, 2006).

Agnes Strickland · Elisabeth Strickland, 《Lives of the Queens of England: From the Norman Conquest》(Lea and Blanchard, 1852).

BBC History, 〈Origins of the conflict, the battle itself and its aftermath〉(http://www.bbc.co.uk/history/british/normans/).

Catherine Mary Charlton Bearne, 《A Queen of Napoleon's Court: The Life-story of D sir e Bernadotte》(T. Fisher Unwin, 1905).

Clive Holland, 《Tyrol and Its People》(Methuen and Company, 1909).

D. P. Barton, 《Bernadotte and Napoleon, 1763-1810》(London: J. Murray, 1921).

D. P. Barton, 《Bernadotte: the first phase, 1763-1799》(London: Murray, 1914).

David C. Douglas, 《William the Conqueror: The Norman Impact Upon England, English Monarchs Series 1》(University of California Press, 1964).

Edmund Curtis, 《Roger of Sicily and the Normans in lower Italy: 1016-1154》(New York: G.P. Putnam's Sons, 1912).

Edvard Radzinsky, trans. Antonina Bouis, 《Alexander II: The Last Great Tsar》(Free Press, 2005).

Edward Baines, 《History of the Wars of the French Revolution, from the Breaking Point of the War in 1792, to the Restoration of a General Peace in 1815》(Longman, Hurst, Rees, Orme and Brown, 1817).

Hugo Vickers, 《Alice: Princess Andrew of Greece》(St. Martin's Griffin, 2003).

James Tod · C. H. Payne, 《Tod's Annals of Rajasthan: the Annals of the Mewar》(BiblioBazaar, 2010).

Lois G. Schwoerer, 《The Revolution of 1688-89: Changing Perspectives》(Cambridge University Press, 2008).

ed. Michael Bregnsbo · Kurt Villads Jensen, 《Schleswig Holstein: Contested Region(s) Through History》(Studies in History and Social Sciences)(University Press of Southern Denmark, 2016).

National Gallery, 'An Old Woman(The Ugly Duchess)'(https://www.nationalgallery.org.uk/paintings/quinten-massys-an-old-woman-the-ugly-duchess)

Russian 1TV, 〈The Romanovs, the History of the Russian Dynasty〉(2013).

왕은 어떻게 무너지는가

© 정유경 2017

2017년 10월 20일 초판 1쇄 인쇄
2017년 10월 27일 초판 1쇄 발행

지은이 | 정유경
발행인 | 이원주
책임편집 | 최안나
책임마케팅 | 문무현

발행처 | (주)시공사
출판등록 | 1989년 5월 10일(제3-248호)

주소 | 서울시 서초구 사임당로 82(우편번호 06641)
전화 | 편집(02)2046-2861 · 마케팅(02)2046-2894
팩스 | 편집 · 마케팅(02)585-1755
홈페이지 | www.sigongsa.com

ISBN 978-89-527-7949-6 03900

이 도서의 국립중앙도서관 출판예정도서목록(CIP)은 서지정보유통지원시스템
홈페이지(http://seoji.nl.go.kr)와 국가자료공동목록시스템(http://www.nl.go.kr/kolisnet)에서
이용하실 수 있습니다.(CIP제어번호: CIP2017027007)